苏霍姆林斯基
(1918—1970)

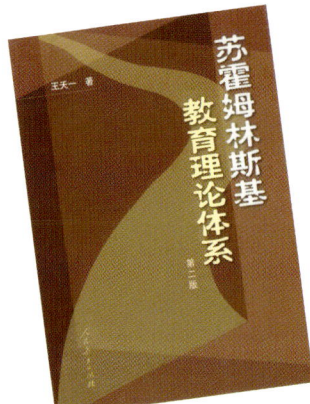

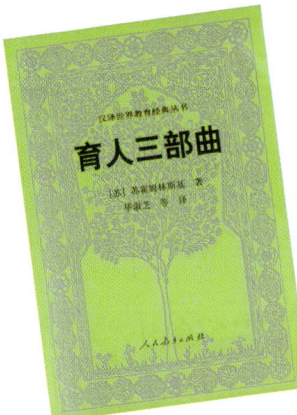
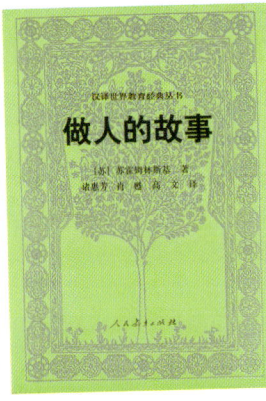

◆ 本书是"苏霍姆林斯基育人系列名著"中的一种，为苏霍姆林斯基的代表作之一。它阐述人在中学少年阶段的和谐发展，与苏霍姆林斯基的另外两部代表作《把整个心灵献给孩子》（阐述人在小学儿童阶段的乐学生活）、《给儿子的信》（阐述人在大学青年阶段的成才修养）共同构成"育人三部曲"，综合地、全面系统地阐述了苏霍姆林斯基的全面发展教育思想。本书从思想品德素质和科学文化素质两方面，系统地阐发了"公民教育"的理论与实践，对我国全面贯彻党的教育方针，加强素质教育，从而落实立德树人的根本任务，极具借鉴参考价值。

"苏霍姆林斯基育人系列名著"编辑出版委员会

顾问 顾明远 苏霍姆林斯卡娅

主编 诸惠芳 肖 甦

委员（按姓名汉语拼音排序）

  高 文 韩华球 李晓萌 刘立德 任长松

  王义高 肖 甦 叶玉华 诸惠芳

丛书责编 韩华球 刘立德

本卷责编 韩华球

苏霍姆林斯基育人系列名著

公民的诞生

［苏］苏霍姆林斯基 著

肖 甦 诸惠芳 译

中国教育出版传媒集团
人民教育出版社
·北京·

图书在版编目（CIP）数据

公民的诞生 /（苏）苏霍姆林斯基著；肖甦，诸惠芳译. —北京：人民教育出版社，2023.11

（苏霍姆林斯基育人系列名著）

ISBN 978-7-107-37280-3

Ⅰ.①公… Ⅱ.①苏… ②肖… ③诸… Ⅲ.①公民教育—教育理论—苏联 Ⅳ.①G40-095.12

中国国家版本馆CIP数据核字（2023）第222381号

公民的诞生

出版发行	人民教育出版社
	（北京市海淀区中关村南大街17号院1号楼　邮编：100081）
网　　址	http://www.pep.com.cn
经　　销	全国新华书店
印　　刷	北京中科印刷有限公司
版　　次	2023年11月第1版
印　　次	2023年12月第1次印刷
开　　本	787毫米×1 092毫米　1/16
印　　张	27
字　　数	300千字
定　　价	79.00元

版权所有・未经许可不得采用任何方式擅自复制或使用本产品任何部分・违者必究
如发现内容质量问题、印装质量问题，请与本社联系。电话：400-810-5788

"苏霍姆林斯基育人系列名著"出版说明

苏霍姆林斯基是享有国际盛誉的著名教育家，是对当代中国基础教育影响最大的外国教育家。他的教育著作被称为"活的教育学"和"学校教育的百科全书"，在世界各国特别是我国的中小学教师中产生了非常广泛和深远的影响。

长期以来，人民教育出版社一直非常重视传播苏霍姆林斯基教育思想和相关研究成果。早在20世纪50年代，我社编辑出版的《教育译报》杂志就刊登了苏霍姆林斯基关于劳动教育的文章。改革开放以来，我社编辑出版的外国教育史教材中都设有专章评介苏霍姆林斯基的教育思想和事迹。1992年，我社出版了王天一教授撰著的《苏霍姆林斯基教育理论体系》（2003年修订再版）。1998年，出版了苏霍姆林斯基的《育人三部曲》和《做人的故事》（2015年将这两部著作纳入"汉译世界教育经典丛书"再版）。2014年，出版了肖甦教授主编译的《苏霍姆林斯基教育智慧格言》。2017年、2018年，分别出版了孙孔懿研究员撰著的《苏霍姆林斯基评传》和《苏霍姆林斯基教育学说》。2018年9月26日，我社主办了纪念苏霍姆林斯基诞辰100周年座谈会暨《苏霍姆林斯基教育学说》首发式。这些论著的出版和活动的举行，对苏霍姆林斯基教育思想在中国的传播做出了应有的贡献。

正如苏霍姆林斯基所强调的，日新月异的新时代终究还是"人"的时代，教育的出发点和落脚点也依然是"人"。苏霍姆林斯基的教育经典著作在当下依然具有毋庸置疑的时代价值。为此，我社以"育人"为主题策划出版"苏霍姆林斯基育人系列名著"。该丛书包括苏霍姆林斯基的10部代表性著作：《把整个心灵献给孩子》《公民的诞生》《给儿子的信》《做人的故事》《要相信人》《关于人的思考》《怎样培养真正的人》《关于人的全面发展教育问题》《给教师的一百条建议》《帕夫雷什中学》。从书目选择方面看，其中有些是20世纪80年代出版后就没有再版过的；从修订和翻译情况看，有些是对原译本的修订，有些是全新译本，并且修订本和新译本超过丛书的一半。我们希望本系列名著成为发展素质教育、落实立德树人根本任务、推进人的全面发展的重要参照和精神食粮。

欢迎广大读者对本系列名著的编辑出版工作提出宝贵意见和建议，以使之不断完善。

人民教育出版社
2023年4月23日

超越时空的人道主义教育学经典
——"苏霍姆林斯基育人系列名著"总序

在世界教育思想宝库中,苏联教育家苏霍姆林斯基(B. A. Сухомлинский)的人道主义教育思想体系是其中一颗璀璨明珠,这一思想体系不仅丰富、深刻,而且深深扎根于教育实践,富有鲜活的生命力。它的基本宗旨是培养全面和谐发展的人,在"教育学就是人学"的核心命题下,教学以人为本、育人以德为先是其精髓所在,而以立德为准绳、使德智体美劳各育相互融通的和谐施教观则是其实践的基本路径。苏霍姆林斯基用自己全部的教育生涯和丰富的教育著述,建构了这个具有鲜明特色的人道主义教育理论与实践体系。其人学意蕴的教育学观超越了他所处的时代,不仅影响了相同社会制度国家的教育,而且超越了社会制度与意识形态,受到世界上不同国家的共同关注。

苏霍姆林斯基的教育思想对中国基础教育界的影响尤其突出,他的全面和谐发展的教育理论与实践影响了中国几代教育人。20世纪50年代，苏霍姆林斯基关于劳动教育的文章就被翻译成中文刊登在我国教育期刊上；1958年，中国杭州的年轻教师王宜就曾到帕夫雷什中学拜访过苏霍姆林斯基校长。从20世纪70年代末开始，中国教育界就对苏霍姆林斯基教育体系进行大规模的传播和研究。40余年来，这位教育大师的大部分著作已被翻译成中文，各种译著的出版发行总量已达到数百万册。在研读其著作、践行其理论的过程中，我们的教育研究者、教育管理者、普通的学校教师及高等学校教育学专业的学习者撰写的研究性著作、学术文章、学位论文、读书笔记、学习心得等多达数万篇（部）。时至今日，苏霍姆林斯基的众多著作仍是我国广大教育工作者爱不释手的案头书。

我国广大教育同人对苏霍姆林斯基思想与作品的追求与喜爱，不仅证明了这位教育家的人格魅力、其理论体系的影响力与吸引力，而且从一个侧面表明，苏霍姆林斯基著作的出版发行是一项具有常态化市场需求的高质量工程。为适应新时代苏霍姆林斯基教育思想研学热情持续升温的新形势，严把译著出版质量关，满足经典作品普及的需求，一些出版社陆续启动了苏霍姆林斯基教育著作再版再译或新版新译工程。

欣闻人民教育出版社已选定10部苏霍姆林斯基的著作，以修订原译与重新翻译相结合为原则，集合成"苏霍姆林斯基育人系列名著"出版。我认为这是一个非常好的创意。一方面，苏霍姆林斯基的人道主义教育学思想与当下我国教育改革的需求高度契合，对于促进立德树人、全面和谐发展、德智体美劳五育并举及"双减"政策的有效落实，不仅不过时，而且具启发借鉴的意义。另一方面，苏霍姆林斯基去世已过50年，其所有已出版的著作进入公版领域，而在我国随即掀起的新一轮苏霍姆林斯基著作出版热中，有少数为蹭热度，单纯追求经济利益的短平快翻译出版物，其质量令人担忧，给广大读者造成了不少困惑。因此，作为国家级教育出版大社，人民教育出版社的上述决策值得点赞，反映了其使命意识和责任担当。

"苏霍姆林斯基育人系列名著"包括：《把整个心灵献给孩子》《公民的诞生》《给儿子的信》《做人的故事》《要相信人》《关于人的思考》《怎样培养真正的人》《关于人的全面发展教育问题》《给教师的一百条建议》《帕夫雷什中学》。这些图书有的是我们耳熟能详的，有的在20世纪80年代出版后就没有再版过。从书名上看，有些保持了旧有翻译，有些做了改动，比如，之前Верьте в Человека译成《要相信孩子》，而原著书名中的"человек"实际上是"人"的意思，作者的本意就是告诫教育者要将孩子视为平等的、应被尊重的人来对待和信任，这也是苏霍姆林斯基人道主义教育学的初衷所在。盖因20世纪80年代初期我国处于改革开放起步阶段，在舶来品图书书名上突出人、人性、人道主义的色彩尚不具备条件，所以，为求稳妥又不过多改变原意，最初的翻译选择了《要相信孩子》作为书名。此次该书的全新译本还原著书名以本来面貌，译为《要相信人》。

这套丛书中的各部著作在写作风格上各有特色，记叙型、议叙结合型、对话问答型、学理研究型皆有，篇幅也各不相同，但它们的书名基本都有"人"的存在，在内容上亦有共同的特征：都直接聚焦活生生的人如何得以全面和谐发展，都是作为教师和校长的苏霍姆林斯基对 27 年帕夫雷什中学的教育实践、围绕教育的普遍规律与人的个性发展特质所进行的深度思考和认知表达。我非常赞同人民教育出版社将这些著作集合于同一系列，并冠之以"育人系列名著"的表达，因为这恰如其分地凸显了苏霍姆林斯基人道主义教育学的基本特征。

那么，这位伟大教育家的全面和谐发展教育体系究竟是怎样的人道主义教育学，又怎样能成为经久不衰的、备受教育工作者推崇与珍爱的"学校教育的百科全书"呢？让我们带着崇高的敬意和理性的思考再度走近苏霍姆林斯基，检视其教育思想超越时空的永恒价值和现实影响力吧。

一、为什么说教育学就是人学？

苏霍姆林斯基的人道主义教育学产生于他所处的时代，既离不开其个人成长的生活环境与社会背景，也离不开其教育科学的理论积累和实践探究。"教育学就是人学"，在对教育如此独到精准定性的不断求索中，苏霍姆林斯基为培养全面和谐发展的人、有德行的人、能自主获得幸福的人殚精竭虑，奉献了毕生的精力。

（一）形成人学教育观的重要动因

105 年前，在乌克兰中部的一个村庄，一个婴儿呱呱坠地。在普通的家庭中，在平凡的日子里，得益于祖辈、父辈对孩子进行的自然、朴实、人本的教育，这个孩子从小学到中学，到师范专科，再到函授高等师范，逐渐长大成人，成为一名中学教师。他就是苏霍姆林斯基。他成长的环境是普通农村，他求学就业的轨迹没有什么特殊的，他在生活中积累经验、获取知识、磨砺本领、提升智慧。如果没有爆发战争，他可能会像千千万万个普通苏联公民一样，在自己的工作岗位上完成乡村教师的一生。

然而，历史没有这个"如果"，恰恰是第二次世界大战的战火改变了苏联的命运，也改变了作为普通苏联公民的苏霍姆林斯基的命运。这场反法西斯战争使苏联人民付出了近2 700万个鲜活的生命，几乎没有家庭能幸免于战争的伤害。苏霍姆林斯基的家乡、他的至爱亲人、他自己都成为这场战争的受害者。1941年秋，苏霍姆林斯基以连队指导员的身份奔赴前线。残酷的战争让他两度负伤，在第二次重伤后的战地手术中，因医疗条件有限，两块在胸部的弹片无法取出，影响了他的健康。也正是这两块一直留在身体内的弹片重塑了他的生命轨迹和思想轨迹：连队指导员、退伍转业军人、地方教育管理者、基层乡村学校的校长、用生命致力于人道主义教育探索的理论型实践家。

体内残留的弹片导致了苏霍姆林斯基与生命赛跑的倒计时人生。医生告诉他，一旦弹片移动至心脏附近的血管，生命随时可能戛然而止。虽然小小的弹片给苏霍姆林斯基带来肉体上终身的痛苦，但也促使他不停歇地思考，思考侵略战争的罪恶、和平的意义、人性的本质、教育的功用。他确认：个人的和谐发展是家庭和谐、社会安定、世界和平、人类幸福的基本前提；人性的塑造有赖于教育，教育必须培养人性、培养德行；和谐发展以德为先乃教育之根本任务。随着大量的教育实践和探索，他的观点越发清晰——就教育本质的深刻性而言，教育学就是人学！教育的使命就是培养人性！

在平凡的工作岗位上，在同病痛抗争的日日夜夜里，苏霍姆林斯基将乡村学校作为新的战场，依靠坚定的教育信念和丰富的教育智慧，通过梳理丰富多样的教育案例及展开理论与实践的转换与提升，给人们留下了近50部专著、600多篇论文、1 500多个教育寓言和不计其数的教育书信。这些生动鲜活的文字让更多的教育者了解其人学教育观的真谛，并继续其人道主义教育学的实践探究。

（二）教育必须看见人，关注人本身

走近苏霍姆林斯基的教育遗产，我们不难发现，他的著作中无一不涉及人、人性、培养人、培养真正的人、培养大写的人、培养全面和谐发展的人等内容。他反复强调，教育学首先就是人学，必须注重人本身，必须是和谐的教育。他坚持认为，人在时代变革中的重要地位无可比拟，尽管人类似乎已生活在数学、物理学、电子学的时代，但更重要的是"世界正进入一个'人的世纪'。我们现在应当比以往任何时候都更多地考虑：要用什么来充实人的心灵"①。他指出，自然科学的重要性无须争辩，但同样重要的是施以道德教育、精神影响。苏霍姆林斯基一再申明，教育，首先是教师跟孩子在精神上的经常接触，他的生活、健康、智慧、性格、意志、公民表现和精神面貌，他在生活中的地位和作用，他的幸福，都取决于教师。"教师的职业是一门研究人的学问，要长期不断地深入人的复杂的精神世界。在人的身上经常能发现新的东西，对新的东西感到惊奇，

---

① ［苏］苏霍姆林斯基著，赵玮等译：《和青年校长的谈话》，教育科学出版社2009年版，第166页。

能看到形成过程中的人——这种出色的特点就是滋养教育工作才能的基础。"①"学校教育的理想是培养全面和谐发展的人，社会进步的积极参与者。"②苏霍姆林斯基在自己的著述中提及教育使命和职能的话题时，较多地使用"人"而不是"孩子""学生"来表述，这一语言特点在一定层面上体现出其人学教育观的厚重所在。

教育以人为出发点，就必须符合人在现实生活中发展的实际需求。针对当时教育目标或是单纯为升学做准备，或是单纯为就业做准备，苏霍姆林斯基提出，学校的根本目标是培养全面和谐发展的、富有创造性并精神充实的公民和能收获幸福的个人。他认为这个目标是人一生的基础，有助于升学和就业，既给社会提供创造性的建设人才与合格公民，又保证每个人精神充实且生活幸福。他说："远非每个人都能成为学者、作家、演员，远非每个人都能发明火药，但每个人应当成为自己行业上的能手——此乃个人全面发展的重要条件。"③

基于如此的人学教育观，苏霍姆林斯基强调，教育首先应当看见人、关注人，而且必须尊重人、相信人，从而完成启迪人、培养人的使命。他认为，每个人都是独立的，每个孩子亦各不相同，每个孩子都是一个独一无二的精神世界。"教师要善于在每一个学生面

---

① 蔡汀、王义高、祖晶主编：《苏霍姆林斯基选集》第二卷，教育科学出版社2001年版，第535页。
② [苏]苏霍姆林斯基著，赵玮等译：《帕夫雷什中学》，教育科学出版社1983年版，前言第9页。
③ 蔡汀、王义高、祖晶主编：《苏霍姆林斯基选集》第一卷，教育科学出版社2001年版，第47页。

前,甚至是最平庸的、在智力发展上最有困难的学生面前,都向他打开他的精神发展的领域,使他能在这个领域里达到顶点,显示自己,宣告大写的'我'的存在,从人的自尊感的泉源中汲取力量,感到自己并不低人一等,而是一个精神丰富的人。"[1]

在苏霍姆林斯基眼中,看见人还有更丰富、更人性的意思。他认为,"看见"与"看到"是不同的,"看见"之更深层的教育含义在于:教育者不只看到人的物理形态,更要看见其精神形态;教育者不仅要看到孩子的现实形态,还应预见其未来形态;教育者应当从孩子身上看见未来的父母,从学生身上看见未来的社会建设者。他曾反复告诫教育者:一个人无论今后成为什么样的人,他都将会成为父亲或母亲,高明的教育之道是要善于把学生看作未来的父亲或母亲,要善于从这样的立场来看待教育现象,因为"再过20年,我们的小学生就会领着自己的儿子来上学,就会跟我们一起来思考怎样更好地教育他"[2]。显然,在这里,把孩子视为父母实施教育的意义已经不局限于儿童教育学、家长教育学的范畴,而是苏霍姆林斯基整体的人学教育观的起始环节、关键环节。

社会由人集合而成,社会的整体素质取决于许许多多的个人素质,人天生无好坏之分,教育对培养精神层面的人至关重要。看见人,看见孩子,是要关注孩子的精神世界;尊重人,尊重孩子,是要尊重将会为人父母的孩子;培养人,培养孩子,是要培养和谐发

---

[1][2] 蔡汀、王义高、祖晶主编:《苏霍姆林斯基选集》第一卷,教育科学出版社2001年版,第94、112页。

展的孩子。因循这样的人学教育观，人们就不难理解，关注人本身，关注孩子个体的成长，也就意味着关注未来家庭的健康与和谐；关注未来家庭的和谐发展，也就意味着关注以社会基本成员与基本单位的和谐发展为基础的社会整体的健康发展与不断进步。于是，教育影响如此由个别向一般展开，教育功能如此由个体向集群释放，恰恰又是以人为本的教育哲学命题的有序逻辑拆解。

二、苏霍姆林斯基人学教育观的核心内涵

培养真正的人、全面和谐发展的人，是苏霍姆林斯基穷其一生都在思考和探索的问题。他用亲身的教育实践和丰富的理性思考证明了和谐发展的教育必须是德智体美劳五育相互渗透的立体系统，是以人为本、和谐发展的教育。

（一）人学教育观的核心目标是人的全面和谐发展

苏霍姆林斯基在去世前曾竭尽全力拼命干，以便结束主要的工作，即完成几本尚未写完的书。人们不禁要问：这究竟是些怎样的书，能让这位教育家仍以忘我的意志力笔耕不辍于病榻之上？循作者创作年谱看去，我们发现，《怎样培养真正的人》《关于人的全面发展教育问题》两部作品醒目于其中，都是作者写到生命的最后并在其去世后出版的重要著作。前者以对60个问题作答的形式，从学校、家庭、社会、师生等多个角度，详尽阐述何为真正的人、如何培养真正的人；后者是作者准备用来申请教育学博士学位答辩的论文，集合了作者毕生对人的全面和谐发展教育一些重大问题的深刻理性思考和人道主义教育实践探索的经验概括，虽未及答辩，但著

作出版后被苏联教育界公认是一篇优秀的博士论文。

真正的人应该是什么样的呢？在苏霍姆林斯基眼里，人作为人而出生，应该努力成为一个大写的人、真正的人，一个有精神追求的人。真正的人要有精神需求和精神财富，要有信仰，有信念，有自尊，有智慧，有健壮的体魄，有发现美的需要，有爱劳动的热情和能力，有爱人之心和同情心，有奉献的精神，有成为好人的热望。"真正的人要有一种精神——人的精神，这种人的精神会在信念与情感、意志与追求之中，会在对待他人和自己本人的态度上，会在分明的爱与憎，在善于看到理想并为之而奋斗方面表现出来。"①

全面和谐发展又是怎样的发展呢？苏霍姆林斯基认为，实现人的全面发展，实际上是实现个体的充分发展，实现个性的身心力量的多方面发展，创造个性综合素养得以持续提升的可能性。在他看来，"在一个全面发展的、活生生的、有血有肉的人身上，体现出力量、能力、热情和需要的完满与和谐"②，在这种和谐里应能看到"道德的、思想的、公民的、智力的、创造的、劳动的、审美的、情感的、身体的完善等"③。苏霍姆林斯基细致地、立体地用五种角色来勾勒全面和谐发展的形象：第一，是社会物质生产领域和精神生活领域中的创造者；第二，是物质和精神财富的享用者；第三，是有道德和文化素养的人，是人类文化财富的鉴赏者和细心的保护者；第

---

① 蔡汀、王义高、祖晶主编：《苏霍姆林斯基选集》第二卷，教育科学出版社2001年版，第196—197页。
②③ ［苏］苏霍姆林斯基著，王家驹等译：《关于全面发展教育的问题》，湖南教育出版社1984年版，第12页。

四,是积极的社会活动者、公民;第五,是基于崇高道德的新家庭的建立者。① 全面和谐发展的人集五种角色于一身的观点,不仅体现了个体发展的全面性、和谐性,而且阐明了作为个体的人与社会的人同命运发展的逻辑性和动态性,从而再次彰显出这位伟大教育家人学教育观的深刻性和前瞻性。

(二)实现全面和谐发展的基本路径是和谐教育,主导方向是立德为先

"人是要教育的,为此必须懂得用什么去进行教育和怎样进行教育。"② 为了实现培养全面和谐发展的人的教育目标,苏霍姆林斯基以丰富的理论辨析和实践探索予以了翔实论证。他认为,要实现人的全面发展的思想,必须深入改善整个教育过程,决定学生全面发展效果的重要环节是学校,全面发展思想渗透的路径是实施和谐教育,"没有和谐的教育工作,就不可能培养出和谐的全面发展的人"③。

苏霍姆林斯基在《关于和谐的教育的一些想法》一文中专门提到,和谐的教育就是如何把人的活动的两种职能结合起来,实现其平衡发展。一种职能是人认识和理解客观世界,另一种职能是人的自我表现。后者包括人的内在本质的表现,自己的世界观、观点、信念、意志力、性格在积极的劳动和创造中,以及在集体成员的相

---

① 蔡汀、王义高、祖晶主编:《苏霍姆林斯基选集》第四卷,教育科学出版社2001年版,第13页。
② [苏]苏霍姆林斯基著,赵玮等译:《和青年校长的谈话》,教育科学出版社2009年版,第163页。
③ 蔡汀、王义高、祖晶主编:《苏霍姆林斯基选集》第一卷,教育科学出版社2001年版,第95页。

互关系中的表现。①正是在这一点上，即在人的表现上，"应当加以深刻思考，并且朝着这个方向改革教育工作"②。他指出，现实中教育的弊端就在于人们所关注的"人的表现"出现了片面性、畸形的单方面性——"人的表现的唯一领域就是知识的评分"成为很多学校的普遍现象，这会成为教育不和谐、成长不和谐的根源。"如果教师和学校舆论唯一地根据分数来给一个人做出好的或坏的结论，那他就不会努力去当一个好人。因为上课、掌握知识、分数——这只是人的精神生活的一个局部，只是许多领域中的一个领域。而偏偏在这个领域中，许多人会遇到巨大的困难和挫折。"③为此，苏霍姆林斯基提醒教育者"时刻都不要忘记：有一样东西是任何教学大纲和教科书、任何教学方法和教学方式都没有做出规定的，这就是儿童的幸福和充实的精神生活"④。所以他确信："和谐的教育——这就是发现深藏在每一个人内心的财富。共产主义教育的明智，就在于使每一个人在他的天赋所及的一切领域中最充分地表现自己。人的充分的表现，这既是社会的幸福，也是个人的幸福。"⑤显然，在苏霍姆林斯基那里，和谐教育就是创造条件帮助人实现充分的表现，不仅是在认识世界、掌握知识的领域得到表现，而且要在天赋所及的所有领域，尤其是在精神生活中得到充分的表现，用他的话说，就是指使"人之所以能称其为人"的个性的和谐发展、其精神世界的和谐展现。

---

①②③④⑤ ［苏］苏霍姆林斯基著，杜殿坤编译：《给教师的建议》，教育科学出版社1984年版，第471、471、473、473、480页。

那么，和谐的教育、和谐的个性、和谐的精神世界以何为导向，又如何实现呢？苏霍姆林斯基就此回答道：培养全面发展的、和谐的个性之过程就在于，教育者在关注完善人的每个方面及特征的同时，时刻都要清楚它们之间的和谐是由某种主导的、首要的东西决定的，"在这个和谐里起决定作用的、主导的成分是道德"①。他反复强调："要使我们所教育的人多方面活动的道德丰富性在学校精神生活的一切领域中得到表现。"② 在分析科技发展促进社会发展条件下学校知识教育的特点时，苏霍姆林斯基认为，知识在人的道德面貌形成过程中具有非常重要的作用，自然科学知识不仅同关于人的知识、与人的心灵和信念直接相关的知识一样重要，而且"在当前这个时代，只有把道德美和智力的丰富性结合起来，不断地向青年们揭示出人的新的品质，你才可能博得年轻人的心灵和理智"③。现代科技与智慧赋予了人如此巨大的支配自然界的权力，以至于一个人就可以决定成千上万人的命运，此人的道德感、对于他人的义务感和使命感就要比知识和智能本身更重要，如核电站、铁路枢纽是由按钮控制的，而按钮就掌握在人的手里！苏霍姆林斯基用俄国著名自然科学家、哲学家罗蒙诺索夫贴切的名言提醒人们"知识如果掌握在没有道德之人手中，无异于疯子手持着利剑"。他强调必须注重知识水平与道德水平的相互关系，实现人的和谐发展，必须立德为先，以

---

①② 蔡汀、王义高、祖晶主编：《苏霍姆林斯基选集》第一卷，教育科学出版社2001年版，第93、96页。

③ ［苏］苏霍姆林斯基著，赵玮等译：《和青年校长的谈话》，教育科学出版社2009年版，第178页。

德育为引领。"人是一种精神力量。我在这一真理中看到了全部道德教育的一根红线。"①的确,在苏霍姆林斯基那里,人的全面和谐发展离不开贯穿于其中的德育红线,德育既是全面和谐发展的导向,又是和谐教育的标杆,在德智体美劳各育的实施与相互渗透中,它能将一个蹒跚学步的孩子培养成有思想、有信仰、有觉悟、有德行、有可持续发展动力的合格公民。

三、苏霍姆林斯基人学教育观的穿透力与影响力

苏霍姆林斯基是世界著名教育家,其人学教育观具有极强的穿透力和影响力。他的名字在20世纪50年代就已经从苏联走向了世界。时至他诞辰100多年之后的今天,世界上不同地方对其教育思想的研究与践行仍在继续。

(一)既是民族的财富,又是人类的财富

奥·苏霍姆林斯卡娅是苏霍姆林斯基的女儿,也是乌克兰教育科学院资深院士。受父亲的教育情怀的影响,她也把从事教育研究作为自己终身的事业。在做好本职学术研究的同时,她长期致力于其父亲教育著作的整理和教育思想的收集、挖掘工作,出版和发表了大量著作和论文。2018年,她应《比较教育研究》杂志之约,为纪念其父亲百年诞辰专门撰稿,文章的题目是《身心健康永远是教育的第一要务——苏霍姆林斯基儿童健康教育观的历史前瞻性》。笔者作为约稿人,在约稿时曾特地问她:为什么不写一个大视角大题

---

① [苏]苏霍姆林斯基著,罗联辉译,欧阳馨校:《怎样培养真正的人》,湖南教育出版社1987年版,第1页。

目的文章,向我们介绍苏霍姆林斯基在世界范围内的影响,并解读他为什么能给世界的过去、现在乃至未来带来这些影响?她回答:"我整理父亲的遗产是因为他的思想体系有很强的教育意义和时代价值,而回答苏霍姆林斯基在全世界为何有如此影响,为何引起长期、持续关注这类问题,尤其不应当是我等作为子女的人的责任。我要做的是挖掘、研究你们尚未接触、尚未发现而我又因拥有继承其遗产优势所能注意到的一些新问题、新领域。苏霍姆林斯基的思想和远见是超前的,既超越了他的时代,又对当今时代具有现实意义。这次我写的是父亲关于孩子的健康教育和健康文明话题,当今世界任何东西都在发展,都在变化,唯有人,尤其孩子的健康是恒久不变的主题。没有这种身体的健康和心理的健康,世界将不会走远。"

乌克兰教育科学院院长科列缅教授认为,应当从民族国家的角度探讨苏霍姆林斯基思想体系的影响和价值。他指出,苏霍姆林斯基的教育遗产不仅是民族的,也是世界的财富。对于国家发展来说,苏霍姆林斯基为乌克兰教育科学的发展做出了贡献,其人道主义的、以儿童为中心的超前的教育理念依然起引领作用。对于世界来说,他的创造性贡献属于全人类,因为在苏霍姆林斯基的人道主义价值体系中,人是核心。人道主义作为培养全人类价值观的基础,是培养"在国家空间和全球化空间中发挥作用的人"所必需的教育特征。因此,苏霍姆林斯基教育思想是全人类的共同财富。

(二)超越时空的教育宝库

波兰科学院教育学委员会名誉主席、耄耋老人列沃维茨基称苏霍姆林斯基是坚定的人道主义思想的实践者。他认为苏霍姆林斯基的教育学是充满着人道主义精神的教育学,是善良教育学、爱的教育学、心灵教育学和快乐教育学。他呼吁人们向苏霍姆林斯基的教育经典致敬,要像苏霍姆林斯基那样用人道主义价值观来衡量人们的生活,展开教育。

澳大利亚的艾伦·科克里尔教授在自己的青年时代被苏霍姆林斯基的名字和学说吸引,专程自费去苏联做研究,并以苏霍姆林斯基的教育学说为选题完成了博士论文。回到澳大利亚,他在不同的教育机构工作时,都始终不遗余力地传播和研究苏霍姆林斯基的思想。他不但翻译了苏霍姆林斯基的著作,而且把苏霍姆林斯基撰写的德育小故事悉数翻译出来带进小学生的课堂。他引导孩子们把对故事的理解通过自己的双手创作成绘画,并将这种做法扩展到其他国家的同龄孩子中,让孩子们进行相同素材的个性化、创造性劳动。每个人对于故事的不同理解会呈现出不同的画面,在讲述自己作画的理由和特点的过程中,孩子们不但加深了对故事内涵的理解,而且得到了语言表达的锻炼和绘画美的陶冶,可谓德智美劳各育皆有成效。

德国研究者埃里卡·卡尔特曼博士认为,苏霍姆林斯基强调通过"情感文化"引导、教育儿童与自然交流,唤醒其情感,培养其性格。这不仅有助于儿童思维的发展,而且使其生长成与其天赋相对应的"真正的""精神上的"人。因此,在大自然中通过"情感文化"教育儿童的人学教育思想与实践是苏霍姆林斯基伟大的个人成就。

苏霍姆林斯基的思想一直被日本研究者关注。1998年,在北京师范大学举办的苏霍姆林斯基教育思想国际研讨会上,早稻田大学岩崎正吾教授与我不期而遇。在日本,他除了翻译出版大量的苏霍姆林斯基著作、发表众多相关教育研究成果,也在自己的学校实践中进行比对。他在梳理日本研究苏霍姆林斯基以及苏联教育学的特点时指出,苏联后期颇具影响力的教育改革思潮协动教育学(中国学者翻译成合作教育学)在很大程度上受到了苏霍姆林斯基和谐发展教育观的影响,体现了对学生个体人格的尊重,是在尊重基础上的师生平等的合作学习。这种观点对当时日本教育改革产生了尤其明显的影响。

不难发现,各国的研究者不约而同地将关注点落到了苏霍姆林斯基的人性观、人学观上,乃至有人直接阐明,苏霍姆林斯基教育思想超越时空的关键就是人道主义。的确,正是人、人性、人道主义是苏霍姆林斯基教育思想体系的核心,才吸引了不同国家教育者的关注,才殊途同归地解读出其核心思想的合理性、深刻性、永恒性。

(三)用生命与智慧写就的"活的教育学"

苏霍姆林斯基及其教育学说在中国的知名度很高。我国有世界上最庞大的教师队伍,教师数量达1 800万人。从这个意义上讲,苏霍姆林斯基不仅是中国教育界知名度最高的外国教育家之一,也是世界上知名度最高的教育家之一。中国教师对于苏霍姆林斯基的喜爱在于他的人学教育观朴素、真实、有温度,他对教育理念的诠释通俗、直观、有启发性,他对教育实践的梳理具体、生动、有代入感。他用生命与智慧写就的散发着人性光辉的"活的教育学"——

直被中国教育工作者视为"学校教育的百科全书"。

苏霍姆林斯基把教育视为自己的生命，视为人类的生命。他植根于最基层的教育现场，用全部的情感与智慧去爱孩子、爱学校、爱教育，用毕生的精力探索人的培养问题，探索教育的真谛。其思想脉络中最关键、最恒久不变的东西是人的真、善、美，是人性美德。他所致力于培养的人，是健康的个体、和谐的自己，是合格的未来父母，是故乡的人，是社会的人，是国家的人，是世界的人，是大写的人，是真正的人。正是对人性本真的珍视、追求与塑造，才使这位教育家的理论与实践体系得以超越时空。

苏霍姆林斯基把教育视为艺术。他始终在教育的舞台上思考教育的艺术和艺术的教育。阅读他的著作，能够让我们把教育不仅视为美学意义的艺术，视为发现的艺术、沟通的艺术，还视为情感的艺术、心灵的艺术，更视为成长的艺术、创造的艺术。他的教育信仰、教育理念、教育实践正是仰仗于他的思考的艺术、行动的艺术、语言的艺术深刻而生动地流淌于他的著作中，浓缩于他的文字里。徜徉于其作品中，我们在真挚与美感中感悟人格的魅力，在人格的魅力中汲取教育的智慧，在教育的智慧中思考育人的真谛，在育人的求索中激发创造的欲望……人格要用人格来培养，苏霍姆林斯基用毕生做出了表率。

时光虽已越过50年，但苏霍姆林斯基并未走远。他既属于自己的那个时代，又超越了那个时代。尽管不同的时代有不同的主题和任务，但人性的根本实质不变，人学的基本使命不变。昨天的教师，今天的教师，无疑还有明天的教师，已经并将继续从这部"活的教育学"中受益。

四、结语

随着时代发展和科技变革，教育环境、形式和内容也在发生变化，但是正如苏霍姆林斯基所强调的，日新月异的新时代终究还是"人"的时代，教育的出发点和落脚点也依然是"人"。在"人"的时代，社会发展的不同阶段有不尽相同的教育主题和学校任务，但人性的根本实质与教育的基本使命始终是不变的。

因此，昔日苏霍姆林斯基的教育经典学说对于今天的我们不仅没有丝毫违和感，而且依然具有毋庸置疑的时代价值。他的人道主义教育思想依然鲜活，他的以道德教育为主线的和谐发展教育体系依然具有强烈的现实意义，他引用的"知识如果掌握在没有道德之人手中，无异于疯子手持着利剑"的名句比任何时候都更加振聋发聩，警醒世人。同样也因此，他的这些教育经典更加需要珍视，需要弘扬，需要深入研读和深刻反思。而这，不可或缺地需要对教育经典的深入研究及高质量译作的出版平台。

人民教育出版社在苏霍姆林斯基教育思想的传播与研究中贡献突出。1992年，出版了王天一撰著的《苏霍姆林斯基教育理论体系》。1993年出版的由毕淑芝、王义高主编的《当代外国教育思想研究》一书中，也有专章评介苏霍姆林斯基教育思想体系。1998年，《育人三部曲》《做人的故事》两部译著赶在8月出版，使我得以在同年秋天赴乌克兰参加纪念苏霍姆林斯基诞辰80周年国际研讨会时，把它们作为礼物送给了乌克兰苏霍姆林斯基国家图书馆和帕夫雷什中学图书馆。2014—2015年，将苏霍姆林斯基的《育人三部曲》《做人的故事》和《苏霍姆林斯基教育智慧格言》三本译著纳入"汉译世界教育经典丛书"。这是对苏霍姆林斯基教育体系的历史价值与时代意义的又一次肯定。之后又出版了孙孔懿撰著的《苏霍姆林斯基评传》（2017）、《苏霍姆林斯基教育学说》（2018）等重量级的研究专著。

如今，人民教育出版社以"育人"为主题策划的"苏霍姆林斯基育人系列名著"即将出版，这在客观上可以更好地营造出苏霍姆林斯基人道主义教育学的立体空间。它既包括教育者，也包括受教育者；既包括学校，也包括家庭；既包括教育者的理念，也包括对不同学段孩子施教的措施与方法。其中丰富的、鲜活的教育案例能再次集中地呈现和彰显苏霍姆林斯基人学教育学育人的温度与深度、胸怀与情怀、形象与形态、画风与画面……相信人民教育出版社这次创意设计和出版努力，一定会使苏霍姆林斯基的思想学说进一步成为助力我国教育改革创新、推进全面和谐发展教育的营养丰富的精神食粮。

让我们珍视经典，弘扬经典，并向苏霍姆林斯基和他留下的教育经典致敬！

肖 甦

2023年3月

（总序作者系北京师范大学教育学部教授、博士生导师，全国苏霍姆林斯基研究会原会长，国际苏霍姆林斯基研究会理事）

本书译者前言[*]

苏霍姆林斯基（1918—1970）早已是我国教育同人所熟知的一位教育家了。他的著作的中译本多达二十多部；他论学生全面发展的思想已在我国产生了不小的影响；他的许多名言和术语，诸如"让孩子抬起头来走路""用多把尺子衡量学生""创办快乐学校""实施和谐教育""孩子的智慧出在手指头上"等，也在我国教育界广为流传，在我国广大校长、教师中产生了共鸣。

实践证明，苏霍姆林斯基的教育遗产经受得住历史的考验。在苏联解体前夕围绕"合作教育学"展开的教育大辩论中，论战的双方都承认，苏霍姆林斯基的教育遗产中包含了一部深刻而完整的"合作教育学"。苏霍姆林斯基的教育遗产早已传播至西方各国，并引起那里同行的极大兴趣；设在德国马堡的国际苏霍姆林斯基研究

---

[*] 原为《育人三部曲》（人民教育出版社1998年版）"译者的话"。

会曾举办过多届年会，旨在研讨和推广这位教育家的育人之方。为何这位教育家的遗产具有如此的生命力？盖因它提出并解决着当代世界教育中普遍存在的棘手问题；也因它系实际经验的总结，具体而不空泛，富于操作性，应用性强。

如今正值我国教育界大力推行变"应试教育"为"素质教育"之际，迫切需要利用国内外一切可供利用的教育资源。"检索"了世界教育资源库之后，可以毫不夸张地说，苏霍姆林斯基的教育遗产堪称其中最全面、最丰富、最适用者。因此，为了我国更有效地变"应试教育"为"素质教育"，切不可放过苏霍姆林斯基的那座论"全面发展"、促"和谐教育"的教育宝库。

非常巧合的是，正当我们欲深挖该宝库之时，苏霍姆林斯基的《育人三部曲》问世了。这位教育家的女儿奥·苏霍姆林斯卡娅（现为乌克兰教育科学院院士）为这部著作撰写了"编者序"。此《育人三部曲》由苏霍姆林斯基的三部名著构成：一是《把整个心灵献给孩子》——它涉及的是小学儿童阶段的乐学生活；二是《公民的诞生》——它涉及的是中学少年阶段的和谐发展；三是《给儿子的信》——它涉及的是大学青年阶段的成才修养。这里的"三部曲"，也可称作"三部作"，但称"曲"更切题。因为苏霍姆林斯基的教育创作，具有浓烈的诗情、画意、乐韵，他把现实主义与浪漫主义融成一曲一曲的教育乐章，描绘着学生从小学、中学到大学三大阶段的成才历程。毫无疑问，此《育人三部曲》是苏霍姆林斯基教育遗产的精华，其中提出的问题和解决的矛盾，正好切中我国当前变"应试教育"为"素质教育"的要害。

此《育人三部曲》中的每一部，早已在我国有了中译本。鉴于奥·苏霍姆林斯卡娅对每一部都略作了增删，然后把它们辑成一体，这样辑成的"三部曲"就更具精品价值了。另外，辑成一体的"三部曲"，犹如一个完整的系统；而从系统论的观点看，系统整体的效能定然大于各单一成分相加之和。

为了准确、有效地发挥《育人三部曲》的功能，我们对其中的每一部都根据增删后的原文做了精心校译。《把整个心灵献给孩子》由毕淑芝、赵玮、唐其慈、王义高译出；《公民的诞生》由肖甦、诸惠芳译出；《给儿子的信》由叶玉华译出。当然，此次译文也难免有缺点和错误，诚望同行不吝赐教。

为了与读者共同探秘，以求更好地借鉴苏霍姆林斯基的教育遗产，来促进我国的素质教育，培养德、智、体、美、劳全面发展的公民，下面先来抛砖引玉，发表译者的点滴学习体会。

苏霍姆林斯基作为教育实践家和教育理论家，从教35年（1935—1970年），研究过种种教育难题，积累了丰富的教育经验，留下了影响深远的教育遗产。其中，全面和谐发展的教育理论和公民教育理论及其实际施教模式，对于我国学校的"素质教育"极有借鉴意义。

一、全面和谐发展的教育理论及其实际施教模式

苏霍姆林斯基的贡献之一在于，他对众所周知的、一般理解的"全面发展"理论，补充了一些新思想。

首先，他把"和谐教育"概念纳入了"全面发展"理论之中。

他的"和谐教育"意味着：一是处理好认识世界（即理论学习）与改造世界（即实践活动）这两者的关系，使之处于相互促进的和谐之中；二是处理好各个表现领域的和谐关系，使每个学生在其天赋所在的一切领域中（而不只限于学习中），充分表现自己并且出类超群；三是使学生因某事取得成功而带来的自尊、自信、自豪感，转移到其他事情上去并取得同样的成功。总之，要找到每个学生身上的"金矿脉""闪光点"，使他产生一股情感动力，并发生情感转移，让每个学生"抬起头来走路"，确认自己是"大写的我"，以此找到并打开全面发展的突破口，从而推动学生的全面发展。

其次，苏霍姆林斯基把"精神生活"范畴补充进了"全面发展"理论之中。他所说的"精神生活"意味着：使学生在德、智、体、美、劳诸多方面积极向上的需求和兴趣，能够在其积极活动中得以形成、满足和发展，使其特有的天赋才能有机会充分显露和发挥。他认为，学生充实的精神生活和丰富的内心世界是其全面发展的一个极重要的标志。他指出，在学校里，不能只有听课、作业、考试而没有精神生活，也不能只有纯体力劳动而缺乏智力因素和精神生活。

再次，苏霍姆林斯基用德、智、体、美、劳"相互渗透"说丰富了全面发展理论。他所说的"相互渗透"，就是你中有我，我中有你，相互交织，彼此促进。例如，德育中有智育，智育中有德育，劳动教育中有德、智、体、美各育，等等。他认为并证实：渗透式的教育才有利于全面发展并且效率高；单打一的教育不仅效率低，而且导致片面发展。苏霍姆林斯基的这些新颖思想对克服我国学校的"应试教育"的片面性,促进"素质教育"的全面性,保证"全面发展"的高效性,极有理论借鉴意义。

苏霍姆林斯基不仅把"和谐教育"说、"精神生活"说和"相互渗透"说引进"全面发展"理论之中,而且实际构建了一个体现这些学说的施教模式,这是一个为"全面发展"的教育服务的模式。这个模式拥有一个复杂的结构系统,其中起骨架作用的是如下三个子系统。

1. 由学校、家庭、社会构成的整体施教系统。苏霍姆林斯基认为,由这三者构成的整体系统中,学校是其中起"指挥作用"的主导机构,它引导家庭、社会按照学校的教育意图和计划,完成各自无可取代的特殊教育任务。为了调动家庭的积极作用,苏霍姆林斯基成功地开办了"家长学校",授以"父母教育学"。为了调动社会方面的教育积极性,苏霍姆林斯基把学校与村镇、学校与工厂、师生与居民的关系搞得亲密无间,使学校成为社会精神文明的建设者,社会成为学校全部教育活动的参与者、大环境、支持者。

2. 由空间、时间、爱好构成的创造活动系统。苏霍姆林斯基的独到做法是:他为了保证学生的活动空间,建立了数目众多、种类多样的课外活动小组;为了保证学生的活动时间,建立了下午让学生自由支配的制度。此外,他还引导学生在此空间和时间内突出三项爱好:最喜爱的学科、最喜爱的读物、最喜爱的劳动创造项目。如此周密安排的活动空间、活动时间、活动内容,构成了真正令学生如醉如痴地各从其事的创造系统。苏霍姆林斯基向同行们证明:只要引导学生做他们最喜爱的事情,也就找到了全面发展的突破口。

3. 由教师的主导作用、学生的主体地位构成的师生合作关系系统。上述创造活动系统，决定了师生关系系统必然具备这样的特点：既充分发挥教师的主导作用，又充分保证学生的主体地位，使二者协调一致、亲密合作，也就是达到教育与自我教育的和谐统一。苏霍姆林斯基的实践证明，通过教师的主导作用，能把学生引向"突破口"，导入自我教育，走上全面发展的轨道；通过学生的主体地位，则能自主自律地、不用督促地、如醉如痴地沿着创造性的、全面发展的道路迅速成长。

苏霍姆林斯基以整体施教系统、创造活动系统、合作关系系统为骨架，建构了一个唯他独有的实际施教模式，从而丰富了"全面发展"的教育实践。

二、"公民教育"的理论及其实践遗产

在苏霍姆林斯基的教育思想宝库中，除"全面发展"的理论及其实践遗产之外，"公民教育"的理论及其实践遗产也十分重要。而这份遗产也直接地切合我国学生的素质教育和精神文明教育。

在苏霍姆林斯基心目中，小学生就是一个小公民。对作为社会主义国家的小公民，就要按其年龄和心理特点，循序渐进地培养他应有的公民品质。苏霍姆林斯基最注重的公民品质是：有共产主义理想；热爱社会主义祖国；热爱劳动和劳动人民；有自觉的社会公德；有集体主义精神；有较高的科学文化素质。在苏霍姆林斯基看来，所有这些品质就构成了公民的精神文明素质。

1. 关于共产主义理想教育。苏霍姆林斯基认定，具有共产主义理想，是社会主义公民精神文明的首要特征。他指出，共产主义思想，是激发儿童和青少年不断产生崇高的、纯洁的、美好的愿望的源泉。如果学生从内心认识到共产主义的崇高目的，那么，他就会为社会的利益而投身于生活。

在共产主义理想教育中，苏霍姆林斯基反对教条地灌输空洞口号和词句，主张根据儿童和青少年的年龄层次和心理差别，采取学生能够接受的、丰富多样的、潜移默化的形式，包括口头语言、文字暗示（如童话、寓言等）、实际活动、劳动锻炼、参观访问、跟踪寻找革命史迹等形式，力求震撼学生心灵，升华共产主义意识，取得实际成效。

2. 关于热爱社会主义祖国的教育。苏霍姆林斯基把热爱社会主义祖国列为公民教育的重要内容。他撰写的《胸怀祖国》一书，全面深入地阐发了这方面教育的理论与实践问题。其中最有启发意义的是，他教育学生热爱社会主义祖国，也如教育学生树立共产主义理想一样，不是凭教条灌输，而是由近及远，由浅入深，做潜移默化的工作。例如，他首先教育学生热爱自己的母亲。热爱母亲从何入手？那就是，让孩子了解和体贴母亲的忧伤和难处；力所能及地分担母亲的家务琐事；在宅旁园地栽植"母亲树"，第一批果实献给母亲品尝；以优秀的在校表现让母亲满意、高兴、自豪；等等。由此扩而广之，为爷爷、奶奶、父亲、兄弟、姐妹献出爱心，付出爱行。再扩而广之，为学校、为家乡献出爱心，付出辛劳，做出贡献，如栽种花草树木，打扫庭院，美化周围环境。在此基础上，继续扩而广之，为家乡父老乡亲，尤其是孤老病残乡亲，献出爱心，施以善行。再下一步，为素不相识的路遇同胞，献出爱心，做出善举，等等。苏霍姆林斯基断言，如果一个孩子连自己的母亲都不爱，他会爱自己的祖国吗？爱出于奉献，奉献中生出情感美。在帕夫雷什中学的显要处所展有"伟大母亲"的众多画像，这样做的意图，就是让"墙壁也说话"，即也起教导作用。苏霍姆林斯基就是这样，从热爱父母亲人、热爱家乡的一草一木做起，引导学生达到热爱社会主义祖国这一最高目标。

3. 关于热爱劳动和劳动人民的教育。苏霍姆林斯基把"不劳动者不得食"的基本原则贯穿在劳动教育过程中。他为自己的帕夫雷什中学建立了一个完整的劳动教育体系，包括劳动教育的原则、劳动教育的类别、劳动教育的物质基础、劳动教育的组织形式、劳动教育的方法。他按"相互渗透"论来安排劳动教育，旨在完成多项功能：通过劳动教育，培养学生热爱劳动和劳动人民，推动德、智、体、美、劳全面发展，发掘学生的天赋才能，促进学生适应科技革命和现代化生产需要的职业定向。

劳动首先用于培养"善良心地"这一奠基性品质。苏霍姆林斯基确证：如果儿童懂得为别人的幸福和欢乐而付出劳动，并为此而流了汗，手上磨出了老茧，那么他的心地就会变得善良、敏感、温柔；只有通过劳动，一个人才会以热忱的心去待人接物；经历过劳动的孩子比起没有劳动过的孩子来，在对待周围人的态度上是完全不同的。如果一个孩子把享受父母创造的幸福作为自己快乐的唯一源泉，而不通过亲手劳动、克服困难去享得快乐，那么他在家里和上学之后都会是一个无情无义的人，从而造成"再教育"的难题，甚至导致青少年走上犯罪道路。他还调查证实，100起16—24岁的年轻人犯罪案例中，有88起是脱离劳动所致。

苏霍姆林斯基证实，一个学生如果不能亲身体会到依靠自己的亲手劳动为自己提供吃穿是人生最重要的因素，就不可能真正培养出热爱劳动的品质和热爱劳动人民的思想感情。因此，他在自己的学校里确立了一个良好的传统：学生从10岁开始，就得靠自己的劳动去挣得买教科书和学习用品的费用；在12—14岁时，就得靠自己的劳动所得去购买冬季衣着；在15—17岁时，就得靠自己的劳动收入去解决全年的衣履费用。苏霍姆林斯基强调，劳动只有成为经济上的需要时，才具有教育力量。

4. 关于社会公德教育。20世纪50—60年代是科学技术迅猛发展的年代，也是苏霍姆林斯基在教育上建功立业的年代。根据这一时代特征，他强调指出，智慧、科技赋予人类支配自然力的偌大权力，以至于一个人可能决定成千上万人的命运，而且这并不是在某起重大事件中，而是在日常的劳动中，例如在水电站、核电站、矿井、铁路枢纽调度室这些平凡的劳动岗位上，一个人要有高度的义务感和责任心，否则会殃及千百万人的性命。因此，自律和公德的培养是学校义不容辞的重大任务。

为了培养学生的自律和公德素质，苏霍姆林斯基把"同情人、关心人"视为奠基性品质。他认为，孩子在童年时期对人的苦难、不幸、烦恼和孤单特别敏感。此时培养他们这方面的品质最为有效。从小引导孩子为他人付出，是培养他同情人、关心人的重要途径。

苏霍姆林斯基指出，有些教育工作者和家长的失误就在于，他们离开人与人之间的关系，离开人对人的责任来培养儿童的高尚公德。这样做的结果，最多只能培养出口唱高调的伪君子。他认为不可想象，一个对父母、同学、朋友以及任何萍水相逢同胞的处境都漠不关心的孩子，一个根本不善于从别人眼神中察觉出其心境的孩子，会成为一个真正心地善良的人。教育者要善于对孩子进行"情感教育"，教会孩子在日常生活中体察他人的痛苦与忧愁，并由衷地给人以帮助。这就是为什么在苏霍姆林斯基的学校里，从儿童入学开始，甚至在预备班里，就引导孩子参加各种关心人的活动：关心附近的孤独老人，关心战争中牺牲了丈夫和儿女的母亲，帮助同学家中患病的亲人，帮助学习上有困难的同学，等等。苏霍姆林斯基坚信，只有这样，才能使儿童把同情和关心他人变为自己内心的需要。

5. 关于集体主义教育。在苏霍姆林斯基看来，集体主义精神是社会主义国家公民的必备品质，这种品质必须从小就开始培养，学校对此发挥着重大作用。关键问题是怎样培养集体主义精神。苏霍姆林斯基的经验证明，集体主义精神只能靠集体本身来培养。

苏霍姆林斯基有一个独到的观点，即集体不仅是一个有组织从属关系、有领导与被领导关系的群体，而且是由在需要、兴趣、智力、思想、道德、社交、创造力、审美观等方面既有共性又有个性的人们所组成的精神上的统一体。

苏霍姆林斯基的另一个独到观点是，集体意味着其成员各有个性，缺乏其成员的鲜明个性就谈不上集体。他指出，如果一个集体里找不到思想丰富、各有爱好的不同类型的人，这个集体就没有吸引力。因此，苏霍姆林斯基总是尽量创造条件，激发丰富多彩的精神生活，让每个学生都能在集体中充分发挥自己的主动性、独立性、创造性，为同学们提供些什么，包括能影响别人的道德、智力、审美、劳动、健康等诸方面的财富，为充实集体生活做出自己的贡献。苏霍姆林斯基相信，无任何才能的人（学生）是不存在的。教育者的责任是帮助每个人找到与自己的能力相宜的事情，使他在集体面前展现自己的才能。这既是因材施教的要领，也是个别教育与集体教育相统一的要领。

此外，苏霍姆林斯基要求校内集体成员走出小圈子，直接参与社会、公民活动，以求既改造和丰富客观世界，又改造和丰富集体成员的主观世界。

再有，苏霍姆林斯基注重在集体中培养"良心约束"能力，使每个人能用别人的眼光看自己，从而理解什么是可以做的，什么是不可以做的，以及什么是必须做的，也就是培养自律能力和责任心。

最后，苏霍姆林斯基强调，必须提倡、引导、扶植能为公众造福的兴趣和需要，防止单纯为了消遣作乐的兴趣和需要，否则就会导致集体成员的精神贫乏和空虚。

6. 关于科学文化素质的教育。苏霍姆林斯基既重视教育在促进科技进步方面的使命，又重视教育在培养全面发展的人方面的使命。不过苏霍姆林斯基还敏锐地洞察到一个问题，即人与科技二者的权重关系问题。如前所述，20世纪50—60年代苏联普遍流行的说法是，当今是"科技时代""数学时代""电子世纪""核子世纪"；苏霍姆林斯基则提出当今首先是"人的时代""人的世纪",既要重视学生在科技素质方面的教育,更要重视学生在人文素质方面的教育。苏霍姆林斯基的这种远见卓识不能不令人佩服。

为此,苏霍姆林斯基为学生设计了一个合乎上述双重使命的智育体系。这个体系具备两大特点:一是充分反映了当今时代对人的全面要求,旨在通过智育形成学生的科学世界观,养成他们强烈的求知欲,开发他们的思维能力和创造性,发掘每个人独特的天赋才能,授予他们牢固而基本的科学文化知识和技能,培养精神丰富的、全面和谐发展的文明公民;二是坚持辩证唯物主义的系统论,把智育纳入德、智、体、美、劳全面发展这个总体的、完整的施教系统之中,统筹兼顾地处理智育与其他各育的相互渗透关系,以及智育这个相对独立的子系统内部的各种矛盾、关系。

其中,苏霍姆林斯基正确地处理了知识与智力的关系。他指出,智育是在获取知识的过程中进行的,但又不能仅仅归结为一定知识量的积累。知识水平与智力水平之间不能画等号,尽管后者有赖于前者。那么两者的关系是什么呢?这就涉及一个极重要的问题,也是当时苏联教育界争论最激烈的问题,即教学与一般发展的关系。苏霍姆林斯基对此的观点是:教学的目的在于使掌握知识的过程保证最佳水平的一般发展,而在教学过程中达到的一般发展又反过来促进更顺利地掌握知识。智育的主要目的就是开发智力,最完善的教学乃是开发智力的教学。

在重视开发智力的同时,苏霍姆林斯基十分强调形成科学世界观的意义。他指出,世界观的形成是智育的核心。这种世界观建立在科学知识的基础上，但又不是自发产生的。苏霍姆林斯基用无数事例证实：一个人可以拥有对答如流的知识，然而他可能背离科学世界观，拜倒在宗教世界观及其他非科学世界观的脚下。至于与世界观紧密相关的道德信念和行为，则更可能与所获得的知识和科学真理背道而驰。所以，发挥教学、智育的世界观功能，是一个非同小可的问题，也是他解决得最成功的一个问题。苏霍姆林斯基的高明之处还在于，他立于物质文明和精神文明的高度，立于公民基本素质的高度来看待智育的重要性。

苏霍姆林斯基认为，一个人只有具备了高度的智力素质，才能适应科技革命和现代化生产的需要。他预言，不论是未来的科学家、思想家、艺术家、工程师、技师、医生，还是未来的钳工、车工、农机手、拖拉机手，乃至泥瓦匠、炊事员，都应具备一个共同特点，就是以智慧和创造性在劳动中起主导作用。他们都应当善于创造性地思考，应当是富于智慧的人。他还认为，在现代，英雄主义要求人们不仅有劳动热情、要顽强、勤奋，而且要善于劳动，有高度的文化，把握先进的技术，有创新精神。因此他认定，通向科学的道路始于基础教育。学校的任务之一，就是培养学生爱知识、爱书籍、爱科学；教育工作中应尽可能鲜明地反映科学正在变为直接生产力这一趋势。显然，这里涉及的都是物质文明问题。

同时苏霍姆林斯基认为，人之所以需要智育，还在于确立个人和整个社会的精神文明。他断言，就个人来讲，在当今时代，没有良好的教养，没有渊博的知识，没有高水平的智力素质和多方面的智力兴趣，要提升到道德尊严的高度是不可思议的。人们需要智育，不应仅仅是为了应付狭隘的就业劳动，也不应仅仅是为了上大学，而首先是为了充实的精神生活。智慧应当使人享受文化财富和美学珍品带来的幸福，而一个人若不具备中等以上的教养，未经过中等以上的智力训练，他就不可能接触智力财富，也永远不可能成为一个幸福的人。对社会来说，没有其成员高度的知识和智力素养，不论是生产劳动、人们关系的起码文明，还是公民职责的履行，都是不可能的。不学无术和智力不开化的人，不仅其本人不可能是幸福的，而且会殃及他人和整个社会。因此，学校不应让任何一个未受过智力训练的人进入社会生活。

可见，苏霍姆林斯基的科学文化素质教育观具有鲜明的时代特征。

概括苏霍姆林斯基的"公民教育"理论与实践，可以这么说：在内涵上，它包括公民的思想品德素质教育，也包括科学文化素质教育；在特点上，它继承了传统教育学的某些经典原理，又吸收了民间教育学的不少精华成分，更独创了大量反映当代社会、经济、文化、科技特征的新颖思想。他的这种兼含思想品德素质和科学文化素质两方面内容，并具有继承、吸收、独创三方面特点的公民教育遗产，作为国内外诸多教育资源之一，为我国素质教育和精神文明教育提供了借鉴的极大可能性。

目　录

孩子在少年时期有哪些变化 /1

　　"似乎有人给孩子注入了新的灵魂……" /1

　　一切都取决于儿童时期的教育 /8

　　童年期和少年期教育的两个源泉 /19

纪律与自我约束　集体责任感与个人责任感 /27

　　学会用他人的眼光来看待自己 /27

　　现代人的精神世界与童年期、少年期的教育方法 /31

少年期的矛盾 /51

少年的身体发育与心理修养仿佛重塑人生 /75

　　个性的形成 /75

　　男人的诞生，女人的诞生 /82

　　男孩和女孩——男人和女人 /88

　　体育 /97

饮食、劳动和休息制度 /100

我们在假期中的劳动与休息 /103

动作的灵活与优美 /111

请爱护少年的神经系统 /114

心理修养 /124

少年的智育和教养 /129

教师的教育观点和信念的统一 /129

世界观和信念 /134

我们如何指导课堂上的智力劳动 /148

手和理智 /160

"知识的源泉" /163

智力教育的两个大纲 /165

"思想室" /167

自学 /180

精神财富的交流 /185

记忆、思维和学习技能 /189

道德的形成，公民的诞生 /193

从物质世界到观念世界 /193

精神文明、道德修养和无神论 /198

基本的道德修养 /204

道德习惯 /217

思想转化为信念 /222

个人和集体 /241

恋爱 /251

　　少先队员和共青团员的浪漫主义精神 /253

　　道德的坚定性 /266

情感教育和审美教育 /277

　　情感教育与道德教育的统一 /277

　　感觉修养和知觉修养 /281

　　语言和人的情感修养 /287

　　对思想的认识 /293

　　少年精神生活中的情感刺激 /297

　　对有世界观意义的和道德的观念、原则、真理的

　　　　情感感受性 /300

　　情感和公民的尊严 /304

　　情感情境的一般特点 /307

　　最重要的情感情境 /310

　　审美情感的源泉 /322

　　大自然和美 /328

　　艺术 /335

　　音乐 /347

　　绘画 /353

　　创造性——精神生活的强大动力 /363

劳动在少年精神生活中的作用 /367

　　劳动对人的全面发展的作用 /367

　　劳动习惯 /369

劳动与智力的发展 /370

劳动的公民因素 /378

劳动和美 /382

劳动和意志的培养 /384

临近青年期 /385

孩子在少年时期有哪些变化

"似乎有人给孩子注入了新的灵魂……"

少年,一说到这个词,就会给母亲和教师们带来多少惶恐!有多少本书都在讲述少年那神秘的内心世界,又有多少篇研究关于少年问题的论文陈列在图书馆的书架上!

我聆听过教师们讲述他们的惶恐和忧虑,观察过那些从小就认识的少年,阅读过许多有关少年的书籍。随着时光的流逝,在自己藏书中我已经积攒了数十本小册子;每一本小册子都是一个小公民独特的生活写照,他的命运的写照:从入学的第一天到长大成人。经常是,到了那令人激动的一天,那个曾经是淘气的、不管不顾的孩子,又把自己的儿子或女儿送来上学了:"收下他吧!这也是我,长相虽不像,但……本质上大概还是那时的我。"

最令人操心和不安的问题,是一个人在少年时期的精神生活。

多年来，通过观察学生集体的生活和工作，我得出结论：在少年这个年龄阶段，人的精神生活会发生深刻的变化。他的认知能力、脑力劳动、行为、与同学的相互关系、情感和审美以及道德的发展等许多方面的实际表现，都使教师感到不可思议和困惑不解。有经验的教师也经常抱怨——少年工作难做。他们身上常常出现某种神秘莫测、难以理解的现象。

三、四年级的男孩是再好不过了：安静、稳重、注意力集中、和气、富有同情心、能够接受这一年龄段的人所应有的高尚而崇高的情感。可到了五年级，特别是六、七年级就不是他们了：任性、缺乏自制力、常常变得粗鲁、没礼貌、过分的自爱、无论是对教师的要求还是对同学的弱点都显得十分急躁，对周围的世界，特别是在评价成年人的行为时总是直率和偏激。

有时候你会看到这样的情形：在儿童时期令他激动的感情，随着时间的推移好像不再能占据他的心灵。一个亲人或是陌生人的痛苦，如果从前曾在儿童的心里引起过强烈的感受的话，那么一个少年可能根本就发现不了别人的痛苦。

在教师委员会会议上，六年级学生维塔利的班主任说："似乎有人给男孩子注入了新的灵魂。"（我则边听边思考："难道再过两三年，维佳·别兹维尔西或者沃洛佳·别斯克罗夫内也会变成这样的吗？因为维塔利在三、四年级时学习和品行堪称是个优等生。"）

班主任接着又说："可现在四年级毕业了……我在开家长会时讲了学业成绩。我想讲讲维塔利违反纪律的事。当时我想：家长的参与会对孩子有影响。我一边讲，一边看了维塔利一眼。他一动不动地坐着，没有一点儿害怕或是悔过的样子。突然我看到：他打开我教的那门课的课本，拿出铅笔在书的扉页上画着什么。他的眼睛里流露出幸灾乐祸的神情。他坐在最后一排，谁也看不见他在干什么。我心里发紧。有什么办法呢？我知道，在这儿当着家长们的面不能谈论他的新的不良行为。我担心这个小伙子会暴跳起来。我感觉到，他正等着我说他呢。他是成心弄坏我这门课的课本……目的就是让我难受。我把话题转到了别的事上，可几天前和维塔利发生的冲突的情形，又浮现在脑子里。

"那次是时事政治讲座，一个十年级的女共青团员在讲国内外的生活。谈到了邻村集体农庄庄员们忘我劳动的事。妇女们种甜菜获得了大丰收。荣誉和光荣属于为共产主义而劳动的人们！这时维塔利举起了手。

"'我想发言。'

"'你说吧。'我同意了。

"'我妈妈洗甜菜，在地里坐了一个月，'维塔利激动地说，'现在她病了，躺在医院里。这么重的活儿为什么要让妇女们干呢？'

"'你想想，你在说什么？'我生气了。'你还算是个什么少先队员呀？'

"'那你算个什么老师呀？'维塔利轻轻地、声音颤抖地说。'难道能让一个人整月坐在潮湿的地上吗？是你教的要为真理而奋斗呀。'"

班主任最后说："维塔利的这些话使我惊呆了。这是什么呀。是蛊惑行为还是追求真理？也许是我们给了孩子们太多太多，而对他们的要求却太少了？也许，当今时代展现在人们心灵面前的世界，有许多是我们所不知道的特别的东西？也许，世界的某些方面向孩子们展现的和向我们展现的不一样。怎么才能使生活中个别的不良现象不再被错误地接受呢？"

随后进行了激烈的、开诚布公的讨论。在讨论中总结出了使我们整个教师集体都感到不安的事实：的确，我们有时忘记了一些东西；我们常常不是从我们的受教育者的角度去看世界；有时我们陷入令人吃惊的、不可原谅的矛盾之中：教育我们的学生要实事求是，要讲真话，而且是只讲真话，但同时又试图在年轻的心灵中，熄灭那股由于与不公正现象势不两立而爆发出的怒火。少年不同于儿童，他已经开始对善良和丑恶都进行概括；通过一些事件他看到一种现象；而这种现象在他的心目中会产生什么样的思想和情绪，都取决于他的信念、对世界的看法和对人的看法。诚然，少年时期区别于童年时期的还在于，这个年龄段的人对事物的观察、感觉和体验与童年时期所观察、感觉和体验到的已经不同了。

我曾长时间地思考：少年眼中的世界与儿童眼中的世界到底有什么区别呢？我曾试图把自己放在学生的位置上，并把所进行的教育观察记录在单独的本子里。在这个本子里有专门的一节"我用少年的眼光去观察"。我在心里把自己放在那个维塔利的位置上，从他的角度观察、评价我的行为；我尽力把自己当作那个少年（那个认真、好学、稳重、严格要求自己，同时又是缺乏自制力、任性、蛮不讲理的学生）第一次遇到的人。

现在，过了多年之后，当我翻看这本不寻常的笔记的时候，又重新感受到当时所感受的那份惊奇。这是令人吃惊和不可理解的现象；那个被我认为是要求严格、蛮不讲理、偏激、直率的少年，在我身上发现的缺点，甚至比我自己能想到的要多一百倍。我情不自禁地想从这份材料中做些摘录，这也许会让我的某些教育同行们报以宽容的微笑。

1."我的老师在对待周围世界的现象方面有'缺少同情心'的缺点。一个男孩当着他的面欺负了一个女孩。他平静、毫无反应地看着欺负人的人。他对女孩说：'我要找欺负你的人谈话。明天就谈。让他再重复一遍欺负你的话。'一天、两天过去了，教师的记忆深处还保留着应该找欺负人的男孩谈话的想法……但是这只是一个懒惰的想法，像只贪睡的猫。而欺负人的人对女孩说：'我不会有事的。老师会把自己学生的行为忘掉的，他们老师跟我们打交道都打腻了……'"

2."我的老师一星期前把一本他应该读的书放在了桌子上。每次当他坐到桌旁，他只是看那本书一眼，就又去干别的事去了。昨天他把那本书放到书架上去了。"

3."我的老师的心是冷的。他给放牧人讲完课后，一个农庄庄员向他讲述了自己的发明：如何减轻劳动强度，在不需要建造大规模的昂贵设备的情况下实现机械化收集粪肥，这事他已经考虑了一年多了。老师答应明天到区里去时向区委会介绍这项非常有价值的发明，让工程师来帮这个人具体实现这个并不复杂的机械化的想法。过了一天、两天、三天。到区里去的热情减退了。过了一个星期，他偶然碰到了区委书记。他是讲了发明者那有趣的想法。可他是怎么讲的呢？本来是一件充满激情、令人激动的事情，让他一说就变得平淡乏味了；如果那么做倒是不错的，要能减轻牧人的劳动强度也是挺不坏的……"

在观察日记中对难教少年的记录也很奇特。这不是行为记录。这是少年所观察到的世界。我把自己放在了这些男孩和女孩的位置上，用他们的眼睛看周围的世界。每走一步都能看到奇怪的、有时是不理解的东西，它们令人感到吃惊，常常还让人感到气愤。少年看到了儿童还看不到的东西；他还看到了成年人常常没看到，确切地说，没发现的东西，因为很多东西对成年人来说已经是司空见惯的了。少年对世界的观察，从某种意义上说是人类唯一的、独一无二的、特殊的状态，我们成年人往往对此根本不理睬并泰然处之。

少年对所看到的事物非常关心。比如，苹果树的叶子上生了虫子，他就想：为什么学校（或农庄）的果园里有这么多虫子呢？如果不消灭这些害虫会出什么事呢？为什么没有人注意到害虫在吞噬物质财富呢？少年对所看到的丑恶是否感到愤怒，对善良是否感到高兴，还是对善、恶都无动于衷，这一切都取决于他在什么样的条件下受教育，在儿童时期培养他的思想和情感的认识、思维、观察世界的源泉是什么。

对尖锐而迫切的教育问题的艰苦思考，使我在执教后的第三十四个年头得出一个结论：少年时期教育的困难恰恰在于，我们很少教育儿童把自己看作是、理解成、感觉成是集体、社会和人民中的一分子。为什么常常会听到这样的事：一个学生在儿童时期是个好学生，而在少年时期却受了不良影响变成了坏孩子了呢？这是怎么搞的，是不良影响吗？它又是从何而来的呢？教育工作最基本、最主要的不是保护少年不受坏的影响，而是让他们对任何坏的、不道德的事物都具有抵抗力。那又怎样去做到这些呢？这也就是教育的技巧和艺术的关键所在。

一位低年级女教师四年来对自己的学生一直赞不绝口。

过了一年到一年半，她含着眼泪讲述了自己那些已是六年级的学生的事：在电影院门口他们差点把一个老太太撞倒。

听着这位优秀勤奋的女教师的苦涩的谈话，我想：她的学生们确实曾是善良、有礼貌、努力、守规矩的学生。这些并不是天生就有的品质，这是辛勤教育的结果。那么如何解释在少年时期出现的，只有这个年龄段才特有的困难呢？也许，这只是在少年时期（旧观点认为的不可避免的灾难时期）所产生的困难？我开始研究12—30岁的人违法犯罪的情况，开始是在区的范围内，后来在州的范围内。事实是公正的；它表明12—15岁年龄段的违法犯罪者比15—18岁的男女青年多一倍。

我研究了460个刑事案件的调查材料。每个给社会造就了违法犯罪者的家庭都有些问题。有的家长本身并不是坏人，但却不了解他们的孩子靠什么生活。人际关系中精神上的贫乏在许多家庭里占据统治地位，而在这些学生就学的学校和班集体里，没有人关心他们的兴趣和要求是什么，他们在哪儿能找到生活的乐趣。

我举个例子，讲一件发生在一个僻静的小城里的悲剧。一个14岁的少年在滑冰。他看见一个8岁的男孩，把他叫到跟前，指着有冰窟窿的方向说："到那边滑去吧，那儿的冰好，冰面平。"小男孩掉到冰窟窿里淹死了，而少年又滑了一个小时，才回到城里。他对同学们讲了如何让一个小孩子上了他的当。悲痛欲绝的小男孩的家长问："你是知道你把孩子往哪儿指的，难道你的心就一点儿没颤抖吗？"少年平静地回答："我又没把他推到冰窟窿里去。是他自己往那边滑的。我只是建议他到那儿去滑，那儿的冰面平……"男孩的家长问："那你为什么不马上来告诉我们呢？可能还来得及去抢救孩子的……"对此少年回答说："跑来告诉你们？关我什么事。每个人只对自己负责……"

我和这个少年、他的家长、老师、少先队辅导员谈过话。展现在眼前的是一幅令人压抑的画面。无论是家长还是他们唯一的儿子，都没有任何精神上的爱好。孩子只知道两种感情：满足或不满足。在家庭里最崇高的只是最低的需求：吃好，睡好。少年不知道与人交往的乐趣，为他人创造美好和幸福的乐趣是什么。在学校里只要孩子学习没得2分，只要他不违反纪律，也就满足了。当我问老师，她在这个少年身上已经培养了或者打算培养什么样的精神需求的时候，她什么也说不出来。这个人在儿童和少年时期把全部精力都用到哪儿了？用到什么方面了？我没有听到一句有关的回答。实质上，学校就没有考虑过教育人的那些最主要、最根本的问题。

一切都取决于儿童时期的教育

对少年期教育的困难分析得越多，我对一条简单而又重要的规律的真实性就越坚信不疑：在儿童期教育进行得过于简单的地方，对少年的教育就困难。我研究了有违法犯罪少年的460个家庭的生活，发现了这样一种情况。家庭的知识、美育、道德爱好和要求越贫乏，孩子犯罪的程度就越重，他缺少人性、残忍、愚昧的程度就越重。在这些违法犯罪的少年的家里，没有一家有家庭藏书，哪怕是少量的。而在我上面讲到的那个犯罪少年的家里，除了又破又脏的课本，甚至连一本书都没有。我统计了一下，在所有460个家庭里，算上给学龄前儿童看的连环画，总共有786本书（不包括教科书）。在犯罪或违法的这些人中，没有一个人能说出一部交响乐、歌剧或室内乐作品，没有一个人能说出一位作曲家的名字，无论是古典的还是现代的作曲家。曾经让这460个少年听过两首音乐作品：柴可夫斯基的芭蕾舞剧《天鹅湖》中的"小天鹅舞"和格里格的《爱尔菲舞》。对这些作品中美的理解和感受是一个少年基本美学修养的标志。这些少年中没有一个人能说出作曲家通过音乐形式所描绘的是什么样的情景。从孩子们的眼睛里我看到：音乐旋律没在他们当中任何一个人身上唤起任何情感，没有引起任何回忆。

在研究这些少年犯的内心世界的同时，我还研究了这样一些问题：对于这些少年来说，有没有特别亲近的人们（个人），能值得他们把自己心灵的一部分奉献出来，并把他们作为一面镜子，从中看到自己内心的冲动？我分析过，在难教少年（确切地说是童年期和少年期精神贫乏的人）就学的学校里，是否存在这样一种相互关系，其实质和内容就是奉献心灵，为他人创造幸福，为他人的命运担忧，用智慧，特别是用心灵去理解人类最高尚的欢乐——为他人带去幸福时所产生的欢乐。显然，这些少年无论是在家里还是在学校里，都没有这种最重要的关系。在教育工作中恰恰没有明确的意图、明确的思想和目的，没有在童年期就培养一个人为别人贡献自己的力量，把自己心灵的财富贡献给他人，用智慧和心灵去了解（从而深刻感受和关心）别人内心的细微活动——痛苦、欢乐、恐惧、失望、忧愁、慌乱……我越发不安地确信，许多教师甚至是优秀教师的学生，在童年时期的自我表现是十分片面的；教师评判一个学生是好学生还是差学生的基本标准，就是看他是否遵守规章制度和要求，是否听话，是否违反了行为规范。许多教师则以学生是否听话、是否顺从来判断他们的内心是否善良，实际上远非如此。人一到了少年期，就不能满足于如此贫乏地表现自己了：他渴望在复杂的人际关系和积极的社会公益活动中表现自己。正因为没有培养他把自己的心灵的力量贡献给他人，正因为他在为别人创造善良而贡献自己力量的同时，没有学会自我理解和自我评价，所以少年期的他，似乎就感觉不出自己也是生活在人们中间的。

　　读者会产生这样的想法：作者为什么要研究未成年违法犯罪者的精神生活？这对搞清少年期教育工作的实质和规律有什么意义？这主要是，违法犯罪行为最能鲜明地反映一种因果关系。我的愿望始终就是不使任何一个少年成为违法犯罪分子。

　　有人认为，少年期具有某些天生的、不受教育支配的年龄特性，因而教育上出现困难是不可抗拒的。现在这种说法的实质逐渐清楚了。我越发相信，少年的道德面貌取决于他在童年期所受的教育如何，取决于从出生到10—11岁这个年龄段给他的心灵里灌输了什么。童年期不可能天生给家长和教师带来那些少年期才会带来的困难。形象地说，少年是一朵花，它是否美丽，要取决于怎样呵护它成长。关心花朵的美丽要早在它绽放之前就开始。在少年期的那种"不可避免的"和"不可抗拒的"现象面前表现出的慌乱和惊奇，就如同园丁欣赏他种的花时所表现的慌乱和惊奇一样。他在地里种下一粒种子，却不知道是什么种子，是玫瑰还是飞廉，过了几年之后他才来欣赏自己的花。如果不是玫瑰而是飞廉的话就显得可笑了。如果你看到园丁还在给飞廉花涂色画彩，想使它变成玫瑰花，如果你看到园丁还在给飞廉花浇灌香水，想使它像玫瑰花一样芳香，这种自欺欺人就会使你觉得更为可笑。显然这样的园丁只会引起人们的愤慨。可是，这样的园丁成千上万，他们给人以生命之后，就认为已经完成了自己的使命，至于这个人将成为怎样的人，那就让别人去操心吧，让大自然去关心吧。为什么这种情况竟没有引起人们的愤慨呢？

花朵的美丽不可能从天上掉下来，需要多年的努力才能创造出来——培养、防暑、防寒、注意浇水和施肥。在塑造大地上最美、最崇高的东西——人的过程中，单调的、使人疲劳不堪而且往往是令人不快的劳动，是不能与那种只是给人们带来愉快的劳动相提并论的。"孩子是生活中的欢乐"这条真理具有深刻的含义，但也有深刻的矛盾。孩子本身不可能是欢乐的源泉；孩子——这是一个在新的基础上再现其父母品质的人，对父母亲来说，从孩子身上得到欢乐的真正源泉首先是他们能够把好的品质灌注到孩子身上。人类最高尚的品质——自尊心，是在对孩子的爱中展现出的。

对少年期令人担忧的种种表现越是日益关注，我就越来越清醒地感到,对童年期的教育决不能掉以轻心,不能怕麻烦。人生的根基是在童年时期扎下的。大自然不会去研磨人的任何一个特点,大自然只会使它根深蒂固;应该去做研磨工作的是我们——父母、教师、社会。如果用托尔斯泰的话来说,少年的危机现象——道德缺陷、违法、犯罪,所有这一切现象,是恶行的放大镜。我们难以察觉的一些坏事,一些乍看起来似乎是天真琐碎的小事,实际上却是很危险的,因为对一个瞪大眼睛看世界却又不知道该如何生活的人来说,这些微小的冰凌在他的内心里会变成巨大的冰块。

当我准备自己这所"蓝天下的学校",在低年级班级里对孩子们进行教育的时候,我总是忐忑不安地想着那个时刻:我的学生们快接近那条标志着童年期结束、少年期开始的分界线了。要是一个人一辈子总是儿童的话,那么我在他们处于童年期时曾试图要做的工作,许多就是多余的了。我的同事们和我本人的痛苦经验,以及我们曾经犯的大量错误使我确信,学校教育工作中最大的灾难之一,就是忘记了儿童不能永远是儿童这个事实。

一个儿童现在不是父亲或母亲,但到了某个时候他是会成为丈夫或妻子的,他将通过一个新的人来再现自己,这一点教育工作者必须清楚。我倒是注意到了这一点,尽管很少直接对孩子们说,他们将成为父亲和母亲。但凡仔细读过我的第一本札记[①]的人都会发现,我们对童年期的孩子进行了大量的工作,目的在于培养儿童具有感知周围世界的细腻感情和情感修养——能识别人、有感受能力、

[①] 指《把整个心灵献给孩子》一书。——译者注

情感敏锐、亲切诚恳，同时还具有自尊心和人的自豪感，不去侵犯任何私人的和隐秘的事情。为了使儿童置身于集体的劳动、道德、智力和审美的各种关系之中，也做了不少工作。这样做的目的不仅是为了今天，而且更是考虑到了将来。

儿童是绝不可能成为犯罪分子的，决不会有意识地去犯罪（对病态的情况需要进行专门研究），但我尽力做更多的工作，务必使我的每一个学生在成为少年之后，也决不允许自己去犯罪。在教育工作中有很多专门建立的、预先规定的、"被设计好的"人际关系，以便达到在学生们的心灵中确立起一种把人作为最珍贵的财富去尊重的目的，使一个人从小就能成为别人的朋友、同志和兄弟。

第一，儿童为别人创造欢乐，并由此而感受到自己的幸福和自豪。我努力使每个儿童都从心底里感到，最值得欢乐、最珍贵、最神圣的是母亲、父亲、兄弟姐妹和朋友。要让儿童准备为自己最亲爱的人的幸福和欢乐献出一切，要使这种献身精神和为别人造就幸福的精神成为最主要的精神需要。我竭力想使儿童无论是在家里，还是在学校都要把与其他人的关系建立在义务感和责任感的基础上。让儿童意识到并感受到自己对母亲、父亲、教师应尽的职责——正是这一点应该成为儿童认识人的世界的出发点。

第二，在表现美的各个方面创造并保持美。一个人进行积极活动的精力和可能性越大，他对美的态度在形成其道德面貌方面所起的作用也就越加显得重要，这里包括创造美，热忱地关心美，特别是关心人们相互关系中的美、为崇高理想而服务的美、思想生活中的美。

第三，儿童在集体活动中所表现出的公民思想财富以及他们与其他的、非学校集体之间的相互关系中所表现出的公民思想财富。努力做到使学生从童年时期起就开始关注祖国的现在和未来，这是防止少年期出现道德缺陷的最重要的前提之一。公民的思想、公民的感情、公民的忧虑、公民的义务、公民的责任感，这是人格品质的基础。只要在谁身上培养出了这些品质，这个人就不会表现出不好的品质，相反，他将努力只在好的方面表现自己，以无愧于我们的思想，无愧于我们的社会。

第四，培养和发展对一切有生命的和美的东西的同情心和怜悯心（我们不怕提及"怜悯"这个词以及它所包含的高尚情感！），培养对大自然中的一切美好事物的热忱、关切的态度。归根结底，也就是培养对人的怜悯心。我们牢记高尔基的话："怜悯损害人的尊严。"但是，在我们这个社会里，产生社会祸害和与之相联系的痛苦和灾难的任何理由都已经不存在了。而怜悯是需要的，它恰恰能使人品德高尚，在道德上支持人。只有那种瞧不起人的怜悯才损害人的尊严。当一个学生出于怜悯而渴望帮助别人的时候，他会在这样的怜悯中变得高尚。人，必须学会怜悯。

第五，发展高度的智力修养——思想、感情、感受；当一个人认识周围世界，认识人类的过去和现在，认识祖国的物质财富和精神财富，认识本民族精神以及艺术珍品特别是文艺作品的时候，这种智力修养更能激发他的内心世界。我坚信，一些人在少年期和青年早期之所以头脑简单、情感贫乏、道德不坚定，其最主要的原因之一是知识有限、思想修养水平低、不会从书籍中寻找满足自己精神需要的东西。现在，我们就要实现普及中等教育了，工人和农民的智力修养问题（他们接受中等教育并不是为了上大学，而是为了成为一个真正的人），使他们具有高度的智力修养的问题，就显得尤为重要了。吸引青年人的不应该是酒杯而是书籍。书是一种能战胜酒杯的恶势力的强大力量，而酒杯是巨大的灾难，它像虱子一样总是叮在精神空虚和兴趣贫乏的人的身上。

儿童不可能永远是儿童，他将长成少年、男青年、女青年、父亲、母亲……但是，如果在少年期和青年早期一个人的心灵中仍然保持着儿童的某些特点——直率，对周围世界的各种事件和现象有鲜明的情感反应，对一起工作、学习、患难与共的人们的内心精神活动表现出热忱的关切，那样就很好。

我后面还会不止一次地提到这个最重要的教育问题，现在我只着重谈这个问题的一个方面，即与保持和发展童年期所获得的一切美好的东西有关的方面。我要谈的是儿童精神世界的细腻性和复杂性。细腻不是与生俱来的，而是后天培养出来的。我在我的第一本札记中用了大量篇幅论述如何培养细腻的感觉：感觉语言的美、音乐旋律的美、文艺形象的美，感觉各种生活现象的崇高和优美，或者造型艺术作品中及文艺作品中思想的崇高和优美。一些家长和教师们的议论使我很不安，他们认为，产生感觉迟钝，出现某种莫名其妙的情感"冷酷"，是少年期的必然现象；少年从树上折了一根树枝，马上就把这件事忘到脑后了；他同样会冷漠无情地用弹弓瞄准玻璃和麻雀，他会把自己的姓名和整句整句的格言刻在课桌椅上。于是我开始仔细观察这类少年。结果发现，他们在童年期虽然都参加过星期日的集体义务植树劳动，但却没有一个人一直照顾树苗直至它长大，他们中间没有一个人感受过那种创造美的欢乐。

生活表明，一个儿童如果不了解在劳动里充满了为人们创造美的崇高思想，那么，他就不能在内心里用细腻、体贴和容易感受的态度去对待那种细致而又"温柔"的教育方法，他变得迟钝，只能领悟原始的"教育方式"：大声呵斥、强制、惩罚。孩子们的粗鲁无礼和无意识的破坏倾向就是由此而来的。正因为如此我要努力使孩子们在童年期就能体验到美的激情和对美的赞赏，让自己的劳动成为产生这种感情的源泉。这就是关心培养（后来我深信我的期望是有根据的）少年、男青年、女青年敏锐地、反应迅速地去对待教育者的话——他的劝告和婉转的责备。童年时期感情的细腻和丰富（赞赏自己亲手创造的美），对粗鲁、庸俗、破坏美的行为毫不妥协，这就是孩子们情感修养的基础。

我尤其关注的是，千万不能使用体罚的方法"教育"儿童——用皮带抽、打后脑勺、拳打脚踢，这会使儿童的心灵变得迟钝、凶狠，变得冷若冰霜和残酷无情。我一再使家长们相信，体罚不仅表明家长软弱无能和惊慌失措，而且还是一种极不文明的教育方法。皮带和拳头会扼杀儿童心中细腻敏锐的情感，会强化愚昧的本能，在谎言和奉承这种毒药的麻醉下，人就会被腐蚀了。用皮带教育出来的儿童会变成麻木不仁、没有心肝的人。能动手殴打同学的孩子，只能是那些曾经尝过，现在仍在品尝宗法式教育"美味"的人。少年的犯罪和违法行为在很大程度上也是"拳头教育"的后果。

教育中的皮带和拳头……这是我们教育工作者的羞愧与耻辱。

之所以是羞愧和耻辱，是因为儿童常常害怕到学校里去，害怕走进这个意味着人道、善良和真理的神圣场所，因为他们知道：教师会把他们的不良行为或者学习成绩不好告诉父亲，父亲就会打他们。这不是抽象的图解，而是痛苦的真理；许多母亲以及孩子本人都经常在来信中写到这一点。教师在学生手册里写上："你们的儿子不想学习，请采取措施。"这实质上就是教师经常把一根鞭子放在学生的书包里，而父亲就用这根鞭子来抽打自己的儿子。试想一下这样的情景：一台复杂的外科手术正在进行之中，技术高超的外科医生正俯身在露出的伤口上动手术。突然，一个腰里别着斧头的屠夫闯进了手术室，他拔出斧头就朝伤口砍去。那么这把脏斧头，就等于是教育中的皮带和拳头。

教师，您要记住，如果我知道，我的格里茨克或者彼得的父亲是一个上帝只赋予他生孩子本领的人，而我却把这个有能耐的家长叫到学校里来对他说："您的孩子是个懒汉，他不想学习。"这样就会出现最简单的现象：我是用他父亲的手来打格里茨克，我就伤害了人的尊严，我就成了犯罪的同谋。

儿童憎恨打他的人。他能很敏感地明白并能感觉到，是教师在指挥他父亲的手，于是他开始憎恨父亲和教师，憎恨学校和书本。

我认识一些儿童，他们简直想象不出，一个人怎么可以打另外一个人。在他们成长的家庭里，处于一种在精神上、心理上都细致入微的相互关系中，大人和孩子之间充满了相互信任的气氛。这些儿童都具有对教育者的话非常敏感的特点。我的理想一直是：不让任何一个孩子知道，什么是体罚的"教育"方法。在我的"蓝天下的学校"里，从来没有一个家长打过我的学生。我相信，我们培养出的后代，当他们在阅读讲述往事的书籍时，如果遇到有人打人的描写，他们就会感到非常痛心。要是在最复杂的环境里（在生活中，在家庭里）消除了人对人施加暴力的现象，要是儿童不再在体罚之下接受教育，那么共产主义教育理想这一伟大目标就能更快实现，到那时，社会上将没有犯罪，没有凶杀，那些现在仍然必要的监狱和其他惩罚手段也将随之消失了。

但愿读者别把我看作是一个鼓吹抽象的仁慈与宽容一切的人。我们是在一个正在建设共产主义的社会里，谈对儿童进行教育的问题。社会主义世界不仅与资本主义世界（被仇视人类的残酷法律所统治的世界）针锋相对地对峙，而且还在思想、精神、道德方面与这个充满暴力和奴役的世界进行经常的决斗；我们的儿童应该做好一切准备：既能在战场上迎战敌人，又能经受住艰苦斗争的考验。共产主义教育不会使我们社会的公民精神变得温顺柔情和软弱无力。相反，共产主义教育应当使人在体力上和精神上都得到锻炼。我们不仅应当教人去爱，还应当教人去恨，教他们既能多情善感，又能不共戴天。不仅要会欣赏美，创造美，还要会给蓄意侵犯我们祖国的自由和独立的敌人以打击。只有精神境界极其高尚的人才能够真正憎恨敌人、与其不共戴天。

某些教育工作者会问："该用什么东西来代替惩罚呢？"不能这样提问题。这仍然是在问："什么能代替人对人使用暴力呢？"惩罚并不是什么不可避免的手段。哪里充满了相互信任和热诚的气氛，哪里能使儿童从小就深刻地感觉到他与周围的人同思想、同甘苦，哪里能使儿童从刚一懂事就开始学习控制自己的愿望，哪里就没有进行惩罚的必要。使个人愿望具有高度的修养，这是根本消除惩罚的必要前提。

童年期和少年期教育的两个源泉

有一件事使教师们震惊不已：科利亚·兹是一个大家公认的文静谦逊的少年，语文老师的骄傲（他的作文写得非常好）。突然，他做了一件可耻的事。在夜里他打开物理专用教室的窗户，爬进去从录音机里偷走了电动机，同时还弄坏了一些零件。他的家庭似乎没什么问题。父亲在一家工厂工作，是一个不错的家长。他多次在家长会上头头是道地发言，大家都还记忆犹新："要是父母热爱劳动的话，他们就是一句话不说，这个家庭也已经在以实际行动来教育孩子们热爱劳动了。"

可突然发生了这件令人痛心的事。这是在战争结束没几年时发生的。物理专用教室还刚刚在筹建；录音机是学校的校友，一位军官送给母校的礼物，它是集体的骄傲。教师们都在想："人身上的坏东西是从哪儿沾染来的呢？"大家开始对培养道德信念和习惯这个复杂的教育过程进行深入的思考。教师们仔细地考察了科利亚·兹的家庭情况，结果发现了初看起来并不起眼，但却是非常令人不安的现象。父亲每天下班总捎带一点小东西回家：或是几段电线，或是几块金属片，或是一根小管子，或是一只轴承。儿子帮助父亲把这些小零件分门别类放在家庭工作间的许多小架子上。儿子从未问过这些东西是从哪里来的，因为这是明摆着的事。父亲并不认为这样做是可耻的；他没想到，他的行为能对儿子产生极其有害的影响。父亲从未拿过邻居的一根钉子，因为他认为这是偷窃行为。我们说了一些令这位父亲感到苦涩的话，把他曾对别人讲过的有关父母榜样作用的那段教诲用来提醒他。

这个事件开始让人们去思考道德教育的两个源泉问题。第一个源泉是预先计划好的教育工作，这包括：集体中多方面的道德、劳动、创造和公民政治的相互关系，这些相互关系是为培养人而专门建立的；教育者的话；把老一辈创造的、设法获得的或通过斗争才得到的宝贵财富传给青年一代。这一切都是由教育者事先规划、制订好了的。

但是还有另一个教育源泉同样相当重要。这个源泉在童年期尤其起特别重要的作用。这就是儿童周围的复杂关系。这些关系对儿童来说是一种氛围，是能向儿童揭示各种道德内容的直观课。谁也没有把这些关系当作一种专门的教育方法进行思考；可是，成年人越是不把这些关系看作是一种能对儿童的精神世界起影响作用的力量，这个力量所起的教育作用就越大。这里必须再一次强调一下"关系"这个词，因为儿童把自己周围的一切（不仅是人，还包括事物和现象）看作是具体化了的人的观点、判断、习惯和意向。

长日制班的教导员带着孩子们来到学校的食堂。他自然不会忘记，让大家在吃饭的时候要遵守行为文明准则，以便在满足自己需要的同时，进一步巩固道德的和审美的日常生活习惯。但是他带儿童来食堂，并不是为了对他们进行教育，而只是为了让他们吃饱肚子。这是最主要的目的。在食堂里儿童不仅吃饭,还会看见许多事情。有好的也有坏的。这不,一个七年级学生把一个一年级小学生从餐品柜台边挤开,自己买到了需要的食品,而那个小男孩却被挤到了队伍的末尾。这不,学校食堂的女工玛莎,一位接近老年的妇女提着一桶脏水朝院子另一头的水坑走去。迎面走来两个十年级学生,他们比玛莎阿姨高出一头,力气显然比她大得多。他们却都闪到一边,让玛莎走过去,生怕她提的脏水桶碰到他们的衣服上。他们皱起了鼻子,因为桶里的东西不那么干净。他们朝小窗那儿跑去,随即就已经从那边传来了他们的声音:"怎么没有干净的大碗啦?"儿童看见两个女孩子走到餐品柜台前。一个女孩买了一块巧克力,另一个买了一张汤票。一个女孩在吃巧克力,她的女友忘了买面包,又朝餐品柜台走去。在乱糟糟的食堂里似乎谁也注意不到这些,儿童也不会动脑子琢磨他眼前发生的事,但是任何事情都不会消失得无影无踪,眼见的一切都会反映到儿童的脑子里。这不,儿童已经注意到一件不寻常的事情了。在忘记买面包的那个小姑娘旁边,坐着一个顽皮的男孩。他绷着脸,一副不满的样子。他面前放着一杯牛奶和一块白面包。他咬了一口面包,就把它放到桌子上,又跑到餐品柜台,买了些饼干。而面包已经被他推到了桌子角。这不,儿童又看到洗脸盆那儿挂着一块脏毛巾。谁愿意洗手就洗,不愿意洗就不洗,而谁都不想多此一举,因此谁也不去洗手。窗台上摆着一盆玫瑰花。盆里扔着一些吃剩的苹果核。玻璃窗被苍蝇弄得很脏。厨房里传来一阵发脾气的声音:是一个男人的嗓音,他正在骂人,说窗户没擦净,脸盆架下面的墙壁没刷白。

儿童所看到的一切似乎只在他的意识表层一闪而过。教导员注意的是谁也别提前离开饭桌。吃完饭，孩子们就站起身（大家都想快点跑到运动场去），在教导员的指挥下齐声说："谢谢这顿午饭！"（教育工作计划上事先规定好应该这么做。）这句话是用来感谢女厨师和玛莎阿姨的，可是她们现在根本顾不上这些，卫生检查员正在呵斥她们，威胁说为了什么事要在卫生手册上记上一笔。

人们的生活一幕幕从儿童眼前闪过，生活的每一个细节都反映到儿童的记忆中，有时是绕过意识，似乎不知不觉地就进入了记忆深处。生活不但反映到意识中，也反映到潜意识之中。记忆是自动工作的，来自周围世界的信息进入潜意识的要比进入意识的多。在潜意识里，信息不是杂乱无章地堆积在一起，而是分门别类、有系统地排列起来，而人的各种社会本能就是由此表现出来的。如果一个儿童吃了一个苹果，手里拿着咬剩下的苹果核找地方扔，当他没找到垃圾箱时，就把苹果核揣进了自己的口袋里——这里起作用的就是人的社会本能，这种本能是通过潜意识中信息的长期积累而形成的。虽然这些信息并不是专门为教育提供的，却能产生强烈的教育作用。如果没有这种信息，一切善良的劝导都是徒劳的，对儿童来说如同对牛弹琴。

儿童在学校食堂的20分钟里所看到的一切，反映到他们的潜意识里，有好的东西，也有一些事实是与教师平常经常对他们讲的完全相反。这些事实乍看起来无足轻重，然而从教育角度来说就是危险的。儿童的意识和潜意识中，这种在实质上与教育者的教导相互矛盾的信息反映得越多，人的理智就变得越发软弱无力，因为理智如同人的主要守卫者和行动主宰。预测性、筹划性教育方法和非预测性教育方法（这是形成人的各种社会本能的媒介）之间的差异越大，培养和形成实践中所说的"良心的呼唤"就越难。良心的呼唤就是发自内心要求自己做出有益的、必要的和美好的行为。只有当预测性和非预测性、筹划性和非筹划性教育方法协调一致，良心的呼唤才能够形成。良心的呼唤是一种力量，它能促使儿童在没有找到垃圾箱的时候把苹果核装进自己的口袋；它能促使一个人懂礼貌地抢过妇女手里的脏水桶，把脏水倒进水坑，把桶还给那位妇女而不求人们对他的行动表示谢意。看来，这些都是很重要的。

在潜意识中，如果没有各种信息经常不断的积累，也就无从谈起良心。因为这些信息中包含着人的高尚行为：热爱人，渴望互相帮助，对以暴力待人的现象疾恶如仇并决不妥协，对集体和社会的责任感，对饱食终日无所用心、怠惰懒散的寄生虫生活的决不容忍，尊敬老人，扶持弱者，富有同情心。良知服从于意志和理智，即服从于人民的智慧所说的"大脑的主宰"，假如人不受制于这个主宰，假如人的各种高尚行为本身不能使机械的、逻辑的和情感的记忆变得丰富起来，那么这个主宰毫无意义，因为人的高尚行为是人类自古以来积累起来的经验，如今，在人类道德修养的最高成就——共产主义理想（即用共产主义方式实现人的道德完善）的光芒照耀下，人的高尚的行为显得更加光彩夺目。

第一个教育源泉与第二个教育源泉的和谐统一，要求受教育者积极参与创造条件和建立环境的活动，以便增强各种筹划性、预测性教育方法的功效。

马克思曾写道："……但人并不是抽象地栖息在世界以外的东西。人就是人的世界，就是国家，社会。"教育人的工作只能在人的氛围中进行，人类的道德成就、人的世界、社会和国家的思想在人的氛围中所反映的深度，决定了教育者有筹划、有预测且目的明确的努力会有怎样的效果。道德教养归根结底就是指一个人努力做好事不去做坏事。在我们的社会里，善这个概念具有深刻而多方面的含义：为确立共产主义理想而积极工作，为人民忘我劳动，巩固祖国的强大威力，为祖国树立荣誉、增光添彩，爱劳动、爱人们、诚实、正直、谦逊、与一切坏人、坏事，特别是与祖国的敌人势不两立。善良是道德财富的顶峰，坚信这一点，人的行动就会有无比巨大的动力。

这种信念也就是人民的智慧所产生的、人类和人的世界所创造的"大脑的主宰"。但是人类世界的智慧只有在下述情况下才能驾驭意识：人除了懂得从逻辑上分清善与恶，还要有善与恶的情感，这是一种出自本性的情感，它已成为个人的良心和个人的观点。

一个有道德教养的人，看到妇女拿着力不胜任的重物，就会感到身边发生了某种不好的事情，如果他不去帮助这个妇女，就会感到自己很可恶。这时候发自意识和潜意识深处的良心的呼唤就立即提醒理智："注意！快行动吧！下命令吧！"理智马上就下命令，双手伸向那个妇女拿不动的重物。形成这种良心呼唤的，是个人记忆中大量积累起来的实际经验，其中包含着崇高的道德思想。

对未来教育过程的前景和方向考虑得越多，我就越发深信：道德上的纯洁、精神境界的崇高、人与人之间关系的和美，形象地说，在很大程度上取决于一根连接童年期、青年早期（特别是童年期和少年期）的红线的牢固程度，观念、真理、思想都是在这个时期在年轻的心灵里确立起来的，这些对他们个人来说，都是不可动摇的、无限珍贵和神圣的东西。

我认为，使少年对世界的观察和他本人对客观现实、各种现象的态度与其内在的潜力、各方面的才能和具备的条件相适应，是教育的最主要任务之一。祖国这个概念，是少年道德教育和道德成熟的基础。一个人在少年期的道德修养和精神财富，是他带着对祖国的责任感通过观察世界而获得的；对他来说，最珍贵、最神圣的东西是祖国的荣誉、光荣、强大和独立自主。通过一个人在日常生活中的各种行为（对人们的态度、帮助弱者、爱劳动、谦虚）可以判断出他对人民最珍贵的圣物的态度如何。我们的学校首先要关心的是，少年在了解共产主义建设者的过去和现在、生活和劳动的同时，应当感觉到自己是一个公民；应当使每个少年懂得，我们之所以努力在他们的内心激发一种人类的美，首先就是要让他们从中理解、感受那种鲜明的、有意义的、精神丰富的公民生活。公民的思想、公民的信念、劳动，这些构成了少年期精神生活的氛围，高尚的、敏感的和严于律己的良知（人的良心的召唤）就是在这个基础上形成的。我们的少年应该把自己当作一个公民来尊重，这样他才能够珍惜最宝贵的珍品——人民的圣物。少年期的公民生活是教育工作的一个重要部分。我总是力图使公民的思想、感情和活动有机地统一起来，以便使他们的感情和体验在高尚的行动中，在为人们、为社会、为祖国的劳动中表现出来。

教育中最细致的方法是表扬好的行为，称赞好人好事，鼓励人们做出从本质上表现人类高尚情操的行为。形象地说，表扬就如同是教儿童阅读那些叙述人类基本素养的书籍。家庭和集体的赞扬，能在儿童心目中提高他自己的地位，确立他的自豪感。但是，如果只有表扬才能给儿童带来欢乐，那就潜伏着一种危险。真正的教育技巧是使人们做好事而不指望表扬。

令人不无忧虑的是，有的学校对儿童的一些理应作为日常行为准则的行为过分夸奖。（例如，把捡到的一个卢布放到了教师休息室的桌子上，墙报上就表扬了他的行为。）这是在戏弄人生，这种儿戏会使人养成道德上的不光彩：他洗手是因为人们看得见他的手，但他的脚仍然是脏的，因为反正穿着鞋，人们看不见……在人们面前，他极力表现得规规矩矩，可他独自一个人的时候就不是那么回事了。独自一个人时的诚实，是对人们、对社会尽责的表现，这是在童年期和少年期必须培养的重要的道德特征。

纪律与自我约束
集体责任感与个人责任感

学会用他人的眼光来看待自己

遵守社会和集体已确立的道德准则,是社会教育最现实的课题之一。和谐的教育应当是把纪律教育和对集体、对社会、对自己(即对自己的良心)负责的教育同时开展起来。

在第聂伯河西岸的乌克兰地区的一个村庄里,几年前发生了这样一件事情。在一个炎热的夏日,一个健壮的青年男子坐在池塘边钓鱼。附近有一个男孩在游泳,这个孩子突然往下沉了,他大声呼救,喊叫,哭泣。那个成年人看到了这一切,可他无动于衷,完全是铁石心肠。从此大家再也不理睬这个人了,看见他就绕道而行,他的儿子和妻子也离他而去。这个人尝到了集体谴责的滋味,他感到孤独,感到痛苦,但他无法从自己身上找到力量重新回到人们中间,于是他自杀了。

这里我们看到，对集体负责是与对自己的良心负责融合成一体的。在对集体不负责任的地方，人就听不到自己良心的呼唤。一个人在意识到个人责任感的同时，他也就能更深刻地理解并体会集体对个人提出的规章和准则。

在我们的教育工作中，要找出评定教育和自我教育结果的标准并不容易。这方面的标准首先是：学校造就的是什么样的公民，他们的政治觉悟水平如何，他们用自己的劳动和行为奠定了什么东西，他们拥护什么，反对什么，爱什么，恨什么。他对自己的良心负责，这是人表现其公民政治觉悟的一个方面，同时也是是否有教养的标准之一。如果您能使儿童在独自一人时也能有羞愧感，能为自己不道德的行为而感到自我羞愧，如果儿童迫切希望成为一个比现在更好的人，如果在他的意识中，不仅仅有什么更好、什么更坏的概念，而且这些概念已经成为他个人的信念，这时就意味着您看到了自己教育工作的成果。

为了使理智能有一个像敏感的良心那样灵活而又严厉的捍卫者，还需要些什么呢？怎样才能真正达到下列要求：使儿童独自一人时也会脸红，使儿童把努力去做一个更好的人的志向变成他最强烈的愿望之一，而这些愿望能鼓舞人上进，使人变得高尚，使集体中的相互关系富有生气。善良和高尚的行动是必不可少的，但儿童不应当把这样的行动想成和看作是一种功绩，或是能带来某种特殊的幸福和欢乐的权利。儿童所处的环境应该是道德财富具体化了的环境，这是人类通过挣脱社会压迫和精神压迫的斗争才得以创造和获得的环境。环境这个概念的含义不是一成不变的，受教育者本人所进行的创造、更新和完善活动都包括在里面。道德财富具体化的意思是：学生每跨出一步、他所做的每一件事情、他用来满足自己需求的每一个行动，都能在别人身上得到反映，能给别人带来好处，减轻他们生活中的困难，使他们的精神生活丰富而有意义。

使学生在与周围世界交往时能获得道德上的充实，这乍看起来是一件简单的事情，实际上却是十分复杂的。世界上的任何事物，从物理专用教室的仪器到卫生间，都不可能是中性的。这是一项经常不断的、耐心细致的工作。如果这项工作停止了一星期，那么即使是一个组织得最好的集体也会变成只受本能支配的乌合之众。

实质上这项复杂而又有意义的工作，就是要使学生经常不断地创造东西、财富、价值、环境、关系和各种依存关系，其目的是给人们带来欢乐，给人们带来好处，给人们带来美，给人们带来幸福，而后才是自己欢乐，自己得益，自己美，自己幸福。如果一个人不亲身去做好事，那么他就不能在意识中积淀、确立善的观念。生活千百次地向我们证明，训练儿童向少年期和青年期过渡的工作，离开劳动是不行的，但这应当是一种特殊的劳动，它应能使心灵最细微的活动具体化。这就是为什么我在《把整个心灵献给孩子》中大量论述美丽角、花、葡萄藤、果树和供人游憩的花园的原因。我努力使每个人在为他人创造欢乐、福利、美、幸福，并在此基础上为自己创造这一切的时候，都能深深地感受到创造者个人的欢乐，并使这种感觉升华为一种灵感。劳动中和集体成员相互关系中所表现的高尚风格和道德美的具体化，是我们称作公民性的这棵大树的最重要的根基之一。务必要把每个根都深深地培植到孩子的童年期中去，这一点非常重要。

当儿童把一件原本不属于他的东西视为他所珍惜的东西，而且比属于他自己的东西还要倍加珍惜时，就说明在他身上产生了灵感。如果到少年期再开始培养这种复杂的心灵活动，那么再也培养不起来了。我认为，我的学生已经做好了准备去跨越那条童年期和少年期之间的分界线了。之所以说做好了准备，是因为，当能给他人带来欢乐和安宁的那些物品、珍品、财富受到某种威胁或遭到某人破坏的时候，他们每个人都无数次感到痛苦、忧虑和激动。如果一个人在童年期就漠不关心，那么到了少年期，他就不能够体验到这最初的感情。

忧虑、激动、关心他人和社会的福利、幸福、美、欢乐，这些感情越是深入儿童的心灵，儿童对自己的行为所流露的敏锐的感情就越发显得细腻。于是，道德教育的第一个源泉和第二个源泉就融合在一起了。如果一个人感觉不到在他周围和他本人身上什么更好，什么更坏，如果他不是努力追求做一个比现在更好的人，那么他就会对教师、父亲和有益的书籍中最正确、最富有感情表达力的教诲和劝告置若罔闻。情感上的自我评价，是道德教育的种子能够健康发芽的沃土。

如果道德财富在人际关系中的具体化能够使学校生活得到充实，儿童就会用别人的眼光来看自己。他就能看清和弄懂自己的所见所闻。道德教诲对他来说就不是抽象的东西，而是与他息息相关的真理。独自一人时他也会为自己感到羞愧，因为在他的感觉、想象中都意识到，别人会怎样看待他的不道德行为（或者即使是不道德的打算和想法)。他可以在独自一人时扪心自问,但是他不能与世人隔绝,不能与集体和社会隔绝。他根本不去想是否有人看见他在帮助一位老大娘或者在保护一个小姑娘不受别人欺负,他不过是从本性上感到他不能不这样做,这已是他的一种深刻的个人需要,就好像为了给人们带来欢乐而去关心培植"玫瑰园"一样,也像惦记他那些学龄前小朋友独特的儿童小花园——葡萄园一样,都成了他深刻的个人需要。

在童年期和少年期的交替时期,使人际关系中的道德财富具体化具有特别重要的意义。少年期的本性中潜伏着某些困难、复杂因素和矛盾。我们现在就来谈谈这些问题。少年时期是通向道德成熟的一个新的、特殊的阶梯。当一个人临近童年期和少年期的分界线时,他应该像照镜子一样,在他亲手创造出来的珍品中照见他自己,因为这些珍品中有着他个人的一份心血——对人们的爱和劳动的灵感。这可能是一棵果树或者一个小的葡萄园、一簇玫瑰或是一束丁香,儿童是用自己的尺度来衡量世界的。说到底,重要的是使小孩子有自豪感。只有在这样的情况下,他才希望自己成为一个更好的人。而这种希望也正是公民良心感的基础。

现代人的精神世界与童年期、少年期的教育方法

苏联著名的精神病学专家班希科夫教授曾写道:"在几千年的时间中,人之所以能在争取生存的斗争中获胜,基本上取决于肌肉的力量和神经系统中那种粗野的特性,如勇敢、残酷和顽强等。但近

两三个世纪以来，人的生存能力几乎完全取决于神经系统各个最精细、最复杂的机制。而这些机制恰恰是最脆弱的。"这位学者的思想有助于我们理解当今时代在教育者影响受教育者的过程中所出现的一些特殊性。

世界和人之间的相互关系越发展越复杂。社会主义社会里，世界—人—世界这个体系的特点是：个人的作用在社会生活的所有领域中都在不断增加。科学逐渐变成社会的直接生产力，而社会的最高目的是人的发展，这个事实在个人和集体的精神世界中深刻而多方面地反映出来。人不再单纯是物质财富和精神财富的创造者。人用自己的创造性劳动谋求幸福、福利、欢乐，既造福于社会，也造福于自己。

创造性活动逐渐成为人的需要，这种需要一旦满足就会令人感到最大的愉快。谢苗诺夫院士写道："生活经验表明，人们——从天才到最普通的劳动者的最大的快乐，是从事劳动或生活的其他方面的创造性工作所感到的快乐……创造人类的幸福生活的重要性在于，使精神上的创造性劳动在某种程度上成为每个人都必须承担的工作。"

教育工作的目的和内容在于，把通过创造性活动来满足各个不同方面的需要变成人们的道德品质，要使他们在少年期和青年早期为社会工作的时候，就能感觉到自己的公民积极性。

在我们社会里，人们所看到的个人的生活面貌就是人所表现的素质、能力、爱好和志向以及这些方面的发展情况。人的创造性劳动、创造发明、劳动生活中积累的智力财富、不断努力去掌握越来越新的知识，这一切在我们的社会里已经成为人的公民品质的显著标志。人们越来越深刻地体会和感受到这样一条真理：集体劳动首先是一种精神上的交流，在集体劳动中人们互相交换精神财富。马克思所说的那种体力劳动和脑力劳动，在现代人的日常生活中表现为人的个性。主观上人把这种生活看作是一场创造能力的竞赛，在竞争中希望夺取第一名，希望比别人强，比别人美。

现在个人的精神生活的范围越来越广泛了，这与劳动、与物质生产并没有直接的联系。在这个范围里人的最主要的需求就是对人的需求。在我们社会里，个性的充分发展，证实了这个方面的需要是个人幸福的基础。假如这个需要得不到满足，人就不可能成为别人的朋友、同志和兄弟。

社会主义社会的公民感情的丰富和发展，都取决于人的全面发展、人对自己的社会作用的深刻认识、人的多方面的需求、兴趣和相互关系，按照马克思的说法，情感生活是人的世界的最鲜明的表现之一。

人的社会活动的范围越大，人的需求和兴趣的面越广，人在劳动中的创造性越多，共产主义道德准则的高尚风格在人的相互关系中表现得越鲜明，那么情感修养对于人的生活所起的作用就越大，情感生活与公民的活动的联系就越密切。情感修养正在成为人的精神生活中的一个特殊范畴。

情感生活的丰富程度并不总是与智力发展、文化修养和知识水平直接有关。使文化修养与情感修养协调一致，是现代苏维埃学校中教育工作最细致的任务之一。情感修养落后于智力"负荷"，是很大的祸害，它往往是某些青年和少年沾染不良行为的原因。如果深入思考一下这种行为的实质就会明白，我们当代人意识中的所谓旧时代的残余，实质上是智力生活和情感修养的协调一致遭到了破坏。某些情况下这与智力兴趣贫乏、狭窄有关，而在另一些情况下则与"有文化知识的"人却毫无修养有关。

现代苏维埃人的精神生活所具有的特点，促使人们对教育的本质和方法进行认真的思考。

在教师中间经常可以听到这样的抱怨："我们这个时代对人的教育工作很难进行，特别是对少年的教育。难就难在除了从学校，他们还能通过其他途径获得很多知识，所有这些东西都需要理解、'消化'。很难对少年进行教育还有一个原因，就是他们极其敏锐地注意自己的精神世界。"

那么，教育者能否变这些因素为自己的统一战线呢？少年已经具有很好的认识能力。自然，我们就应该利用他们在精神生活上的这个特点，使认识周围世界的过程同时又是道德成长的过程。对少年进行卓有成效的教育，在很大程度上取决于他们对人的认识，取决于这些认识如何变成信念，以及这些信念又如何在实际行动中得以巩固。建立在我们生活的这个社会基础上的自尊感，对每个人来说仿佛是一束探索个人心灵的光线，必须使它永不熄灭。这就使教育工作者的责任更加重大，这就要求他具有人类学范畴的特殊的本领。现在，教育者不仅要敏感细致，而且要了解每个人对自身精神世界的看法。因此，完全有必要让每个人都对自己的精神世界具有某种看法，有必要让这种看法成为正确的、具有高度思想性的看法。

年复一年的努力才使我明白，怎样才能促使少年对自己进行反思，对自己的命运进行深刻的思考。

不会尊重自我的人，也就不会是一个道德上纯洁和精神上丰满的人。我们的最重要的教育手段，就是真正尊重自己学生的人格。我们要用这个手段创造出非常细腻而又精密的东西——做一个好人、做一个今天比昨天还要好的人的愿望。这种愿望是不会自发产生的，必须经过教育才能培养起来。我们社会的性质以及社会基础要求我们，要把这种真诚的愿望（受教育者希望自己成为一个更好的人，教育者则希望看到受教育者成为一个比现在更好的人）作为连接教育者和受教育者的重要纽带。尊重受教育者的人格，是集体和教师对人们提出严格要求时最主要的前提，是实行真正的共产主义纪律的前提，如果一个人不善于让自己去做正好是社会所需要的、对社会有益的事情，那就不可能有真正的共产主义纪律。只有当人们感觉到自己是个人精神世界的主宰，只有当他的精神世界中有一条谁也无权逾越的明确界限的时候，才能够培养起自尊心、荣誉感和自重感。

有一次，六年级学生济娜的母亲来找我，对我讲了家里的隐秘。近来他们的家庭气氛十分紧张：父亲做了不应该做的事情。济娜对此非常痛心，但她最怕的是父亲的不体面行为让别人知道。母亲请求我说："请您帮帮忙，支持一下这个女孩子吧，但千万请您保守秘密……"的确，教师经常要充当外科医生的角色。他要触及最痛的部位，但又要让人们察觉不到。怎么帮助小姑娘呢？我反复多次地创造了这样的情境：我们俩都专心致志投入工作。我给她讲了一些道德坚定、勇敢刚毅、有自尊心、心灵美好的人们的故事。我主要是努力使小姑娘不对邪恶妥协，不对坏事采取回避的态度。甚至是在没有别的斗争办法的情况下，也要激发出她痛恨邪恶、决不妥协的感情。我欣喜地发现，在小姑娘的眼睛里流露出一种自豪感，这是一种非常美好的，被她珍惜、强化的情感。这都是在我和她两个人进行个别谈话时发生的。多年的工作经验使我深信，在少年期这种个别谈话就如同需要以集体去影响个人的精神世界一样，同样必不可少。

保护少年精神世界的隐秘并使它不受侵犯，是教育的最重要任务之一。如果有谁去干涉少年所想、所感受的一切，干涉少年不愿让别人看到的一切，那就会影响少年情感的敏感性，使他性情暴躁，并变得"冷漠无情"，而"冷漠无情"最终会导致情感上的麻木不仁。

公开少年内心深处最敏感的东西，用冷漠无情的双手去干涉他想自己做主的事，试图用各种激烈的、强加于人的做法去"触及"少年的"痛处"，使之"颤抖""震惊"不已，这都是教育上无知的基本表现。如果您要想让少年向您请教，向您倾吐衷肠，那您就不要去触及他内心深处的东西，因为触及了这些东西会使他感到痛苦。我们教育者的使命在于，要从少年开始独立生活的时候起，就培养他们具有这样的公民品质——坚强、勇敢、坚忍不拔，而培养这些品质在很大程度上取决于儿童意志力的发展和巩固程度，取决于他在童年期和少年期所表现的独立行为如何，这些行为反映着他的道德品质和意志独立性。

尊重学生的人格，当然就会扩大他们个人的那些隐秘的、不能触及的内心世界的范围。现代人的精神生活的逻辑，要求把一切与儿童、少年、青年和家长的相互关系有关的东西都包括进这个范围。在我们这个时代，家庭里的精神心理关系和道德伦理关系变得越来越细腻，越来越丰富了。很遗憾，往往有这样的情况，教师在向学生提出问题和建议时（如果深入分析一下这些问题和建议的内容），常常是邀请学生把个人隐秘的东西亮出来，把内心"全部摊开来"。有的孩子对自己的精神世界很敏感，有时候把别人的意见理解为不仅是对他本人，而且是对他的父母的侮辱。偶然脱口而出的话有时竟会在年轻人的心灵中掀起轩然大波，使孩子对所受的侮辱终生不忘，而教育者当时却一点儿也没有察觉到……一位女教师问一个五年级学生，上星期六他的母亲有没有看过他的日记。男孩回答说："没有，她没有看过。""哼……噢……她顾不上看你的日记，这我是知道的……"女教师说，她语调里那讥讽的味道把小男孩气得眼泪夺眶而出。那个男孩能够猜到，肯定是那些不怀好意的人散布的流言蜚语传到了教师的耳朵里，说他的妈妈似乎行为轻佻。男孩子感觉到了教师的话里有话，他就开始变得闷闷不乐。他的心肠变硬了，他一次又一次找教师的麻烦。直到毕业他也没有忘记所受的侮辱。而另一个学校里发生的情况更令人不安：同班同学们对一个小姑娘说，她的父亲是个"没有出息的人"，而这个小姑娘竟无动于衷。这太可怕了，这说明孩子的已经没有自尊心了。

有时候，把一些只能和家长个别谈的情况拿到家长会上来讨论。这不仅伤害了某些家长的感情，也伤害了孩子的感情，因为母亲和父亲所听到的一切都会在不知不觉中一点儿一点儿地传到孩子们的耳朵里。

托马斯·曼曾说，人介于野兽和天使之间。人能成为什么，这取决于教育。凡是性本能没能使人变得高尚的地方，人面临的最大危险是向野兽靠拢而远离天使。人的世界所具有的多面性使人类种族延续的本能变得比较高尚，但是还必须有一整套使"血的呼唤"变得高尚的专门方法。我认为，在这一整套方法中最主要的是两个东西：崇拜母亲和保持贞节。没有这两点就不可能对少年进行真正的教育。

我一贯力求使母亲的名字成为每个学生心目中最神圣的东西。人们从母亲那儿获得一切最美好、最纯洁的品德；对于少年期和青春早期的儿女来说，母亲的精神财富具有非常巨大的影响。我竭力使我的每一个处于少年期和青春早期的学生为母亲的幸福和欢乐贡献出巨大的精神力量。

小丹科与母亲的关系有点儿异常。他的母亲在远处的田间宿营地干了三个星期的活儿之后回到家里，小丹科听到了这个消息竟无动于衷，他的这种冷漠态度使我感到不安。而这位母亲也不善于在儿子心灵中唤起激动、不安和关切的感情。他们家里的感情关系（这一点使我感到特别不安）非常粗俗。怎样才能使他们的感情关系变得高尚而丰富呢？怎样才能使这个男孩不至于成为一个冷酷无情的人，怎样使他长大以后产生一个小伙子爱慕姑娘的感情呢？于是我就进行了长期的、耐心细致的工作。这项工作可以说是非常谨慎地去触动母亲和儿子的心灵。终于出现了这样的情况：儿子用自己的精神力量使母亲感到快慰。夏天,他在集体农庄劳动,我建议他:"用你第一次的劳动所得给母亲买一件礼物。"小伙子高高兴兴地买了一条丝头巾送给母亲。几个星期之后,他母亲的生日到了,我又对他说:"你不但要在母亲生日那天送给她礼物,还要代她工作,替她到畜牧场去劳动,让她能休息几天。"善,这是一种伟大的力量,它会在人们的心中激发起纯洁而高尚的感情。丹科与母亲的关系中的那种曾经使我感到不安的冷漠态度,通过互相体贴而逐渐变成了一种温柔的感情。

年复一年的学校工作使我确信,在复杂的少年期使儿子在自己的母亲身上发现和体验到爱、人的尊严、正直以及疾恶如仇的精神,这些都具有很重要的意义。

只有在儿童期和少年期就具有高度的人道主义精神——学会做一个忠诚于父母的儿子或女儿,这样的人才能成为一个真正的公民,成为为崇高的理想而奋斗的坚强战士。忠诚并不是俯首帖耳,而是在家庭里建立起高尚的相互关系,为母亲和父亲带来欢乐。

贞节,这是建立纯洁而高尚的爱情的道德前提。有人认为(这也反映在教育工作的实践中),只要把男孩子和女孩子在性成熟期所发生的变化向他们解释清楚,就会平安无事,一切顺利了。于是他们就反复地做解释,组织辩论,在青年的报刊上登载十四五岁小姑娘的公开信(《怎样才能找到生活中的男伴侣?》《我向一个男青年表白了爱情——这样做对吗?》),在共青团(14岁就能参加共青团),甚至少先队的会议上人们常常用谈论一般工作的口吻来谈论爱情和友谊,就像在谈论收集废钢铁一样。这一切使少年之间的心理关系和道德审美关系变得粗俗了，使纯洁和崇高的感情庸俗化了，在年轻的心灵中撒下了冷漠的种子。性教育中的缺点和错误不仅使人际关系中与之有关的问题显得粗俗，而且还会在人们心灵中留下伤痛和懊恼。

小伙子和姑娘之间，男人和女人之间相互关系中的高尚情操就像是一棵树，要使它枝叶茂盛，就要通过一些很深的根系来吸收营养，保持它的常青，这包括人类的优秀品质、正直，尊重别人也尊重自己，对丑恶的、丧失人格的现象毫不妥协等内容。教育的技巧还表现在，务必使学生在漫长的成长道路上（从儿童跨进校门的第一天起到他第一次开始考虑独立生活）人的尊严从未受到过侮辱，务必使确立个人荣誉感和自尊心的努力成为促使品德日臻完美的最重要因素。如果一个少年在这条生活道路上遇到冷酷无情、蛮不讲理、肆意凌辱的情况，那也是危险的，因为这些都会使年轻的心灵变得粗暴，会摧残他心灵的自尊心和荣誉感，会使人变得冷酷和残忍。

粗鲁能唤起人们内心深处的低级本能。在分析导致个别少年违反我们社会的道德准则（有时甚至导致他们道德堕落）的原因时，我们发现，在童年期、少年期和青年早期，这些人的情感活动和审美活动往往过于贫乏。如果高尚的精神冲动不与坚忍不拔的努力相结合，如果不提倡为他人做好事，为他人创造幸福，不号召人们与邪恶，与损害尊严的现象做斗争，就会出现缺乏情感教养的情况。少年期和青年早期最可怕的敌人之一是情感和审美生活的庸俗不堪，内心精神世界的表现贫乏。我一直很注意让我的学生从各个方面去感受不同表现的高尚的感情色彩，如为别人的善良、幸福和欢乐而表示出同情和怜悯，或者是忧虑和不安，对怀疑的指责。我始终担心的是：我的学生接触别人的时候，是否能察觉到人家现在心神不宁，人家正经历着非常痛苦的内心磨难？少年是否善于从人们的眼睛里看出痛苦和绝望来？我认为，情感修养的这些基本要求同时也是品德高尚的起码标准。没有高尚的品德，就不可能有人与人之间真正的兄弟般的团结，也不可能与邪恶势力势不两立，不可能有友谊、幸福和对崇高理想的忠诚。

　　为了使孩子们了解基本的情感修养，我让他们多接触人。我们在田间、牧场与许多人接触。我教孩子们聆听长者说话，从长者的眼睛中发现他的思想和感情；我教孩子们对一切能令人们激动、忧虑和不安的现象都表示出关切。孩子们为认识人们的心灵付出了努力，从而使他们的感情变得高尚了，这使我倍感欣慰。孩子们越是能体察人们内心的痛苦、悲哀和沉重，他们的心灵就越发变得细腻、敏感和高尚。有一次，我向六年级的学生讲述了一位母亲所遭受的极大痛苦。不久前她年幼的儿子在玩耍时，因为捡起了从地下挖出来的弹药而变成了残疾人。我们和炸瞎了眼睛的男孩会了面，这件事使孩子们受到很大的震撼。几天后的一个晚上，一个留着淡褐色发辫的小姑娘柳达来找我。她眼泪汪汪地说："母亲今天心情很悲伤，一整天都坐在桌子旁边，低着头，捧着脸。我叫她，问她：'妈妈，您怎么啦？'可她一声不吭，就好像没听见一样。请您帮我出个主意吧！我该怎么办。"

　　至于我如何帮助柳达和她母亲的情况，可以讲很多，但我们这里是在讨论如何培养每个学生的同情心和高尚的情感修养问题。为了使我们培养的人能生活得丰满充实，无疑必须培养同情心和高尚的情感修养。此外，情感修养，形象地说好比是调准了弦的小提琴。而只有调准了弦的小提琴才能演奏。只有当一个人懂得基本的情感修养，才能对他进行教育。没有情感修养，根本谈不上形成和确立高度的公民感情，谈不上培养信念以及在生活和劳动中培养审美观。

现代人的精神世界要求大幅度地、深入地完善教育过程，以便提高教育者和集体之间、教育者和每个学生个人之间关系中的道德情感修养。个性与人的世界之间的关系是通过那种极为缜密的精神机制和神经机制建立起来的，教育者的使命就是在学生的童年期和少年期发展和完善这种机制。这些机制在童年期和少年期非常敏感，必须很好地保护，不能让它们变得粗鲁、简单，不能导致道德情感空虚。

我认为，影响少年心灵的最细腻的方法是语言与美。有一段时间曾经批评学校的教育"染上"说空话的毛病。这个批评（它的余音至今还萦绕耳边）是一种误解，造成了很大的惊恐。用语言进行教育，是现代苏维埃学校致命的薄弱环节。有些学校由于没有正确而有效地用语言来进行教育，因此就出现了许多重大的弊病。用语言进行教育这个问题，是最重要、最迫切的课题之一，我认为，它首先需要从理论上和实践上加以研究。缺乏语言教育的高度修养，就无法培养人们具有细腻的内心世界并确立高尚的道德情感关系。多年的经验证明，教师的话会在幼儿、少年和男女青年身上激发起人的感情，使他们都能深深地感受到，自己身边的人也都有他们自己的喜怒哀乐、情趣爱好及各种需求。

如果你对人没有眷恋之情，不赞赏人的美、勇敢和英雄主义精神，在你身上就不可能激发出，并不断地培养起人的感情。我的学生在童年期听了关于人的美德的故事后，都深深地为人们所表现出的伟大卓越和英雄主义精神，为他们对共产主义理想的忠诚而感到自豪。我以克拉夫季娅·伊利尼奇娜·阿布拉莫娃的英勇事迹为蓝本写过一部中篇小说。阿布拉莫娃在反法西斯斗争中表现得十分英勇，她落到了盖世太保的魔掌中，她和两个女儿一起被敌人杀害。"我决不苟且偷生，决不当叛徒！"面对敌人她这样高傲地回答，亲吻了一下自己的孩子们，和她们并肩走向刑场。这个英勇牺牲的事例充分揭示了人的含义——人，是最可宝贵的，祖国的美好和伟大是通过英雄的生和死来衡量的。

经验使我得出一个结论，只有创作出能通过鲜明的人物形象揭示出人的同情和诚恳思想的文艺作品，才能培养高尚的情感修养，确立人的感情。我写了一本书①，其中收录的都是我在不同时期写下的小故事和童话，它们会促使儿童对人进行思考，对人的痛苦和不幸表示同情。下面就是其中的两篇。

爷爷和奶奶为什么要流泪

桌上放着一只小小的收音机。爸爸和妈妈坐在桌子旁边。爷爷

---

① 指《伦理学文献》一书。此书在作者去世后，由他的女儿、乌克兰教育科学院资深院士奥·苏霍姆林斯卡娅整理、选编后出版，中译本书名为《做人的故事》，由人民教育出版社出版。本书中引用的两个小故事，未选入《做人的故事》中。——译者注

和奶奶坐在隔壁房间的沙发上。小阿莲卡在地上玩着毛绒做的玩具小熊,她看着爸爸、妈妈、爷爷和奶奶怎样听音乐。

这个乐曲优美动听:阿莲卡觉得一朵朵硕大无比的奇异的玫瑰花低垂在敞开的窗口上,一只蜜蜂在花朵上飞舞,天际阳光灿烂,远处的草原隐约可见。

阿莲卡发现,爸爸和妈妈的眼睛里闪烁着温柔甜蜜的光芒。爸爸用手抚摸了一下妈妈的手指,妈妈的脸上顿时露出了幸福的微笑。

但是,为什么爷爷和奶奶却这样悲伤?为什么他们的眼睛里满含泪水?难道是玫瑰花、蜜蜂和太阳使他们流泪吗?

难道我们的奶奶是个孩子吗

6岁的卡秋莎有两个奶奶——卡捷琳娜奶奶和玛林娜奶奶。但实际上她只有一个奶奶——卡捷琳娜,而玛林娜是卡捷琳娜奶奶的母亲,即外曾祖母。她们都年纪很大了,都很善良,对于卡秋莎来说她们俩都是奶奶。

春天的时候,卡捷琳娜奶奶生病了。她病了很长时间,后来去世了。

卡秋莎哭着跟在奶奶的灵柩后面走着。她去给奶奶送葬。走在卡秋莎旁边的是玛林娜奶奶。玛林娜奶奶也在哭泣,她一边哭一边诉说:

"我的孩子,究竟要把你抬到哪儿去啊?我该盼着你从哪儿回来,我的金头发的孩子?"

卡秋莎问妈妈:

"妈妈,难道我们的卡捷琳娜奶奶是个孩子吗?"

"孩子，小女孩，孩子……每个人到死都是个孩子。"

在卡秋莎悲伤的眼睛里露出不解的神情。

"文学是一门思维的艺术。"列昂诺夫这样写道。为了培养起高尚的感情，必须创作出能激发儿童把人看作是世界上最宝贵的东西的文艺作品。

如果没有同情心和共同的感受，不能体验别人心灵中最细致的活动，就不可能激发起人的感情。我写了一篇小说，描写在艰苦的1941年，发生在伏尔加河畔的一件事情：母亲带着两个年幼的女儿——一个一岁半，一个三岁，向后方疏散，她把两个女儿放在火车站的候车室里，自己到外面去打水。正赶上那时候敌机来空袭，母亲被打死了，两个孩子成了孤儿。她们躺在长凳上，用悲伤的目光仔细打量着每个走过大厅的妇女，询问着："我们的妈妈在哪儿？"

语言正是一种微妙、细腻的工具，用这个工具可以培养孩子们从人们的眼睛里看出各种最细腻的感情：痛苦、不安、委屈、失望、悲伤、绝望、孤独。在小说中我用了整整一页来描写两个变成孤儿的小女孩的眼睛。我高兴地看到，孩子们读了这篇小说后，开始仔细观察他们周围的人们的眼睛了。

这样做并不是为了培养悲悲戚戚的多愁善感，不是的。没有丰富的、包容领域广泛的感情，就不能成为一个有价值的人。学校教育的最重要任务之一是使学生在精神上做好准备，为共产党的事业进行意识形态领域的斗争。在这个斗争中最重要的是阶级兄弟的感情，能够在思想上与自己的同志和战友团结一致的感情。同志的友谊和兄弟般的团结，这是共产主义道德的神圣准则。我们要在青少年的心中确立这些准则，并不是为了某种抽象的东西，而是为了使人与人在任何时候都能互相帮助。这里说的帮助，不是指帮助某一个抽象的人，而是帮助自己的同胞。

　　引导少年去体验人与人之间微妙的相互关系，这是非常重要的。我设法使每一个少年都能亲自遇到一个要求帮助、需要同情的人。这种情况下产生的纯粹个人的内心活动是任何集体性的措施都代替不了的。我终于使每一个少年不仅遇到一个需要帮助的人，而且都能来分担别人的痛苦，帮助别人解脱不幸，还要使他做了这些事后能觉得无须张扬，后面这一点尤其重要。我看到，这种行动使少年的行为变得高尚起来。费佳和帕维尔从90岁的集体农庄庄员马特维爷爷那儿回来时，眼睛里总是流露出高尚的神情。马特维爷爷孑然一身，家里的人都去世了，孤独成了他最大的痛苦。费佳和帕维尔经常带着书和杂志到马特维爷爷家去，给他讲科技方面的十分有趣的东西。两个少年给老人带来的欢乐是很难用言语来表达的。而对这两个少年来说，这就是真正的道德教育和情感教育。这使他们能够从自己的内心深处理解我们生活中的伟大真理：在我们中间不能有，也不应该有孤独的人。当费佳和帕维尔得知，马特维爷爷孤身一人在孤独中过着晚年生活时，他们感到非常不安。我还记得那个晚上，我们谈论人生的目的、意义和价值，几乎一直谈到黎明。对我来说，一想到这些时间里我始终是在为培养学生的最细腻的感情而工作，我就有一种非常幸福的感觉。

　　除语言之外，另一种影响少年心灵的微妙而又细腻的手段是美。

理解和感受美,由掌握和创造美好的东西而带来的快乐,按马克思的理解,这是使人能够在他所创造的世界中认识自己的最重要的前提之一。在少年时代,人们仔细地观察自己,感到自己正在形成积极、活跃的个性,并且把自己与自己的父母作比较,与教育者作比较,在这个时期极为重要的是要使少年发现、感觉到并理解自身的美,体验那种赞赏自身美的良好感情。但是,如果不掌握人类所创造的美的珍品,没有建立起人对大自然的感情,集体中的全部生活没有形成和谐的体系,那就不可能在自己身上形成美。学校的任务就是要使人们在少年期就生活在美的世界之中。这是进行自我教育和自我完善的一个决定性的前提,也是用理智、智慧和高尚的道德来支配本能的一个决定性的前提,本能是指人类种族延续的本能,它是要经过长期努力才能够变得高尚的。

教育工作中非常细致且意义重大的课题之一,是努力使人能够从人们为他人所创造的东西和珍品中,看到和感觉到人的美、人的劳动和人的尊严。生活中的美学,这首先是劳动的美,是形式多样、门类各异的劳动之中的美。人们尊重自己和尊重劳动的感情是同时形成和确立起来的。如果你体验不到你正在从事的工作的美(劳动目的的美和劳动过程的美),就不能也不可能设想你会尊重你自己。我深信,这些感情和能力融合在一起就是创造(一个非常美好的称谓),也就是对劳动的创造性态度。

哲学家、教育家、心理学家们正在思考这样一个问题,这也是社会的共产主义改造中最复杂的问题之一:如何才能使劳动成为人的自然需要?只有当每个人都在人们所创造的世界中看到和感觉到自身美的时候，我们的社会才会上升到道德发展的这一个阶段。

美是道德教育、情感教育和审美教育的一种方法，要使学生在认识美的珍品的时候，都能为作为创造者的人所具有的智慧和才华而骄傲。审美享受是通过美把人类所创造的一切智慧的和美好的东西介绍给每个人。

教育的技巧和艺术就在于，要使美的珍品在童年期就在受教育者的个人生活中构建一个有个性的美的世界。

应当教育现代人在智力上用一种细致、同情和敏感的态度去认识人类的智慧。仅仅靠上课、掌握必要的知识、完成家庭作业、回答教师的问题等方式，是不可能培养出这些品质的。求知欲、认识事物的热情，是人类自古以来根深蒂固的需要，这是人类通过几千年社会劳动和认识世界的实践所形成的需要。但是，如果把满足这些需要变成仅仅是尽责任和义务，那么求知的热情就会冷却，取而代之的是以冷漠的态度来对待知识。智力上的冷漠态度、缺乏热情和智力世界的贫乏，这一切都会使人们对智慧、新事物、知识财富和知识美的反应迟钝。这对于少年的脑力活动是十分有害的。如果在教师讲解之后学生提不出任何问题，一切都懂，那反而不好了。这是第一个征兆，说明满足智力需要已成为令人讨厌的差事。

教师—教育家（每个教育家首先应该是一个教师），他的任务就在于使渴望获得知识的火花在每个学生的意识中永不熄灭。这些火花照耀着人们，帮助人们理解和认识自己，唤起人与人互相了解的兴趣。这是人们进行精神上的相互交往和交流精神成就这一复杂过程的开始。我努力使学生们在童年期，特别是在少年期就能相互交流自己的思想：他们在思考的时候为什么而激动，有哪些感受，在感受的时候他们又在思考些什么，而最主要的是他们在争论什么。没有思想的碰撞，就不可能有什么相互间的精神交往，人也就不可能有"自己还需要他人"的想法。我努力使每个少年都能找到一本这样的书，使他能从书中找到那些令他激动的各种各样的秘密的谜底。在少年的生活中，书是教育的一个重要方面，可惜这个领域还很少被人们研究。

丰富的审美要求、审美兴趣和审美需要，同样也能促使人与人之间相互接近。个人的审美生活贫乏，就像一堵石头砌的墙，它使人们互相分离；这是成熟的人们之间精神交往的基础不深厚的根本原因之一，这也是人们相互之间的严格要求受到限制的原因，特别是在一个人建立了家庭之后尤其如此。要关心个人，使之有丰富的美感，形象地说，也就是创造一个磁场，以便能使人与人相互接近。

男孩子和女孩子之间、男女青年之间关系的美学具有特别重要的意义。一个男青年在受本能的支配把一个姑娘作为异性去爱恋之前，在把她作为一个女人、一个年轻姑娘来追求之前，他首先应该把她作为人去爱。未来的丈夫与他的妻子之间相互关系的高尚、纯洁和细腻，取决于现在我们的受教育者对这个巨大的创举——把一个女人首先作为人来爱她，所做的精神准备如何。这就是道德修养、情感修养和审美修养的总的根源，也是向人的世界这棵大树提供一辈子营养的根源。如果一般地来讲，少年之间精神财富的相互交流，能在树立高尚的情操、培养个性的精神文明方面起巨大作用的话，那么在男孩子和女孩子之间、在青年男女之间、在成年男女之间精神财富的交流，就具有尤其重要的意义。要使男孩子与女孩子之间的关系在少年时代就能建立在共同的精神爱好和需求的基础之上，这一点非常重要。个体的道德面貌、智力表现、情感和美感生活的丰富、精神财富的交流，这是人与人之间相互认识的基础。我们的道德理想要求我们在学校里就从这种相互认识、相互深入了解别人的精神财富开始，来培养成年男女之间相互关系中的纯洁与美。我一向认为一个非常重要的教育任务是：要使男孩子在童年期和少年期就应当学会欣赏女孩子的智慧美、精神美、意志美和性格美，而这样的欣赏使男孩子的情感变得细腻起来，希望自己变得更好这一愿望激励年轻人去好好劳动并促使他去努力加强自我道德教育。

这里可以回顾一下席勒的一个卓越的思想，他认为，个别精神力量的积聚能创造非凡的人，但只有在精神力量均匀地配合的条件下才能创造幸福完美的人。关心道德、智慧、情感的和谐发展，注意培养高尚的心灵，使一切精神冲动和意向保持纯洁，这些是培养新人最根本的要求。

少年期的矛盾

少年就像发现新大陆一样会产生一种想法:"我是一个像我父亲、母亲、老师以及任何一个成年人那样的人。"这种想法往往会使少年在头脑中产生大量激烈的矛盾。少年把周围的一切事物以及他们在生活中所遇到的所有人,明确地划分为善的与恶的。少年还不善于对一些事实和现象的本质进行深入思考。他对善恶的评价是直率的,首先是充满激情的——激烈、公开和生硬的。他往往会仓促地做出结论。

我在自己笔记的开头部分讲到有个少年,当教师指责他不尊重他人的劳动时,他突然发起火来。为什么他竟会对教师出言不逊?(如果可以把这些语气生硬,然而从少年的观点来看是正确的一些俏皮话看作是粗暴无礼的话。)他已进入到这样一种精神发展时期:周围发生的一切都会令他感到激动不安并引起他的个人兴趣。他似乎觉得,他所听到的和生活中所见到的事物之间有一种相互抵触的东西，这使他感到惊讶。少年的突然发火正显示出少年期精神发展的一种矛盾：一方面不能容忍邪恶和说假话并准备与那种稍微偏离真理的现象做斗争，而另一方面却又不善于理解生活中的一些复杂现象。

必须注意少年精神发展的这一矛盾。在这个矛盾中有好的一面，也有坏的一面。好的一面是对邪恶的不妥协。这是对邪恶的一种非常强烈的情绪：对一切贬低少年关于真善美标准概念的现象表示仇视与厌恶。

要像珍惜无价之宝那样珍惜少年心中这种对邪恶毫不妥协的火花。不要去扑灭少年的那种不妥协的冲动，也别要求少年在各种生活场合凡事都做到先进行周密思考与权衡，然后再决定他应该做什么：爱或恨、喜或怒、进行干预或袖手旁观。记得乌申斯基说过，一个人的性格是在青春烈火中铸成的。当少年对所见所闻的丑恶现象爆发出急躁的、感情强烈的反应时，千万不可去压制。当您看见少年冲动时，当少年对我们生活中的不良现象说出自己的看法时（当然，在他的话里也会有错误），不应当忘记，我们面前的这个人正处于性格形成的过程中。假如不去刺伤他的心，那么他的心灵之火是不会熄灭的。只要心灵之火在燃烧，就是莫大的幸运。如果真理是在少年一边，教师自己也会充满一种崇高的激情，那就请助少年一臂之力吧，帮助他理解他自己的各种想法和疑难问题，这是最重要的。这样做教师会成为少年的同伴、朋友和同志；而在教育工作中这又是一种多么巨大的力量啊！当然，"先布置好的"感情是没有的，教育者不可能预见到自己内心的冲动，然而他的感受应该是他真正的精神世界的反映。

如果教师试图扑灭为渴望战胜邪恶而燃烧的情感火花，就会使少年养成冷漠和伪善的品质。如果一个孩子或一个少年面对邪恶与欺诈行为，先无动于衷地看上一会儿，然后走到您这儿讨教他该做什么？那您可别以为，您在教育的田地里培育出了好庄稼。这可不是小麦，而是稗草。冷静的审慎和预测只能培养出胆小鬼和对周围所发生的一切漠不关心的庸人。

只有当狂热的激情使少年的心灵激动不安的时候，教育才能成为一种缔造人的工作。诚然，少年还缺乏经验，找到一条能为自己的心灵之火指明方向的道路对于他们来说不是一件容易的事，因此当外部世界去占据少年的心田时，不应留有平静的角落。感情上的沉睡状态，是少年教育工作中的最大危险，如果一个少年的心处于沉睡状态，任何崇高美丽的话语对他来说只是一种空话。而如果一个人的心处于睡眠状态，尽管他能理解真理，却不能把真理确定为他的信念。情感如果没有参与到认识过程之中，那么教育者所解释的真理，是不会被少年接受的；这样，教育就不能成为一种自我教育，因而也就不能算是真正的教育。

如果您要想使自己的话始终为少年所理解，那么请您点燃评价周围世界的情感火花。请仔细聆听那些使少年感到激动和不安的东西。没有倾向性是个坏的教育者。一定的倾向性则会使教师的话语充满生气和有血有肉的思想性。

只有根植于内心深处的思想，才能成为人的一种十分可贵的、神圣的准则。所以应该使少年的心灵充满丰富的思想。一种思想的表露不可能不带感情。我们的共产主义思想就是一种最崇高的、造福于全世界劳动者的关切，同时也是对共产主义、民主、和平以及正义的敌人的仇视。教育的艺术在于要使每个人的内心里都有一个微型的斗争领域，也就是唯一真正的善——共产主义与最可怕的恶——仇视人类的世界观和人压迫人的资产阶级思想进行斗争的领域。当善只意味着斗争、勇敢、劳动和各种力量的集聚时，少年教育的艺术就是要使每个开始步入社会的人都能正确地确立自己的立场。一个真正的教育者不仅要有一颗燃烧着高尚火焰的火热的心，而且还要有智慧与能力。要指导青年生活，这就是说，首先要教育他们永远不做"心安理得"的人。这就是要教导他们在地球上，在自己的周围发现这样一块土地。年轻人在开垦与耕耘这块土地的同时，树立起一种真正的善，即共产主义思想。如果少年的心灵之火没有迸发出来，您应当感到非常不安。只有当受教育者在您的帮助下，找到了一条正确的斗争道路，以便能够确认自己是一个公民的时候，他才会聆听您的有益的劝告。

　　少年期的第二种矛盾：少年想成为一个优秀的人，他追求理想但同时又不愿意让别人教育他，也容忍不了那种赤裸裸的思想和倾向，而这种赤裸裸的思想和倾向有时会成为学校教育的真正灾难。恩格斯曾写道，倾向应该从场面和情节中自然而然地流露出来。这种思想对教育工作来说是十分重要的。如果一个人像揭示真理那样为认识真理倾注了自己的力量，那么这个真理对他来说就会是十分珍贵和亲切的，尤其是在少年时代。您应当找到一条通向少年心灵的途径，使他能真正倾心于道德美的榜样，并对这样的榜样产生惊叹和景仰之情。如果少年有了这种感情，那么包含了道德准则的思想就会成为个人的一种很有价值的东西，一种个人所获得的精神力量。

当我们谈及心中最珍贵的东西——对祖国的爱和准备为祖国的荣誉、光荣与强大而献身时，尤其不能容忍教育中那种赤裸裸的偏见。只有当崇高的话语埋藏在心灵深处不受侵犯的时候，只有当个人的思想渗入自己最珍惜的领域开始自我反省并提出问题"我为什么活在世上？我应该为祖国做些什么？"的时候，那些崇高的话语才能真正激动人心。

我给少年讲谢尔盖·拉佐的故事，主要目的是要使我的学生们人人都能自我反省，都能把自己的力量、自己的命运、自己做好事的愿望以及建树功勋的渴望看作是祖国的一个小小的组成部分。我坚信，集体的教育作用是以自我反省和自己想对祖国的宏大事业有所贡献的想法作为起点的，更确切地说，少年对自己生活目的问题进行思考，就会产生另一个想法："别人是怎么想我的，怎么看我的？"如果一个在您的引导下刚刚走上艰难的生活之旅的人，能够把鼓舞他、令他向往的道德理想拿来对照自己，那就说明，教育已经达到了预期的效果。

当集体里的每个成员都能在内心进行这种对比时，这个集体就能构成一股强大的教育力量，因为集体的每个成员都能对自身提出较高的要求，因而对同志们也提出同样高的要求。在我们社会的基层组织中如果教育者只把一个集体中的人划分为"纯的"与"不纯的"两类，只把好学生与坏学生加以比较，那么这就是一种极为简单并且软弱无力的教育。集体对个人施加影响是一种非常细致的教育方法。可以毫不夸张地说，这是人们精神上的相互关系中的最娇嫩、最脆弱的东西。只有当一个精神最脆弱的人从自己绝大多数同伴的眼神里看到了一种对道德理想的向往，看到了他们立志攀登道德美的高峰的强烈愿望时，集体才能成为一种真正使人上进的力量。要建立一个有教育力量的集体，就必须从形成思想观点与思想信念着手做起。

在许多学校的集体中，我们常常会看到：一个被叫来参加整个集体"讨论"的学生往往会感到，别人对自己施加影响的目的与其说是为了他好，倒不如说是为了杀鸡给猴看，这种现象不能不令人感到忧虑。在那种场合下对精神生活的各种复杂现象进行集体讨论，是不可能做到诚恳和富有同情心的；少年往往要经受一种"掏心"的痛苦，他会变得"桀骜不驯"，拒不回答，或者对那些千篇一律的"忏悔"和"保证"之类公式化的东西嗤之以鼻，他之所以这样并不能说明他道德败坏，恰恰相反，倒能证明他的精神冲动是纯洁而高尚的，他对虚伪是毫不妥协的。

对少年和孩子的教育，像对成年人的教育一样，只有在自我教育的基础上才能进行。而自我教育是人的尊严的具体体现，是使人类尊严的车轮向前滚动的巨大动力。教育少年的真正艺术就在于给少年提供一种机会，让他自己去思考：怎样进行自我教育，怎样变得更好，怎样在克服困难和感受胜利喜悦的过程中进行自我奋斗。如果想"迫使"他做出改正错误的许诺，强迫他说出"坚决改正"的话，那他只能把这看作一种骗人行为，因为他并没想过，应该怎样改正错误以及在这件事情上对他的要求是什么。如果大家都对那些产生不道德行为的个人原因不求甚解，那么小孩子就会感到自己只不过是一个不会说话的教育对象而已，谁也不是总能面对整个集体敞开自己的心扉的。三十年的学校工作，使我有机会对一百例几乎完全相同的过错进行分析：少年向家长隐瞒教师给打的不及格分数。但每一例都有不同的原因、不同的道德动机和情感动机，问题主要在于：要是教师不在学校家庭联系册上打个2分（这是专门给家长看的），而是和这个少年好好谈谈，给他布置个别作业，约定好个别谈话的时间（当然，不是考试，而是谈话），这个少年就能把自己想得好一点，就能有更多的自尊感，而这对教育工作来说就算是取得了一半的成功。

令人十分痛心的是，我们看到的不是对人的精神世界进行深入研究与探索，而是一种刻板的、公式化的决定：有错或没错。可是在生活中往往会有成千上万各种各样截然不同的情形，这种时候根本不能从一种角度来衡量。必须要用发展的观点来看待少年的思想成长，最主要的是应该看到，少年的公民品质和自尊感正在确立之中。

如果缺乏科学远见，如果不善于今天就在少年的心中撒下数十年后会发芽成长的种子，教育就变成一种最原始的照看，教育者也就成了有文化的保姆，而教育学就会成为一种巫医术。必须学会科学地预见未来，教育过程中的实质性技巧就在于此。细致的、深思熟虑的预见越多，则意料之外的不幸就越少。在体现教育家意图的思想与展示这个思想的具体的人际关系之间，是一个活生生的人，他有思想，有情感，有感受，有意志。我从不召集家长来讨论某个学生内心世界的一些细枝末节。我曾对少年说过这样的话："我们将花一年的时间准备家长座谈会。谁要愿意，就让谁朗读自己的作品。让家长们听一听。"少年被创作竞赛的气氛吸引住了。每个人想的都是表现自己；连一丝一毫的褒贬人的痕迹都没有。而集体的教育力量恰恰就在于使每个人都想要别人对自己有好的看法和好的评价。要努力做到，使您的每个学生在少年时代都渴望在集体面前显示自己的长处，并努力做到让那些激动人心的感情因为人们对自己有好的看法而长久地保留在少年的心中。

现在我们来看看少年时期的第三个矛盾：希望自我肯定和没有能力做到这一点。少年有个重要的发现：一个人的道德尊严、他在社会上的地位及其在工作中的成就，都是通过社会的承认体现出来的。谈到某一个人，大家会报以尊敬的态度，谈到另一个人大家会表示出鄙视，而对第三个人大家则无话可说，好像世界上根本就没有这个人似的。少年渴望成为一个有个性的人。因此在少年期的几年中，他们对一切英雄主义、浪漫主义以及不寻常的事物表现出发自内心的强烈关注，这绝非偶然。

追求自我肯定，渴望成为一个有个性的人并得到社会的承认，这些愿望使少年产生了一种内在的精神力量。他感到必须要有所行动。但是，要行动就必须有目标。教育的理想是培养共产主义式的自我肯定。我们引导一个人走入生活并为他准备了走上工作及为祖国服务的漫长道路所需要的一切，这样他就应当以一个为全国人民的利益去创造物质与精神财富的人的姿态，以一个人民的忠实的儿子的姿态，以一个同反对我们思想的敌人做斗争的坚强战士的姿态去表现自己。只有在少年时代经常战胜困难、克服障碍，才能形成这些品质。有些东西之所以能成为一个人珍贵的心爱之物，就是因为它们来之不易。一个人的真正的自我肯定只能在精神斗争中产生，这时他要集中意志力，使次要的行为动机服从于主要的、起主导作用的行为动机，在这个过程中他体验到了战胜困难的喜悦、令人激动的自尊感，并亲眼看到了自己在成长。

应该怎样引导少年的精力？怎样才能考验他们克服困难的勇气呢？这是少年期教育实践中最主要的问题之一。斗争应该表现在哪里？少年应该反对什么？处理这个重要问题不能片面化。就是说，在我们的社会里，如果一个人的信念没有经过考验，没有在克服困难与障碍的过程中得到磨炼的话，他就不能成为一个真正的有个性的人——一个公民、一个劳动者、一个继承人类创造的精神财富的全面发展的人以及自己孩子的教育者。这种信念的考验，就是少年时代和青年早期的人的自我肯定的实质，我多年来的经验已经证明了这一点。

应该把精神斗争理解成一种世界观的斗争，一种为自己的信念而进行的斗争。为共产主义理想而斗争的杰出战士谢尔盖·拉佐在日记中这样写道："信念应当饱尝忧患痛苦，应当检验其生命力。对一个人来说，与其放弃自己的信念，还不如早点儿死去的好。"人类在不断完善人的精神面貌的漫长而又艰难的道路上迈出了第一步。世界上还存在着一种最大的恶，即资本主义和人压迫人的现象。世界各国都在为人们的心灵、信念、生活观以及情感而进行斗争。资产阶级的思想家竭力在苏联青年中散播冷漠与不问政治的情绪，不让他们信仰共产主义理想。我们社会里的每一个男女青年都必须加入到与这种精神邪恶传播者进行斗争的行列，都应当投身于为共产主义信念，为世界上唯一的真理——共产主义思想而战的斗争之中。教育青少年的艺术就在于用浪漫主义的斗争精神来吸引他们。使每个人都渴望成为不屈不挠、毫不妥协地同敌人进行斗争的真正战士。在起步走向生活的青年一代面前，还有许许多多的丑恶现象：懒惰、不学无术、没有情感修养，浅薄、缺乏美感、迷信、自私、本能高于崇高的责任感。遗憾的是，所有这一切在我们周围都还存在着。探索和运用大自然的力量，使理智渗透进大自然的神秘之中，正是在这样的氛围之中，一个崇高的、广阔无垠的精神斗争领域将展现在人们面前。

教育者的任务就是要教会青少年肯定自己。我们的职责，形象地说，就是要把少年引导到能发现敌人的领域里，使他们产生要与敌人进行决斗的强烈愿望，使他们能够认识自己，就像谢尔盖·拉佐说过的那样，通过饱经忧患痛苦去获得自己的信念和自信心。一个真正的教育大师只会为走向战斗的学生祝福，而不是担惊受怕，生怕他的学生会干出什么不体面的勾当和越轨的行为。一颗受到高尚激情鼓舞的年轻的心，是永远不会让不道德的和卑鄙的东西侵入的。为了避免邪恶的侵袭，应该在年轻人的心中播下善良。一个人只有同邪恶进行斗争时，他才能成为一个善良的人。在我们这个时代，善的标志不只是要为自己亲近的人创造幸福与欢乐，而且还要对邪恶毫不妥协，与思想上的敌人进行无情的斗争。

教会少年肯定自己，不能寄希望于找到一种万能的方法。对少年来说，自我肯定的过程应当成为他生活的真谛。少年在学校的学习生活首先是一种智力生活。我们应努力把学生的这种丰富多彩、内容充实的智力生活变成一种思想领域的生活，努力在学生年轻的心中磨砺出锋芒直指资产阶级意识形态与道德的武器。对少年的精神生活及其内心的精神斗争进行指导，这就是磨炼思想武器。关于这一点我是这样理解的：当自己的观点与他人的观点发生冲突时，照谢尔盖·拉佐的说法，青少年往往会用自己的见解去与敌对思想单独决斗，在年轻的心灵里燃烧着对敌对思想势不两立的熊熊烈火。资产阶级宣传家们在我们的土地上播撒他们思想的稗草，而燃烧在年轻心灵里的烈火会把这些化为灰烬。少年只有在这样一种必不可少的思想教育氛围中，即他的思想不是背诵真理的产物，而是处于一种思想冲突、一种意识形态斗争的状态，他才会得出结论："我是对的，而我的敌人是错的。"

要把学习社会问题的课堂变成青少年进行精神斗争和自我肯定的舞台，也许这是教育技能的一个最复杂的方面。帮助学生做出自我肯定正是在智力生活领域中开始的。少年想"表现自己"的最初萌芽也正是在这儿破土而出的。人的思想和精神生活是构成其行为与活动的内核。对少年缺乏思想性与不问政治的倾向应当十分警惕。这是不道德行为的祸根之所在。

我们的少年在成熟之前的很长一段时期中都受到社会观念与社会意向的影响。少年在某种思想的鼓舞、激励和肯定下开始追求道德理想，这是教学过程中开始真正的公民教育的标志。人类的知识是在艰苦的，常常是在流血的斗争中获得的。知识是一种美，是人类自我牺牲、建立功勋的美。在向幸福的顶峰——共产主义攀登的人类斗争史中，它的每一页都像烧红的铁块那样炽热而激动人心。这部历史的字里行间都能为少年点燃永不熄灭的激情的火焰。培养激情满怀的共产主义战士，这就意味着要使年轻的公民把自己的心，与伊万·苏萨宁、谢尔盖·拉佐、费利克斯·捷尔任斯基、亚历山大·马特洛索夫等人那剧烈跳动的心紧紧贴在一起，要让那些火热的历史篇章激动年轻人的心，鼓励他们努力去创建英雄业绩并教导他们生活。

一个人在少年时期比一生中任何其他时期都更需要别人的帮助与建议。聪明而敏锐的教育家也正是在这个年龄期成为少年的精神导师。那么为什么在实际生活中还会遇到这样一种少年期的矛盾：一方面非常强烈地需要别人的帮助和建议，但同时又似乎不愿意向长者请教。在这个乍看起来令人奇怪的矛盾中隐藏着少年想要独立行动和表现自己的愿望。

怎么才能克服这一矛盾呢？争取教育者与被教育者思想上的一致，是保证教育者真正成为精神导师的一个重要条件。教育中的一些失败往往能从这种不一致中找到答案。一个少年干出了不体面的行为，教师就批评指责："难道你在家里看到过这样的事吗！"然而，不幸的是，少年有时候会感到孤独，尽管他置身于人群之中。在人群之中感到孤独，那是很危险的。因为不管是谁，教师还是家长，都不知道少年的精神寄托是什么。少年有什么精神需要？脑力劳动、书籍和艺术在他的生活中占有什么样的地位？绝不允许对这类问题一无所知。如果一个少年只对电影、电视、收音机和录音机感兴趣，如果这个少年不知道，他费劲地攻读的那本书并不能激发他去对自身命运作什么思考的话，那么不管周围的人们为他操多少心，他仍然会感到孤独。

教育家应当是一个能够懂得和体察少年思想和情感脉搏的人。当然，如果教师走到少年身边询问："喂，你有什么想法？谈谈吧。"这样做只会把学生推开。只有那种能与学生思想感情一致，共同关心社会利益并与其休戚相关、苦乐与共、与少年共同进行令他好奇但并不十分明确的探索的人，才能成为少年的导师。只有当我和学生感受同样的思想和感情的时候，当我能够把自己心灵的一部分贯注到学生心灵中去的时候，学生才能对我敞开心扉。精神上的一致性就表现为能在自己的学生身上看到自己，看到自己的愿望与理想。如果我能够把自己心灵中的东西倾注到学生的心灵中去，那么学生就会来向我讨教并要求帮助，就会来向我倾吐衷肠。

一方面是数不尽的种种希望，另一方面是这些希望实现的可能性受到能力与经验的限制，这两者之间的矛盾也是一个复杂的自我肯定过程。以关切的眼光注视人，这可以确定为少年时代的认知特点。少年对那些建立了功勋以及在劳动、科学和艺术方面做出成就的人颇感兴趣。无论是能工巧匠的作品、演员的创造性劳动，还是运动员的成绩，都能令他们激动。因此，少年的爱好是多方面的，其兴趣是经常在变化的。他们昨天迷恋技术创造，今天却痴迷于绘画了；昨天他们感兴趣的是少年自然科研小组的工作，今天却醉心于摄影，而明天他们想的却只是足球了。当长者对他们说"别贪多嚼不烂，考虑考虑学习吧"，他们就会觉得成年人的要求过于苛刻。这就是产生"逆反症"的原因之一，"逆反症"就是千方百计与别人对他们提出的合理的要求和劝告唱反调。

　　用禁止的办法是不能在少年的愿望、兴趣、志向与其力量、能力、爱好之间建立起协调一致关系的。少年有各种各样的愿望，在这些大量的愿望中他们表现出一种试探自己的力量、条件与能力的渴望，这连他们自己也感到莫名其妙。他们的爱好经常发生变化，这本身就是一种探索。应当帮助少年进行这种探索。但是也要注意，少年对别人过多地干预他的活动是持怀疑态度的。如果教育者不了解少年的精神世界，那么即使是善意的劝告也会被理解为禁止干这件事或者命令干那件事。当少年感觉到迫切需要明智的劝告时，当面对课业选择他举棋不定时，连他本人都害怕承认这种需要。他害怕自己会给别人留下一种不全面的印象。他不能容忍带有倨傲语气的劝告，而且常常反其道而行之：用故作姿态的信心去对抗那些对自己活动的干预，同时又想用坚定果敢的表现来掩饰自己的束手无策。教育者的任务是帮助少年从许多爱好中相对固定一个爱好并使这种爱好成为他自觉的志向。在少年时代，尤其是到这一阶段的后期，合乎一般规律的情况是：他们不再沉湎于对未来的抽象的憧憬之中，而是有意识地估量自己的力量与能力，深刻地思考自己会成为怎样的人，自己能够做些什么。作为教育工作者，我们必须保护他们的这种热情并使那种更加符合少年力量与天赋的活动成为他们长时期从事的爱好。重要的是不要有那种将来一事无成的轻率的爱好。个性的基础就是爱好劳动，爱好创造。

一个人不热爱事业,在事业中没有取得出色成就,没有自尊感,这个人也就没有个性。如果一个人在少年时代不能在劳动中找到自己的位置,那么他长大后就可能会一事无成。教育不应该归结为只是寻求一种手段来防止懒惰,或者用一些什么东西去填补少年的心灵,使他不交"坏朋友",等等。愿望与爱好的修养是教育过程中一项最细致的工作。在这方面只注意表面上的平安无事是十分有害的。但愿教育者不会因为少年都已有所爱好而心满意足。主要还是要注意每个人爱好什么,应当看到每个少年的愿望与兴趣是在发展变化的。最后,应当把少年所必需的东西变成他的愿望。不要把一些任性的念头当作愿望。假如教育者允许少年每天在体育室玩几小时的话,那他当然会使他们感到满意。乌申斯基写道:如果教育希望一个人获得幸福,那它就应该不是以幸福的名义,而是以劳动的名义培养他。幸福不可能是无忧无虑和无所用心的。

故意否定权威、向往理想的东西,但又怀疑我们日常生活中可能存在理想的东西。少年时代的这种矛盾同样是以复杂的心理现象为基础的,这些现象反映了个性的自我肯定过程。

不对理想进行道德定位,就不可能对少年进行教育。脱离生活,脱离"罪恶的土地"是危险的,可是让理想的热望"降温"就更加危险。不能把小学生行为中的每一个细节都与道德标准扯上关系。一个少先队员没有戴红领巾,就马上责备他:"你忘了我们中队是以谁的名字命名的吗?是以一个英雄少先队员的名字命名的。他为了红领巾献出了生命,而你在干什么呀?"一个教师发现少年顽皮淘气,立即来一段关于英雄与理想的冗长的谈话:"我们昨天讲过一些拖拉机手为抢救社会主义财产而献身的故事,可你在干什么?在课桌上乱画乱涂……难道奥列格·科舍沃依是这样对待公共利益的吗?难道卓娅·科斯莫杰米扬斯卡娅在课桌上乱画乱涂过吗?"

教育者的任务是要牢固地确立对理想的纯洁而崇高的向往。不要贬低这种向往,不要使年轻人的心中对有可能接近理想这一点产生怀疑。不要把神圣的真理与神圣的名字变成零星的小铜板,或者是浇在少年火热的心上的一瓢冷水。对理想的纯洁而崇高的热望,是人的一种巨大的内在精神力量。对它应十分珍惜,倍加爱护。在日常的教育工作中一般不需要讲很多关于理想的话。有关对理想的信仰和渴望成为理想的人物等问题,与其让少年常挂在嘴边,还不如让他们多进行思考。不能在孩子的淘气行为与对理想道德的要求之间画上平行线。淘气鬼也能够成为真正的英雄。

旨在为认识和确立作为道德准则的理想而进行的思维与内心活动,乍看起来是一种不易察觉的,但实际上又非常复杂的教育过程。它要求教师具有强大的精神力量与高度的文化修养。应当教导学生,照马雅可夫斯基的说法,"以谁为榜样去生活",但是教,要教得得法、关切体贴,在这种情况下,教育与自我教育往往是融合在一起的。而这种融合越是自然紧密,内心和情感对智慧的影响就越大。

少年鄙视利己主义、个人主义,同时具有敏感的自爱心理,少年时代的这种矛盾要求教师严格把握分寸并尊重学生的个性。对少年的教育工作应当着重于发展健康的进取心,即自尊与严于律己。人的多情善感、禀性聪颖以及对语言与美的敏感,这是影响心灵的最细腻的手段。所有这一切,都取决于教师如何巧妙地、恰到好处地对少年心中那些引以为自豪的以及被社会认可为美德的东西予以肯定。十分重要的是还要做到社会对个人优点的肯定，不是以奖金、奖励等形式反映出来，也不要把一个人的优点与另一个人的缺点作比较。因为这样的评价方法只能培养儿童的个人名利主义，而不是集体主义，其危害性在于它会使少年把精神的炸药一辈子隐藏在自己的心中：从一个小小的功利主义者成长为一个大坏蛋。

那种以比较为基础构建的美德教育，说什么要做像万尼亚那样的好孩子，而不要做像彼得卡那样的坏孩子。这会把年岁还很小的孩子引入歧途，它对少年来说是一种精神毒药。应该让小孩子以自己的长处而自豪，但并不因自己有这些长处而指望有任何奖励、好处和奖品。我知道下面一件事。有一个六年级学生，很有些数学天赋，每次测验总是只有他一个人得5分。可是有一次测验的结果却使大家感到惊奇，得5分的不仅仅是那位天才的"数学家"，另外还有四个学生，不及格的一个也没有，绝大多数学生得4分。那位天才的"数学家"就不高兴了，并且还大声地哭了起来……教师觉得挺奇怪，不明白这究竟是怎么一回事。可是孩子们却是明白的。有个小女孩说："他之所以哭是因为得5分的不只是他一个人，而且还因为不及格的一个也没有。"

这种建立在对比基础上的教育往往造成这样一个结果：教师总是把优秀生的才能与平庸的常得3分的学生做比较。于是，在少年的头脑里就形成了这样一种根深蒂固的思想：我之所以是个好学生是因为有差的学生。应当使每个学生都能有引以自豪的东西。如果教师对学生的批评少于表扬，如果教师从不轻易指责学生，如果教师总能从学生的作业中发现好的东西，那么学生就会高度重视教师偶尔的表扬。自尊感是一种高尚无私的感情。它表现出人们之间细致的、美的和崇高的相互关系。当一个人仿佛照镜子一般从另外一个人的身上看到了自己，也就是当他把那种他本人所具有的善良的东西注入另一个人身上并在另一个人身上体现出来的时候，就会产生一种特别纯洁高尚的自豪感。我总是力求让少年把自己点点滴滴的精神财富赠送给别人，以便使友谊、同志情谊和兄弟关系建立在密切的个性的精神交流之上。

精神财富的交流，把这些精神财富从一个人的脑子里转移到另一个人的脑子里，从一个人的心里转移到另一个人的心里（这也是个人生活中一个很细腻的方面），这些都是集体关系所包含的内容。防止个人精神世界的封闭，是避免利己主义和自高自大的方法之一。要达到这样的教育目的并不像当初想象的那么简单。教学过程的内在规律本身就包含着产生封闭的危险性，因为在学校里总是不断强调（别无他法）：要用自己的努力去获得成功，别指望别人，因为对脑力劳动的评价总是以个人为单位进行的。为使学校生活充满集体精神，就不应该只局限于课堂教学。丰富多彩的课外智力活动是交流精神财富的重要条件。

惊叹取之不尽的科学宝藏，渴望知识渊博，感受智力劳动的灵感与快乐，但同时又以浮躁甚至轻率的态度对待学习，对待自己平常的作业。少年期的这一矛盾反映了少年在智力活动范围内自我肯定的矛盾的特点。一个人正是在少年时代才第一次感受到，学校中学到的知识只不过是科学知识海洋中的一滴水，只是科学巨著中的第一页。集体的智力活动越丰富，科学的地平线就延伸得离学生的视线越远；一个少年知道得越多，就越深刻地意识到自己知识的贫乏。

因此，教育的艺术就在于使少年的智力兴趣通过获得科学财富而得到满足。在思想和智力范围内肯定自己，就意味着不仅把日常的、单调的学习劳动看作是一种义务，而且看作是一种精神需要。这完全取决于教师。真正的教育家永远不会忘记自己正在对少年进行智力自我肯定的引导工作。他善于把学校知识与科学相结合，努力使学生觉得自己不是听话的"知识需求者"，而是一个有求知精神的研究者。在引导学生的智力活动时，要注意他们的个性特点，这对教师的创造性实践有着重大的意义。在准备给二、三年级学生上课时，教师不应当过多地考虑具体的孩子，而要更多地去考虑智力劳动的一般内容。可是在准备给六、七年级学生上课时，教师首先要考虑少年的个人特点：对他们应当怎样引导才能使每一个人都想到，他们在掌握学校知识的同时正在接近（虽说是缓慢地）科学的地平线？

少年期的这种矛盾，在很大程度上是由于在这一时期思维方法的改变。因为儿童的形象思维正在让位于抽象思维。少年开始用概念来进行思维，而这仿佛在他们面前展现了一个新的、陌生的世界。他们力图用逻辑思维的方法去认识生活现象，但是又很难把千变万化、错综复杂的世界纳入形式逻辑之中，因而产生了一些少年所特有的错误、仓促的结论与概括。可是由于少年关注的对象不仅仅是他们的身外之物，同时还包括他们自己，他们对自己也做出了片面的、仓促的结论，时而夸大自己的优点，时而又夸大自己的缺点。由此而产生那种一方面对自己的力量充满信心，另一方面又不满意自己的两种心情奇怪地交织在一起的现象。我的一个最机灵的学生尤尔科，在五至七年级时曾经被认为是个出色的数学家。在集体中大家一致认为：任何题目都难不倒尤尔科。有个女孩每次测验之前总是"丧失信心"；尤尔科以自己的信心与朝气从精神上支持了意志薄弱的同学。可是，同学们谁也不知道他的这种信心是靠什么力量来支持的，他单独一个人时内心有什么感受。他对我说，代数对他来说是一门最可怕的课程。"我怕做习题，"尤尔科把自己的秘密告诉我，"可是，为了不让别人认为我不行，我做起习题来往往一做就是几个小时。我挑那些最难的题目一个劲地做呀，做……可是临到要去测验的时候就像上刑场一样。然而我却装出若无其事的样子，为的是让同学们，特别是女孩子们以为我什么也不怕。假如他们从我的眼神中看到了恐惧，那么他们就会不知所措，解不出题目"。

少年的逆反心理隐藏在思维的特殊性中。逆反心理往往是从反对或者否定学校布置的作业开始的。作业是每天都有的，对少年来说常常是十分单调的工作，这种工作"与宇宙航行相比，就像是蚂蚁在忙忙碌碌搬东西"。舒尔科（六年级学生，也是最好的数学家之一）把学校教学与科学发展做了这样的比较。对学习的轻率态度就是由此而产生的，由此也形成了少年反对成年人"侵犯"其独立性的"保护性反应"。

"教师问我有关南美洲某个地方的地形，可我想：这有什么意义呢？现在人们连人造地球卫星都能发射上天了，难道这些山谷与盆地还有什么重大的意义？"尤尔科说道。

要克服这一矛盾，就要求教师在指导脑力劳动过程中掌握高度的技巧。这不仅是教学论方面的问题，而且是一个普通教育学方面的问题。不要把少年当成一个记忆载体，只教给他现成的知识，而应该在他们面前进行思维；这是使少年思维协调发展的重要条件。一个有经验的教师，如果了解少年的精神世界，他就好比是在号召少年向科学的地平线进军。他把点滴的科学知识和科学真理用到学校基本课程中自己所教的学科里去，这就能使少年忘记自己离那些令他格外激动的"高深问题"还很远的事实，使他觉得自己是一个研究者和思考者，他把课堂教学、课外阅读和阅读其他书籍连成一条线。少年从智力劳动中得到了欢乐，这不仅使少年对课外阅读材料产生了兴趣，而且对课程本身也有了很大的兴趣。

造就思想的劳动者，使少年以列宁为榜样，我把这些看作是教育者的天职。像列宁那样掌握知识、珍惜知识，这是在课堂上进行的公民教育的主要基础之一。优秀的教育工作者善于这样展开材料的内容：务必使学生十分重视科学的真理，这个真理是在科学与愚昧、进步与反动的斗争中产生并予以确认的。

浪漫主义的热情洋溢与……粗野的举动、道德上的无知；对美的赞赏与……对美的嘲讽。少年期的这些矛盾往往会给教师与家长惹出许多不愉快的事情。克鲁普斯卡雅曾经写道："常常会有这样的情况：一个文静的孩子突然像凶神附体那样出言不逊和肆意破坏，等等。"有的家长和教师认为，想折断、毁坏东西和想打人，一般说来似乎是少年的一种天性。这是非常错误的，残暴行为从来就不是人类天性所固有的特征。

少年时期智力与感情领域的相互关系发生了质的变化，而这些矛盾就是隐伏在这一变化之中，但这种变化往往不被教师和家长所注意。对这一变化研究得还很不够，而教师们由于对此缺乏明确的科学认识，在自己的工作实践中往往根据猜测和一般推论行事，认为少年对涉及其个性的一切总是报以激烈的反应。

少年在对外部世界和自身仔细地进行抽象、概括和好奇的观察的同时，还在人的精神世界中各种复杂的现象——思想坚定、刚毅、勇敢、忠于信念、大胆无畏、渴望认识和洞察大自然的奥秘以及决心为崇高的理想而斗争。追求浪漫主义的东西，这就是认识过程中的一个新的质变阶段的结果。

对人的精神世界的认识为浪漫主义精神添了双翼，也是少年进行道德上自我肯定所必不可少的动力。当好少年的导师，首先就是要让少年好奇的目光转向人类思想、情感与理想的世界。这就是说，要在少年的意识中确立崇高的生活目的和人民的理想永生不灭的思想。浪漫主义的热望和对人的伟大精神的惊叹能使少年的感情变得高尚，使他们的天性中细腻的感情得到陶冶。没有浪漫主义精神就不会有情感修养。

可是，少年的浪漫主义的热望似乎与其智力活动发生矛盾。浪漫主义精神要经受思想的剖析。在理解周围世界的种种现象的同时，少年也在努力剖析自身的情感。他们评判这些感情，为自己的感情感到羞愧，怕别人把他们看作是个过于多愁善感的人。他们觉得那些细腻、善良和仁慈的感情好像是儿童特有的，而他们则希望与儿童时代的一切东西尽快告别。人们形形色色的精神现象令他们惊奇并为之神往，但他们又不善于从中辨别出细腻的感情。少年感到精力旺盛，由于自己体格上的健壮有力，他们能够吃苦耐劳，希望通过有关的活动来表现自己的能耐。如果教育者对培养少年的感情修养稍有疏忽，那么少年就会很快丧失在儿童时代所养成的那些东西。

我记得有这样一件事。我和一些七年级学生一起到第聂伯河沿岸旅行。在一个夏季温暖的傍晚，我们不知不觉地走到了一个荒僻的，仿佛与世隔绝的地方：一座古老的公墓，它的一边与一个不大的沟壑接壤。在悬崖的顶端长着一棵不高，但相当挺拔、枝繁叶茂的杨树。我们就在离它不远的地方停下来休息。当我在朦胧之中听到我的学生纵声大笑的时候，夜幕已经降临。我站起身来，看见男孩子们站在小杨树的周围，而维佳正在拼命地想把这棵小杨树连根拔起。杨树已经弯倒在沟壑上，眼看就要折断了。我走到孩子们跟前，他们感到很窘，都回到帐篷里去了。而维佳低头站着。我找他谈了话，我们谈了生活与理想，一直谈到深夜。我发现了少年精神世界的新的境界。他读了很多关于斯巴达克的书籍，留在他记忆中的斯巴达克是一个力大无比的人，而斯巴达克高尚而细腻的情感和内心活动却没有引起这位少年的注意。

这个信念对于培养那种可以称作没有旁人在场的个人的诚实，具有很大的作用，没有感性与理性对自己的行动实行统一的监督，这种诚实是不可能培养出来的。这里说的监督是自我约束的一个重要方面。

这些就是少年期的矛盾。这些矛盾并不是不可避免的，然而要绕过它们或者完全把它们推开是不可能的。高水平的教育工作可以缓和这些矛盾，而笨拙低能的教育工作则会使这些矛盾更加深化、激化并导致冲突。这些矛盾的共同特征是，对自我肯定的渴望和追求与实现这种愿望的能力之间存在着不适应性。为了使少年时期的各种矛盾不导致冲突与破坏，应该把年轻的公民培养成具有成熟的思想、刚毅顽强和思想坚定不移的人。

少年的身体发育与心理修养仿佛重塑人生

个性的形成

凝视着少年，那些昔日的孩童的眼睛，我试图从中找到对那种惊人的飞跃的解说，这种飞跃是在人生的少年时代完成的：从 10 或 11 岁至 14 或 15 岁。我常常无法在他们身上找到昨天那个孩子的影子：眼睛不是原来的那双眼睛，嗓音不是原来的嗓音，而最主要的是，他对周围世界的认识完全变了，人际关系、要求、需要、兴趣，所有这一切都发生了本质的变化。

每逢晚上我对自己学生的命运陷入沉思的时候，我常想，步入少年时代，似乎就是人的再生。第一次是生命本体的诞生，第二次诞生的则是一个公民，一个积极的、勤于思考的个性，一个不仅能够认识周围世界，而且也能认识自己的活动着的个性。第一次诞生的人是这样喊出自己的声明："我来了。请关心我，替我担忧吧。我是柔弱无助的，一分钟也别忘记我，请爱护我、屏住呼吸坐在我的摇篮旁吧。"可是当人完成了第二次诞生时，他对自己的声明完全不同了："别老守着我，别总跟在我后面，别束缚我的手脚，别用监督和不信任的带子把我捆绑在襁褓里，有关我孩提时的事一句也别提。我是一个独立的人，我不愿意总让别人牵着我的手。我的面前是一座高山。这是我生活的目标。我看到了它，我在思考它，我想登上去，但我要自己独立攀上峰顶。我已经开始了，我迈出了第一步，越是向高处攀登，我的视野就越开阔；我看到的人越多，对人的认识就越深，也就有越多的人能看到我。展现在我面前的伟岸与宏大令我惊恐不安。我必须有年长朋友的帮助。假如我能依靠在一个强劲有力而又英明睿智的人的臂膀上，我一定能够达到自己的顶峰。但要把这一点讲出来，我羞于开口。我想让大家认为，我是独立地、用自己的力量攀上顶点的。"这就是一个少年要说的最最主要的东西，如果他会表达自己的思虑，如果他想开诚布公地说出自己全部的所思所想。

从生理发展的角度我们能够发现，少年在10或11岁至14或15岁（男孩有时到16岁）的阶段有一个迅猛的飞跃。首先是身体的迅速增高。大自然好像要急于完成自己的作品，以至于匆忙中没有察觉到在由他一手雕刻成的塑品身上，留下了许多疏漏和粗糙不平之处：人体的特征全是用粗线条刻画出来的。但是大自然实在忙得没工夫再对自己的创作精雕细琢。骨骼的生长如此之快，以至于肌肉组织无法跟上骨骼的增长速度。因此，少年常常觉得肌肉疼痛，这使得他们和自己的父母都感到惊恐不安。少年的整个外观也在发生着急剧的变化,尤其是男孩子到了十三四岁时体形变得很不匀称:细高挑儿,四肢修长,这使他简直不知道该把手脚往哪儿放。如果考虑到这个时期的少年尤其留心注意审视自己的话,就会明白那种对自己的不满情绪、神经过敏以及爱冲动的表现是从何而来的了。

少年时期身体发育的生理过程,充满了各种内在的矛盾。由于身体增高要消耗巨大的能量,于是他们经常感到疲倦,格外需要休息、实行特殊的营养和睡眠制度。心脏的体积明显增大,而血管的体积与一两年前相比,几乎没有什么变化。因此,少年经常有血压增高(尤其男孩在12—13岁、女孩在10—12岁)的现象。

生理发育过程中性成熟期的开始,对少年的精神生活具有特殊的影响。这一过程对他的思维、情感以及与成年人、同龄人的相互关系产生着巨大的影响。遗憾的是,几十年来有关性教育的问题被置于次要地位,不被重视,因此,人们对这一年龄阶段的少年身上出现的一些复杂的、矛盾的现象了解得不够。

深刻的生理发育过程还涉及少年的神经系统。在大脑半球的皮层里发生着巨大的变化。为了完成从形象的儿童式思维向抽象思维的过渡,大自然在这一阶段使出了浑身解数,以便使人体内神经元之间的联系得以发展。经过12年的观察,我得出结论,少年时期(女孩子稍微早些,男孩子则晚些)的思维有非常重要的特点:他们总力求把周围世界所发生的一切,以及在学校里学到的、在书本上读到的各种东西与自己的个性、自己的内心世界、情感和体验加以对比。少年既思考他周围所发生的一切,同时也思考他自己。他在自己所听到的（尤其是读到的）东西中进行筛选，从中找出与他个人的兴趣、需要和观点有关的思想。这种对自己的注意倾向和兴趣所在进行选择的特点，在他们日后的成长中日益被强化。

在我看来，思维过程中的那种既能注意外部世界的客观事物，又能同时注意自己本身的能力，是心理学上被称为少年的自我肯定的重要组成部分。少年的精神发展的这个特点——自我评价、自我表现、自我检查和自我经验，也正是产生一系列矛盾现象的原因，而这些矛盾使许多家长和教师感到焦虑不安。在少年的意识中会出现这样的念头：我就是一个既像我的父亲，也像我的老师，像每一个成年人一样的有个性的人。这个想法是突然冒出来的，它犹如一大发现，令少年震惊不已，同时又产生了一系列新的想法。一个人在童年时期从来不会像少年时期那样，暗自把自己与父亲、与教师进行比较。关于自己是一个与任何成年人一样的、有个性的人的想法，好像使少年把父亲和教师的地位降低了许多。少年开始注意审视他的长者，从他们身上挑出许多毛病。他愈多地观察别人，也就愈加注重剖析自己，但是这种对自身的认识，并非总能产生上进的愿望。一切都取决于环境的教育力量和集体的影响，取决于我们上面提到过的精神财富和价值的具体化。

孩子对教育者的信任是无条件的：这可以，那不行，这样好，那样不好。就连教师随意说出的话对于孩子来说都是真理的依据。如果察觉不到，在少年身上已经产生了一种要与成年人同样平等、要像他们一样拥有自己管理自己的权利的思想；如果察觉不到，少年个性所关注的不仅是周围世界，而且也关注自己，把自己与成年人进行比较，并力求证实自己是一种富于创造、富于理智的、杰出的力量，如果察觉不到这一切，教育者就往往会把那种对儿童使用的断然命令的口吻机械地转用到少年身上。教育工作的严重缺陷就在于，教育者常常察觉不到少年的个性诞生的时刻。善于思考的教育家能够从少年的行为中发现一种转折：以警觉和批评的态度对待成年人所说的话，性情急躁生硬，有时还容易冲动发怒，干蠢事。

几年前，一位从我们学校毕业的学生（现在已经是一位农艺师），交给我一个笔记本，他奇迹般地把它从少年时代一直珍藏到现在。这是一份无价之宝。这个少年给当时的每一位教师和他自己都写了一页纸，记录了他从这些人身上观察到的所有优缺点（我们在那时就教导少年：要自己教育自己）。我面前的这本记录展示了一幅令人惊奇的画面：这个情景不可能不在少年的意识中引起一系列矛盾的思考。在每个教师身上发现的缺点并不比这个少年本人身上的少。而且在某些教师身上的缺点甚至多于优点。

这一事实引起我思考一系列问题：少年时期的教育与自我教育的相互关系、少年观察世界的能力，等等。少年"用自己的尺度去衡量"他们眼中的整个外部世界的能力，尤其是衡量人的能力，这是少年发展的一个台阶，它在很大程度上依赖于少年自己的各种新的思想、感受、焦虑和担忧，而教师和家长对此都感到很突然。阅读小说时，少年遇到了须对生与死进行思考的问题，于是，"我也会死去"的念头会像闪电一般在他的意识中冒出来。这想法令他们惊恐不安，还常常让他们陷入痛苦之中。我认识一个男孩，当他了解这一真谛之后，精神受到了巨大的打击。一连几天他坐在课堂上对一切都漠不关心。令他疑惑不解的是：人们怎么能够忘记他们都会死去？又怎么能够平静地工作、娱乐并把那些生活琐事挂在心上呢？

这并不是某种病态的现象，每个少年都这样或那样地经历过这种状态；忽视这些由思考生死问题而产生的复杂的心理状态，是绝对不应该的。尽管在这一阶段，学生接触了许多唯物主义思想，各种科学知识也在不断丰富他的头脑，但接受宗教世界观、教规和宗教训诫，对他们来说还是相对容易一些。我永远也忘不了9月里一个寂静的早晨，临上课前科斯佳（那时我的这些学生们正读八年级）走进校园来找我。我从他那双深邃、不安的眼睛里感受到了一种痛苦。"出什么事了？科斯佳。"我问。他在长凳上坐下，长出了一口气后问我："这怎么会呢？一百年过后咱们谁都没了，无论是您还是我，还是同学们……柳芭会没有了，莉达会没有了……我们大家都会死去的，这怎么会呢？"随后，我们进行了长时间的交谈，谈生命和劳动，谈创造的喜悦和人们在大地上留下的痕迹。谈完之后，科斯佳对我说："也可能那些相信上帝的人们更幸福，因为他们相信永生。而总有人没完没了地说，人是由什么化学物质构成的，一个人注定要死亡就像一匹马会死去一样……难道可以这么讲话吗？"

就在那一瞬间，我再一次感到了对人的心灵负责的全部深刻含义。我觉得，在对一些最重要的问题做出解释时，在以人为对象谈及所有关于人的话题时，我们经常把复杂问题简单化了。的确，难道无神论教育就是没完没了地让人相信，根本就没有什么永生，我们大家都会像一切其他动物一样，终将化为灰烬。为什么不能让受教育者确信，自己的个性在某种东西中能够永恒存在呢？为什么不能号召他们创建一种能流芳百世的事业以使自己永生呢？为什么不在这个基础上让人确信，人与马的区别就在于，人是不死的——他的精神永存？但是，这不是像牧师布道时所说的那种意思。与科斯佳的谈话使我坚信，在对少年进行教育的工作中，而且不仅仅限于对少年的教育，我们需要的正是这样的方法。

我们不能忘记，现代人身上的精细的神经系统一代比一代发达，人的道德、智力及美感的发展都取决于其思维和心灵的敏感性、精细度和活跃程度。发展人的细腻的精神世界，是教育的首要任务之一，学校把这个工作做得越好，受教育者就越发注重对生活的意义、理想、永生和死亡、宇宙的无限和物质的不灭等问题的思考。善于敏感地认识儿童、少年和青年男女的精神世界，是教师的教育修养的最重要的特点之一。我最担心的就是，我不能发现、不会用心灵去体察、去感受那个时刻，那个孩童转变为少年的短暂时期。

……那是4月里一个凉爽的傍晚，我到校园里去欣赏落日时的红色天幕（第二天要起风）和苹果树上初绽的花朵。这时在林荫道上遇见了瓦利娅。她把托尔斯泰的《复活》紧贴在胸口，若有所思地走着，一副聚精会神的样子。瓦利娅在大家眼里是个脸上总挂着笑容、乐于向所有人倾诉衷肠的女孩子。我想，她会走过来像小鸟一样喊喊喳喳地把自己心中的什么秘密讲给我听。可情况并非如此，她把书抱得更紧，神情显得窘迫而紧张。她好像很怕我看透她的心思。我感觉到，她在用一种巨大的自制力抑制着自己眼里的笑容流露出来。瓦利娅的眼神变得更加深沉、更富于思索也更加忧郁了。

她不想和我讲话，这女孩想单独待一会儿。我的心高兴得怦然一跳：这太好了，瓦利娅，你从小女孩变成一位姑娘的那一时刻，我已经觉察到了……

男人的诞生，女人的诞生

人的第二次诞生……这不仅仅是人在自己精神世界发展的阶梯上迈出的最艰难、最重大的一步。这也是具体的人——男人或者女人的诞生。

在童年时期，我们看到的人还没有这样的具体。我记得有这样一件事。一位母亲领着6岁的男孩去理发。他的头发理得很短。他5岁的妹妹哭得很伤心，她请求妈妈："把我的头发也剪得像小彼得一样吧！"

少年成长为男人或者女人，这对于个人生活来说是一个如此重大的事件、一个如此意外的新发现，以至于对此惊讶不已的少年完全要用另一种眼光去观察周围世界，观察别人和他自己。抽象的少年（人们通常对这个年龄段的人的习惯称呼）已经没有了，有的只是具体的个性——我们眼中的男人或者女人。

男人和女人的诞生，是以复杂的生理解剖过程为基础的，这一过程在机体内部完成。性成熟的同时，人的个子也迅速增高。在20年里，我们学校对1 660名9—15岁的男孩和1 810名同年龄的女孩进行了身高跟踪测量。身高的增加虽有一定的个体差异，但从全体孩子身上发现以下规律：身高增长最快的时期也就是性成熟最迅速的时期。

近年来所谓的加速度现象受到了学者的关注。人体发育（同时包括性发育）的过程加快是这一现象的实质。许多资料表明：在近七八十年里，世界各个国家的人在身体和性发育的速度上加快了一年半至两年。这个加快的过程是在少年时期和青年初期进行的。现在14岁的女孩，其身体和性发育的程度相当于几十年前16岁女子的程度。学者们对加速度现象有不同的解释（营养及总的生活条件的改善、文化水平的提高、体力劳动作用的减少，等等）。

男孩在十三四岁期间是身高增长最迅速的时期，这时他们正在读七年级。女孩身高增长最快的时期是10—11岁，也就是说，比男孩早两年。女孩子身体的增高最初要快于男孩，之后就慢下来。与身高增长同时进行的、复杂的性成熟过程既影响心理发展，又取决于心理发展。当男孩意识到自己是一个和父亲一样的男人时，对他的启示是巨大的。他开始用全新的眼光去观察父亲和母亲的关系，并从中发现原来没发现的东西。

性成熟的过程对于女孩子来说要比男孩子早许多。由女孩变成女人比男孩变成男人一般要早两到三年。这并不是大自然的某种任性，即使用教育的巨大力量也不能将之"推迟"或者"拉平"。只有在考虑到大自然的这种最精细的"任性"时，教育才会产生巨大的作用。如果忽视了大自然的规律性，很可能出乱子。多年来我一直在不安地思考：教育者同五至七年级的男孩、女孩们（他们的年龄在11—14岁）一起工作，其实是在同身体和心理发育水平各不相同（有时甚至差别很大）的群体在打交道，我的这种猜测到底对不对呢?

舒拉和卡佳从二年级起就很要好。他们的友谊是牢固而感人的。有一次全班去树林游玩,卡佳的脚受了伤,舒拉撕开自己的衬衫为她包扎了伤口,并抱着她走了两公里的路回到村里。小男孩经常去卡佳的家里玩。卡佳呢,也常去舒拉家。他们都有自己的秘密。就这样升到了四年级。可是,有一天舒拉神情激动地来找我,他含着眼泪向我诉说了自己的痛苦:卡佳不愿意他再去找她,也不愿意他把自己的玩具带去玩了……对这种不幸我能帮上什么忙呢?

教育家们很早就注意到,处于向成人过渡年龄段的女孩子与男孩子相比,在学习上更自觉、更努力,更能专心致志地用功。而这些一般都是妇女所特有的品质。如果是这样的话,又是为什么呢?在低年级时,差不多到10岁之前,男孩和女孩学习都同样地努力。可是女孩子到了10—11岁这个阶段,就会因为爱想事而不能专心致志地做功课,精力集中不起来,在脑力劳动时常显得没有条理性。教育工作越是不力(注意不到孩子已经长大这一点),女孩子在精神发展中的这些特点就会越发明显地影响到她们的学习成绩。但是这个阶段并不长,只持续几个月,然后就会出现显著的变化,乍看上去女孩子在智力方面显出了一种出乎意料的"老成":到小学学习阶段结束和八年制中学开始的第一年时,女孩子在学习上已经变得更爱思考、态度更认真了,她们能够长时间集中精力地工作,而且还乐于帮助同学。

在女孩子的智力发展过程中,在她们的精神和心理以及道德和审美的相互关系中,那种"骤变"的、令人不安的现象,要比在男孩子发育过程中出现的少得多。如果能够进行正确的教育工作，则性成熟期对女孩子的心理会起到积极的影响——会明显地加速和深化她们的聪明才智的发展，启发她们对未来进行严肃的思考。可见，对于集体中的每一名成员来说，从童年时代起就需要培养他们具有对同志、对自己的责任感，使集体成员之间的相互关系充满了关心人的精神，而对于他人的内心世界的细心关注也正是在这种集体的活动中培养起来的。性发育对于孩子的精神和心理关系的发展能否起到积极影响，主要取决于在童年时代如何使集体与个人的精神生活充满互相帮助、互相关心和互相体贴等内容，并且恰到好处地、理智策略而又坚决地防止利己主义。这里重要的是，要使每一个学生把自己的同学首先看作是一个人。

性的本能、传宗接代的本能是一种非常强烈的自然现象。正是这种本能需要通过一些细腻的关系使之变得高尚，所以应当在这种本能出现之前就提早开始这项工作。在童年时期，男孩和女孩之间的相互关系越是细致入微、精神关怀越多、越是亲切诚恳，则性本能就会变得越深刻、越高尚。良好的、正确的教育，以及对男人和女人的诞生做好必要的准备，也就是要建立起热诚与亲切的关系，以便使置身于其中的人能把自己的精神力量奉献给另一个人。我认为，教师的最高技巧就是善于引导孩子用自己的精神力量为他人创造快乐。

在一个教育有方的儿童集体中，女孩子能够意识到教师说的这样一番话的含义："你是未来的母亲，大自然和人类千百年来的经验赋予你人类的全部生育责任。"对女孩子讲这些话时，既要简单明了，又必须不失纯洁高尚之感。道德的纯洁、父母间高尚的相互关系，对于发展这种清醒的信念具有重大的意义。如果在这些关系中含有肮脏龌龊、欺骗和虚伪的成分，那么教师就很难开展自己的工作。

拿六年级的男孩和女孩来说，他们对友谊、同志情谊的看法有什么不同，这是我几年来一直思考的问题。在阅读有关永恒的爱情、舍己献身的英雄行为的书籍时，六年级的女孩子会眼含热泪，对主人公的命运寄予深切的同情，而男孩子则往往无动于衷。在身体和心理发育的一定时期内，男孩和女孩之间有时会出现互相不理解的情形，因为女孩子机体内部所进行的复杂的身体和心理过程遥遥领先，并深刻地反映在她们对周围世界的态度之中，而此刻在男孩子的机体内部这些过程还没有开始或者刚刚开始。这种不均衡性从何而来？又为什么会这样呢？

大自然很英明。它赋予了人类这种不均衡性，仿佛它已经预见到，在人们的相互关系中传宗接代将不再仅仅是一种本能，母亲将不再只是奶妈，还应是教育者，而且对一个人的教育需要许多年时间。在 13—14 岁时，女孩子便开始发育成女人，而男孩子还远远没有达到能理解生儿育女和传宗接代的奥秘阶段。

人体在发育阶段上的这种差异，是十三四岁，尤其是 12 岁的男女孩子之间常常发生冲突的根源。六、七年级的女生突然有了来自九、十年级（或者是年轻士兵）的男朋友，其潜在的原因也正在于此，而教师却常常震惊不已："这是怎么搞的？我为巩固这个学生集体做出的努力并不少啊？"如果你忽视了那些不以人的意志为转移的因素，忽视了人在诞生为男女性别角色的个性时所具有的人体发育的自然规律，那你就只能一筹莫展。

男孩子性成熟的迅猛时期，正如我们已经谈到的，是在13—14岁（亦存在个体差异性）。生理过程对男孩子的心理和行为所产生的影响要比女孩子在10岁到11—12岁阶段的影响强烈得多。与一个女人的诞生相比，形象地说，一个男人的诞生是在更多的痛苦之中完成的，尽管好像应当正相反才对。这是因为，这个时期里男孩子的智力发展水平和社会视野要比同一时期的女孩子更高、更广。这时的男孩与女孩的区别在于：比较急躁、直率，评价周围世界发生的现象时爱感情用事，做判断和决策都比较尖锐激烈。而女孩子遇事则多持不偏不倚的态度，依我看，这就是未来母性的幼芽。大自然加快女孩子身体发育的速度绝不是偶然的，因为女人热烈的情感应当与母亲冷静的理智结合起来。

那么在教育工作中该怎样注意这些特点呢？在五、六、七年级的学生集体里，我看到了令人惊奇的现象：男孩子热烈、迅疾的激情与女孩子的稳健、女性的智慧，这两种因素错综复杂地交织在一起。（当然，不能认为大自然赋予女孩子的所有这些特点都已是现成的东西：它们是在集体中才得以发展的，这个集体从一开始，就教育孩子不能只是消极地贪图欢乐，而是要首先为别人，然后再为自己创造快乐。）教育的艺术就在于要使这些因素能相辅相成。用女孩子的感情细腻使男孩子的激情洋溢变得更加高尚。我从来就不喜欢有些女孩子过于勤奋、过于细致，而缺乏主动性、独立性、果敢精神不足。必须培养未来的母亲具有公民的坚定性和自尊感，而不是逆来顺受。由片面教育而形成的顺从（这样行，那样不行）可能导致思想上产生无原则性。必须这样来组织集体活动，要使男孩、女孩所从事的积极生动的活动充满激情，使女孩子在评价她们的所见所闻以及自己的所作所为时能带有鲜明的情感色彩。

一个女孩将来要成为一位具有高尚品格的女性、母亲和妻子，必须用公民的崇高精神鼓舞自己，必须与集体的利益同呼吸、共命运。不是去创造什么抽象的善良，这种东西根本没有，而是要为社会的利益、为人的荣誉和尊严进行积极的、顽强的、目的明确的斗争，这才是从思想上锻炼女孩子。

我一贯主张，集体首先要把每一个女孩子作为一个人来尊重，为她们成为这个集体的思想上的志同道合者而感到自豪，并在她们身上挖掘出对集体和个人都有益的各种品质。女孩子们应当积极地参加社会生活。如果把注意力过多地放在自己身上，陷入自己的内心世界之中，而不用自己的智慧和心灵对人的领域、对为共产主义理想而斗争的领域进行完整、丰富的认识，不把这个领域的内容反映在自己的个人需求和利益之中，就可能导致感情上的贫乏和空虚。感情的贫乏又会使女孩子在青年早期需要捍卫自己的荣誉和尊严时，感到无力自卫。因此，少年教育的全部问题就在于，使集体活动充满具有高度思想性的高尚情感。

男孩和女孩——男人和女人

女孩子的性成熟期从四年级就开始了。在10—11岁，女孩子在个头上一下子"蹿"得那么高,以至于全都变得认不出来了:手脚细长细长的,胸脯瘦长而狭窄,脸盘也变得瘦削了,所有这一切都提醒人们,诞生一个女人的神秘过程开始了。这时,女孩子的眼睛就像一面镜子,把在性成熟影响之下开始的各种内在过程都反映了出来。她们的眼睛里充满了探询、警觉、不安和惊奇的神情,仿佛在询问:"我这是变得怎么了?"

女孩子的乳腺从 10 岁起开始发育,到 13 岁前就已经成为少女的乳房了。无论是对她们自己还是对教育者来说,这都是形成女人的最迅疾、最重要的时期。由于比男孩子的成熟早许多,所以似乎自己提前成为女人的感觉令女孩子们焦虑不安。看到女孩子那不匀称的身材,男孩子会吃惊地想到,她这是要变成一个女人了,而这时的女孩子则已经能感觉到男孩子在想什么,在男孩子的目光之下她仿佛变得畏缩不安,这目光令她激动、惊奇,使她产生一些神秘的、愉快的想法。这里必须提醒父母和教育者们注意:一定要保护女孩子们在这个阶段不受某些成年人的不体面的、过于好奇的,有时甚至是淫荡的目光的影响。成年人的不体面的、"鉴赏的"目光常使女孩子产生某种奇怪的、似懂非懂的感觉,但同时她又能猜到(与其说是意识到,不如说是感觉到)她在被人打量、被人琢磨,这使她一开始感到有些不知所措,尔后则会产生两性关系的一些想法。应当要求男青年和成年男性具有一定的道德修养,以便"注意不到"女孩子身体内所发生的那些变化。如何尽量减少有关爱情、性生活和两性关系的话题,如何尽量淡化女孩子对性成熟所产生的兴趣,如何使集体成员之间的相互关系充满更多的人道、真诚、互相同情与互相关心，这是正确的性教育的前提之所在。

对母亲的崇敬，也就是对人类生活与美的源泉的崇敬，这是一种对待妇女的崇高而纯洁的精神，应当使这种精神遍布校园。这能使自然的性欲望变得崇高，并能从人的心灵中剔除那种动物的、粗野的本能。一个人只有学会用神圣、虔敬的精神去尊敬母亲，并且从不用淫荡的目光去扫视女孩子和年轻姑娘，那么他的目光才不会使青年女性感到瑟缩和警惕，或者相反，回报以女性的卖弄风骚。培养崇高母亲的精神，需要把与形成个人、集体的道德面貌有关的各种问题密切联系起来，进行专门的综合研究。

男孩子的性成熟比女孩子晚两年开始。13岁，尤其是14岁时，是男孩子的大脑垂体活动以及由体内激素引起性腺活动的甲状腺活动最剧烈的时期。那些在绝大部分女孩子身上已经完成了的生理过程在男孩子身上刚刚开始。这就使教育工作一方面更加复杂化，另一方面又变得简单，因为当觉察到自己身上发生了不寻常的、相当神秘的变化时，女孩子总是竭力掩饰自己即将变成一个女人的事实，而这种情形能够缓和以至于消除女孩子的那些由性成熟引起的兴奋状态和对外部影响的强烈反应。一些次要的性特征，尤其是想到了乳房的发育，似乎能控制住内部的兴奋状态。这些特征提醒女孩子们，她们即将变成未来能做母亲的人。而这个想法在相当程度上使少年时期的各种矛盾得以平衡。男孩与女孩之间，而后是少男与少女之间的纯洁关系都取决于集体和每个人有怎样的尊敬母亲的情感。人类的母性，绝不仅仅是对延续种族的关注，这是一笔用几千年时间造就出来的、最巨大的道德财富，这笔财富是一种强大的精神力量，它能够把男孩子培养成男人和父亲，他们之所以能够尊敬自己，珍惜自己的人格，就是因为他们能够像尊敬未来的母亲那样去尊敬女孩子，像爱护家庭荣誉一样去爱护女孩子的人格。

由于女孩与男孩性成熟期开始的不同步，女孩子见到男孩子就感到害羞，这也是使教育工作变得简单的一个原因。低年级的孩子们夏天在一起游泳：大家兴奋地在池塘边上跑来跑去，把湿沙子垒成各种各样的建筑物，在水中嬉戏。可是到三年级结束时，女孩子就愿意单独活动了。而男孩子则不明白：为什么女孩子不愿意和他们一起游泳了呢？"你们都是个人主义者。"尤尔科对女孩子们说。可女孩子们都只是笑而不答。她们似乎已经明白一些男孩子还无法理解的事情。女孩子身上产生的这种母性的智慧恰恰给教育工作带来了方便。

但是还有许多因素又增加了教育的难度。对于少年还理解不了的、一切与性成熟有关的现象，应当分头讲给男女生听。这种极为隐秘的谈话（男性教师给男孩子讲，女性教师给女孩子讲）不但不应当增加孩子们对性成熟的兴趣，而且正相反，应当使其减弱并变得高尚起来。

我再一次强调：只有使学校里充满一种崇敬母亲的高尚氛围，才能使关于性成熟的谈话不致引起不健康的好奇心。每一次关于人的修养的谈话都应当包含着道德的意义。这一点非常重要。我对男孩子和女孩子们说："你们将来都要做父母。若干年后你们都会有孩子，你们会像现在你们的父母对待你们那样去思考怎样教育自己的孩子。要记住，男人和女人之间的相互关系能使一个新人诞生。这不仅仅是一种生物行为，而首先是一个伟大的人的创举。只有坏蛋和无耻之徒才会以某种肮脏的心态去琢磨这些男女之间的相互关系。"

在近几年里我编写了一本题为《母性之美》的文选读物。里面都是关于母性的伟大、崇高和美好的短篇小说和故事。这里讲述了许多伟大人物，如弗拉基米尔·伊里奇·列宁、尼古拉·奥斯托洛夫斯基、列夏·乌克拉因卡、米哈伊尔·科秋宾斯基、塔拉斯·舍甫琴科、尼古拉·果戈理、奥列格·科舍沃伊、卓娅·科斯莫杰米扬斯卡娅等人的母亲的不朽篇章；有关于为保卫祖国而牺牲疆场的烈士们的母亲的故事；还有一个故事讲述了一位英雄母亲的悲壮的命运：在德国法西斯占领期间，她让自己当警察的儿子以自杀的方式结束了生命，以便使家族的荣誉不被玷污。我把这本书里的故事一页一页地展现在学生们面前，目的是在他们的智慧和心灵中燃起更加亮丽的火花——崇敬母性美和母性的伟大的火花。

我力求使我的每一个学生在为母亲创造快乐、幸福、安宁与祥和时能够倾注自己更多的体力和精神力量。入校头一年以献给母亲的名义栽下的苹果树上的第一个苹果成熟了，你要把它献给母亲和祖母。第一串葡萄成熟了，你要把它献给母亲和祖母。少一些为他人做好事的吹嘘，多一份对亲生母亲的关怀，这正是我们教育工作者的座右铭。

下面就是《母性之美》一书中的一个故事，我常常把它讲给小学低年级的学生们听。

七个女儿

母亲有七个女儿。有一天母亲到儿子家去做客。儿子住在很远很远的地方。过了一个月母亲回来了。她刚一进屋女儿们就争先恐后地说她们是多么思念母亲。

"我想您就像虞美人花想念阳光一样。"第一个女儿说。

"我期盼您就像干旱的土地期盼水滴一样。"第二个女儿低声地说。

"我想您都想哭了,就像小鸟哭母鸟一样。"第三个女儿絮絮叨叨地说。

"没有您我感到很困难,就像蜜蜂没有花一样。"第四个女儿喊喊喳喳地说。

"我梦见了您,就像玫瑰梦见露珠一样。"第五个女儿小声地说。

"我一直在盼望您,就像樱桃园盼望夜莺一样。"第六个女儿小声地说。

第七个女儿什么也没说,虽然她有许多话要说。她给妈妈脱下了鞋,还给妈妈端来了一大盆水,让妈妈洗脚。

我尽量让我的每一个学生都能从小就替母亲分担一份并不清闲的、单调的、令人厌烦的工作,而这一切才真正是实实在在地崇敬母亲。

要让孩子们产生一种隐秘的感情,以使他们能够正确对待与性成熟有关的所有现象:个人的身体、漂亮和某些身体缺陷,这是我非常关注的一个问题。我对少年提出的所有建议几乎都不涉及与性腺机能有直接关系的生物及生理现象,而是其对整个机体,尤其是对身高、大脑和心脏，对中枢神经和自主神经系统所产生的影响。我让孩子们相信，不偏食，是保证身体正常发育、各部分器官和谐运作，而且能长得漂亮的非常重要的条件。我还给他们出主意，怎样才能学会迅速入睡和醒来。孩子们于是都养成了每天早晨按时起床的习惯。差不多所有的孩子都告诉我，他们能在闹钟铃响之前的两三分钟时醒来。有的孩子干脆不用闹钟就能按时起床。

我给孩子们讲解为什么在他们这个年龄容易有疲劳、头昏、心悸和脉搏减弱的感觉，同时让大家相信，这一切都是无法避免的暂时现象。我也向他们提出建议，如何才能预防疲劳过度以及如何保护心脏和神经系统。

为进行性教育而提出的许多重要的建议，都应当尽量避免直接涉及性这个领域本身。进行性教育的明智做法在于，尽可能少涉及有关两性关系的生理方面的内容。至关重要的是身体发育与精神生活的和谐一致。无所事事会导致精神空虚，而在我们的社会生活中存在的所有污秽、卑鄙和丑恶的东西都会乘虚而入，填补哪怕只有一点点的缝隙。这种缝隙首先表现为集体和个人的精神利益的贫乏，以及性成熟阶段的男女生之间在智力、美感和创造性的精神财富方面没有或极少进行交流。如果男孩子只能看到女孩子外貌上所发生的变化，如果映入他眼帘的只是女孩子一些次要的性特征的变化，那么这已经就是一种缝隙了，不知羞耻的毒素就会通过这个缝隙侵入空虚的灵魂。男孩子应当在女孩子身上发现和感觉到的，首先是她的智慧、精神需求和兴趣爱好，而最最重要的，是她那种对人的高标准、严要求以及自尊感、自豪感和神圣不可侵犯感。

在性教育的工作中，我们特别注意对女孩子进行教育。这种教育可以称为培养母性自豪感的教育。经验丰富的女教师苏霍姆林斯卡娅在与步入性成熟期的女孩子谈话时，首先让她们想到："我是一个女孩子，将来就是一位母亲。大自然和社会赋予我一项伟大的使命——在孩子身上重塑自我和我所热爱的人，把人类所创造的一切优秀的东西都移植到他们身上。我应当成为一个聪慧的、严格的和谨慎的人。我是一个女人，我与男人的关系会导致新生命的诞生。爱情，是一种伟大而崇高的感情，但是这种感情不应该掩盖我与男人的关系会建立一个家庭的想法。我应当成为一个骄傲而严肃的人，我应当比男人——我未来孩子的父亲聪明百倍，因为在繁衍人类、保持和增加人类的精神财富的使命方面，大自然赋予我的责任绝对比赋予他的多得多。"

培养母性的自豪感的最终目的在于：女孩、女人在一定程度上应当成为男青年、男人以及未来的父亲的教师。她应当是家庭中聪慧的家长。只有在具备了人类引以自豪的精神财富的前提下，女孩子才能在自己心中确立起母性的自豪感。要成为一个自尊的、聪慧的、严肃的女性，她必须具有一个普通人值得自豪的东西：个人尊严、崇高的生活目标、创造能力、爱好和志向。

所有这些品质是一点一点在女孩子心中形成的。如果女孩子在其成长为一个女人之前以及在性成熟时期就已经获得所有这些财富的话，她就会成为一个具有强大精神力量的人，这种力量能够使男人变得高尚。

在七年级结束前不久，瓦利娅认识了一个 18 岁的小伙子，他是一名青年工人。有一次他们在公园里小坐,不知是怎么搞的,谈话总是谈不起来,女孩子发现和这个小伙子没什么可谈的。突然间小伙子一下子把她搂住,开始吻起她来。这一切令瓦利娅始料不及,以至于她一下子惊呆了,一动不动地坐在那里不知所措。而男青年把她的反应理解为同意发生亲密的性关系。女孩子则给了他一记响亮的耳光。后来瓦利娅含着眼泪对母亲讲了事情的经过。

"我开始是想和他谈谈文学、音乐,可他或者闷声不语,或者说一些让我听了都觉得害臊的话。接着开始谈绘画,想找到什么令他感兴趣的话题,可是他对此表现得是那样的无知,简直让我啼笑皆非。我觉得,男青年大都对技术感兴趣,我就谈起量子发生器。我们那儿的男生都一个劲儿地谈论这个话题,可他却一声不吭……后来竟凑过来吻我……挨了揍之后,他嘲讽地对我说:'你装什么正经啊?你们全都一个德行……你以为我能相信,你是头头是道地来和我谈什么诗歌或者别的什么玩意儿吗?……'可是在这之前我喜欢他,我觉得他挺谦虚的,沉默寡言只是一种羞怯的表现。而他整个儿是一个不学无术的人。现在我一想起他就觉得恶心,长得虽然漂亮,可却是傻瓜一个……"

瓦利娅出色地经受住了这样一个考验,我感到很是欣慰。我把人类这种宝贵的品质,称为女性的、母性的自豪感,而对此起很大影响作用的是美的情感。每当遇到粗俗的性欲、低级下流和厚颜无耻的行径时,我们的女孩子都能表现出头脑清醒的母性自豪感。这使我越发深信:如果美——人的心灵美、道德高尚的美、忠于伟大理想的美,如果人的忠诚之美(正像奥列西·贡恰尔所下的艺术定义那样）能够成为个人的财富，那么，这种财富就能使姑娘成为道德上坚定、富有智慧且远见卓识的人。

体　育

体育是一个人得以全面、和谐发展的最重要因素。

体育，这首先是关注健康，关注维护作为无价之宝的生命；其次，是有系统地工作，从而保证人的身体发育、精神生活以及多方面的活动能够协调一致。如果把儿童的体育理解为，主要是完成有助于儿童机体的正常发育并能增强体魄的劳动制度的话，那么对少年的体育就具有更加深刻的含义。在少年阶段，他们身上所发生的生理过程与其精神生活和意识的形成有密切的联系，并能深刻地反映一个人的未来，因此体育已经不能仅仅局限于身体的锻炼与健康了，它还涉及人的个性的许多复杂方面，如：道德品质、纯洁而崇高的情感和态度、生活理想、道德与审美标准、对周围世界和自我评价，等等。

少年时期在人的机体中所产生的那种本质上全新的东西，即人的性本能，具体的人——男人和女人，在相当大的程度上反映着人际关系中的道德本质。一个生来就具备人的大脑、人的思维中枢和感觉器官的生物体，会变成怎样一个人：是一个真正的人，还是一个由本能力量盲目支配行为的类人的动物？这都取决于在少年阶段，如何使人体所出现的自然的生理因素变得高尚，以及高尚的程度如何。未来的父母的道德修养，由他们之间的关系所决定的道德发展的特征，在相当大的程度上都取决于在少年时期如何把男女相爱的本能加以人格化。

在少年的身体内发生着复杂、剧烈而又相互矛盾的变化过程。这些变化过程对人体的神经系统、心血管系统、呼吸系统和消化系统等一些重要系统的功能会产生终生的影响。人的这一重要的创造性活动——劳动的生理基础也正是在这个时期奠定的。人的精神世界的多面性——在道德、智力、情感和审美方面的需求、兴趣和爱好，都取决于身体的发育、健康和劳动的和谐统一。在我们这个时代里，人们所从事的劳动需要人体中各个精密系统和环节（思想、记忆、注意和创作灵感）协调地发挥作用。现代人的劳动每日每时都在对体内最敏感的系统（中枢神经系统、心脏和脑皮层下神经中枢）产生多方面的影响。这种影响既有积极的一面，也有消极的一面：劳动会使神经衰竭。对于一个人来说，善于休息、善于保护神经系统的效用同善于工作是同等重要的。

体育应当保证少年能以自觉态度对待自己的身体，培养爱护健康的能力，用正确的劳动、休息和饮食制度以及通过体操、体育运动的方式增强体魄，锻炼体力与神经系统，预防疾病。

我认为，举办一些以人为主题的座谈很有意义。这类座谈是与少年一起进行的，每周进行两次，其内容范围确定为：从不太复杂的人的生理解剖过程逐渐过渡到涉及心理形成与发展的深奥、隐秘的现象。例如，把座谈内容分别用来讲肌肉与骨骼组织、消化器官、呼吸器官、心脏血液系统、中枢神经与自主神经系统、感觉器官（视觉、听觉、动作协调系统和内分泌）等。关于人的心理及脑力劳动卫生知识的座谈大约每一个半月进行一次。

我尽量把理论性阐述直接与学生的个性联系起来,以便使少年不是抽象地,而是以活生生的切身体会,去认识座谈中涉及的一些生命过程和现象。而少年对关于人的座谈的兴趣,也通过这种做法表现了出来:座谈能够促使他们深思熟虑地进行自我剖析。进行这类座谈要求严格掌握分寸:任何时候、任何情况下,都不能在分析生理解剖和精神过程与现象时,涉及个别少年的一些具体的身体发育特点。

座谈对于进行自我教育有重要促进作用。我看到,少年是怎样以激动的心情聆听题为"心脏与劳动"的讲座的。这个讲座在五至八年级每年进行两次。我对这个题目格外重视,每一次我都要向他们揭示一些新的事实、现象和规律。学生们在认真聆听每一句话的同时,也陷入深深的思考之中,他们那探询的目光开始转向了自我。有一次,是谈少年型神经官能症,我警告大家,如果在少年时期对心脏不加爱护,就可能引起永久性内伤。这时我发现,这些话使季娜和沃洛佳感到焦虑不安。从与医生的交谈中我了解到,季娜和沃洛佳都有典型的神经官能症的症状,从沃洛佳的心脏里有时甚至还能听到一种像瓣膜缺损那样的杂音。在他们的心脏中并没有发现任何器质性病变,可是,如果使心脏负担过重的话,就可能发生这种病变。我讲的话首先是给季娜和沃洛佳听的,我还谈到他们的某些违反劳动、休息和体育锻炼制度的做法,但我并没有点出名字。而季娜和沃洛佳都联想到了自己,这一点我看得很清楚。

每个人都是他自己的最敏感不过、最必不可少的医生,在教育孩童、少年和青年男女时，我对这一真理深信不疑。少年群体中吸烟的恶习是何等的根深蒂固，这是显而易见的。吸烟会给心血管系统、大脑和消化器官带来巨大危害。由于大脑垂体与甲状腺活动的增强，提高了神经系统的易激性和易怒性，因此，这个时期吸烟就成为一种特别可怕的灾难。

我确信，正是因为吸烟，才使许多少年本来已经兴奋的神经超过了极限，从而导致他们做出了一些受人谴责的愚蠢行为。尼古丁在毒害神经系统的同时，使人的大脑半球皮层的某些细胞群在少年时代就丧失了功能。凡是在少年时代就开始吸烟的人，往往到40岁就感觉出脑病变的早期症状。因此我再三警告少年，给他们讲吸烟的严重后果。这使得我的学生中没有一人在学生时代抽过烟。"每个人都要给自己当医生，要同自己的不良嗜好做斗争。"这句话起了重要作用。

体育与德育、美育密切相关。在关心自己健康的同时，少年也会为他人的健康、休息与美满的生活去创造必要的环境并珍惜这种环境。关心自己绝不是以漠不关心他人为代价的。

饮食、劳动和休息制度

在少年的机体内部，一切都处于形成和变化的过程中。复杂的生理过程使得新陈代谢十分旺盛。身体生长所要消耗的能量相当巨大。我们所有的女孩子到十二三岁时，就不再像三、四年级时那副圆溜溜、胖乎乎的"小馒头"模样了。有的变得瘦削、平胸、易疲劳并有头晕心悸等感觉。这些现象多发生在一些好动、容易冲动、特别活跃的男女孩子身上。

教育者在这个阶段应当特别注意方式方法，善于观察人的内心。在少年的生活中，往往会有这样的时候：由于他的神经系统和心脏过于紧张，你不该叫他起来回答问题。要是你不善于观察他们的内心，就不可避免地要发生冲突。

旺盛的新陈代谢需要正确的饮食。饮食必须简单（这一点很重要）、定时，要有足够的热量。童年时期所养成的遵守饮食制度的习惯，能够减轻少年时期教育工作的负担。我们与家长们一起为每一个少年制订了劳动与休息时间表。早晨醒来后，先做早操、洗冷水浴，然后到小花园或葡萄园进行一定的体力劳动（冬天就到院子里扫雪）。所有孩子们都养成了这种习惯。在以人为主题的谈话中，我总是突出强调做早操和用湿毛巾擦身。我让孩子们相信，一个人的自我感觉好坏，劳动能力如何，思维是否清晰，都取决于他早晨醒来开始一天的生活时，脑子的清醒程度以及机体对当天的劳动的调整情况。

与家长们进行的一些专题座谈的内容，主要包括的问题有：少年在清晨、早餐前、白天、午后分别应进行什么样的体力劳动；少年应当吃什么样的食品及如何安排饮食。如果少年早晨不从事一点体力劳动，我认为整个教育工作是不完整的，于是我一直努力让他们进行这项活动。

我们与家长们商定，给少年提供的饮食既应当含有热量又要品种多样。在性腺剧烈活动时期，饮食上遵守一定之规尤为重要。食物含的蛋白质过多、佐料沁香、甜度过大，都会更加强烈地刺激大脑垂体和甲状腺，而它们的激素又会刺激性腺。

在少年时期很重要的一点是，必需的热量要与足够数量的细胞组织联系起来。尤其不能把含有高热量的蛋白质与大量的精制糖、蜂蜜放在一起经常食用。童年时期和少年时期的饮食热量高，同时又没有通过体力劳动把能量消耗掉，就很有可能导致一些病态现象出现。

在与家长、少年的座谈中，我常常用一些有说服力的例子向大家证明，在饮食上简单、有节制、避免吃营养过多的食物及不挑食对一个人的健康、自我感觉、劳动及整个精神生活都会产生非常有益的影响。

从年龄小的时候开始，我们就十分重视进行户外活动。这不是一般性的劳动，而是一年四季在新鲜空气中、在大自然中进行的劳动。作为促进身体与精神生活和谐发展的因素，这种劳动对少年的确是很重要的。集体劳动独到的可贵之处就在于，它能使少年感受到一种精神上的快乐和同学们的协助。但也应当教会少年能独自一人在野外进行劳动。在自家父母的园地里，每个少年都有自己的一个"劳动角"。

少年下午的活动是在课外小组里进行，阅读文艺书籍、科普读物以及从事体力劳动，而不是紧张的脑力劳动。我多次与少年及家长们座谈，希望男孩及女孩的就寝时间不迟于晚上9点钟，八年级学生可以再晚睡一小时。少年需要提醒和督促。但如果没有自我教育，任何提醒和督促都无济于事。正因为如此，我力求使男孩和女孩们都能与我见解一致。我让他们确信，养成早睡早起、在早晨上学之前做家庭作业，把下午的时间主要用于体力劳动、课外活动、小组活动和阅读（不是死记硬背，而是能使智力全面发展）的习惯大有好处。

在身体生长旺盛的时期，每年给少年量数次血压。身体增长越快，血压就升得越高，血压跳跃不稳定也就越频繁——早晨血压接近正常，可到中午就明显升高了。我常向少年解释他们机体内部所发生的那些变化过程，建议他们在这段时期到底应该怎样保护心脏和血管，尤其是脑血管。

每当发现女孩子由于悲伤、惊慌和激动而导致某些不易察觉的自我感觉恶化，我就想办法使她们摆脱抑郁状态，使她们变得乐观。乐观的情绪是预防疾病和避免健康状况异常的最好办法。

全体少年都需要户外休息。我建议大家在天气暖和（春天和秋天）的日子里，吃过午饭都躺上半小时，在小花园里休息一会儿。我告诉他们，在休息、劳动、走路和做课堂作业时，应当怎样正确呼吸，因为少年对氧气的需要远远多于成年人。我教会少年在花园休息时做呼吸练习。教师在做课间操的时候，也十分重视呼吸练习。在教室里安装通风设备，窗外大量植树种草，就能保证良好的空气条件。

我们在假期中的劳动与休息

每到学年结束后，我们都到野外劳动和休息。我们有自己办的夏令营。每年我们都提前把那里的内务整理就绪：远足与游览用的装备、劳动的工具。考试结束后，我们就在树林里支起帐篷，搭建伙房。

假期的各项任务都由少先队队委会来布置。少年给自己的夏令营起名叫"快乐的柞树林"，营里每天的日常事务由指派的四名值日生来完成。刚念完五、六年级的学生由炊事员玛莎阿姨负责照顾，而七、八年级的学生就自己照顾自己了。

大家都学会了做饭、保管食物、用砖和木料建造并修理伙房，在任何气候条件下都能很快把篝火点着，学会了寻找林中泉水、保留和积存雨水作为饮用及做饭用水，学会了刷洗餐具、洗衣服、搭帐篷、挤奶、保存牛奶、把牛奶加工成黄油和奶酪，学会了给马和牛喂草料、照料牲畜，学会了在树林中采集晾晒浆果和各种草药以备万一生病和身体不适之用。一日三餐，伙食既简单又完全符合营养标准，菜肴里没有任何辛辣的东西。

少年时期是大脑的生理过程特别活跃的阶段，保证他们的饮食中含有丰富的铁和磷，是非常重要的。在七、八月里，孩子们每天都要吃苹果、新鲜蜂蜜和西红柿，西红柿能使食物富有维生素C，它对于消化食物以及中和对性腺有刺激影响的肉类和其他一些高蛋白的食品是必不可少的。睡觉之前，我们不允许吃高蛋白食品。

孩子们朝夕相处在一起，大热天里，大家穿得都很简单，每天要洗三四次澡，这一切都要求我们注意使集体里的精神生活丰富多彩，使身体与精神方面的各种活动能够协调一致。自我教育是建立劳动和休息制度的基础，也就是克服困难、锻炼和磨炼毅力的基础。

经常让孩子们晒太阳是十分重要的。他们渐渐习惯了灼人的阳光，在远足和游览期间，大家能够在酷暑中晒几个小时的太阳（当然头部是受到保护的）。夏天，孩子们都变样了，一个个被晒得黝黑黝黑的。

每年夏天，我们都要到第聂伯河沿岸进行远足活动，用这种方式来了解故乡。苏联红军与法西斯侵略者英勇作战的那些地方，能给人们留下十分深刻的印象。在夏日宁静的傍晚，孩子们总是凝神地聆听由这些战斗的参加者和目击者讲故事。

在行军时，大草垛下、田野里、林中空地，都是我们野外露营的场所。新鲜的空气、合适的营养以及丰富多彩的精神生活，这一切构成了保证身体和精神健康发展的旺盛的源泉。无论孩子们在什么地方——在夏令营也好，在行军途中也好，我总是设法让他们的心脏能得到充分的休息。他们在"快乐的柞树林"里度假时，白天要休息两次。在家里度假，也要保证这样的休息制度。在小花园里、在宅旁园地上，都为少年准备了一张用来歇息小坐的凳子。

在"快乐的柞树林"里度假并不仅仅是休息。少年在这儿还参加劳动，研究故乡资源，观察大自然，组织军事游戏。在童年期，尤其在少年时期和青年早期，都不能只是"单纯的休息"。如果没有创造性的精神生活，如果不使思想、情感和愿望在具体的事物中得到体现并加以人格化，如果劳动不能创造人的世界，不能使感情和兴趣变得高尚起来，那么休息就会变成乏味的无所事事，而这种无聊会把人的心灵变得粗俗不堪，从而导致道德上的麻木不仁和公民责任感的贫乏。

从少年成长为男人和女人的时期，其身体状态与精神状态的一致尤其重要。个人的尊严感、自尊心，对于确立纯洁、高尚的道德伦理关系，具有非同一般的作用。一个人只有不断从别人身上发现某种优秀的、道德完美的品质的时候，他自己的尊严感和自尊心才能形成。于是，也只有在这种情形下，一个人才会产生不断进取的愿望。

在夏日宁静的早晨，我们到田野里去寻找最大的麦穗，做实验需要这类种子。这种劳动把体力与思维活动结合在一起。特别重要的是，女孩子们都变成了善于思考且聪明能干的劳动能手。

五年级结业后，女孩和男孩们开始迷上了木刻。临近黄昏时分，我们拿起木刻刀围坐在桌旁，这些小桌子是成年人帮我们摆放在橡树的树荫下的。我们刻出的木版画独具特色——各种飞禽走兽，还有童话和想象中的事物。这是一种艺术创作，它体现着每个人独到的思维特点和创作构思。童话中的一个个形象又都变得活灵活现了——欢乐的巨人铁匠、和蔼的黄昏爷爷、骨瘦如柴的老妖婆，还有小云雀。孩子们兴致勃勃地雕刻出一些军人的形象，他们曾听过这些军人是怎样建立功勋的。有些孩子对这种创作的迷恋达到了如痴如醉的程度，而另一些孩子对此却并未显出特别的兴趣。像彼得里克、瓦利娅和尼娜，你怎么也引不起他们对雕刻的兴趣。在对孩子们的工作进行仔细观察的过程中，我断定，智力发展、智能和手工操作技巧之间是有一种依赖关系的。

我们还在集体农庄的果园里帮助收获果实，在护田林带上消灭害虫，为新的果树苗圃采集种子。

军事游戏给孩子们带来了巨大的快乐。孩子们不止一次地整夜投入侦察，在假想的湍急河流上，"冒着敌人的炮火"建立强渡点……

冬天我们在户外工作。在没有风又不很冷的天气里，孩子们在果园里堆雪，保护树木不被兔子破坏，还为夏耕和农田积雪保墒而铡席草。

每年冬天，我们都要到树林里工作几天。在风和日丽、气温为 -10 ℃~-5 ℃ 的日子里，我们把干树枝做成挡板用来积雪。五年级学生在树林里工作三天，每天六个小时；六年级学生工作三天，每天七个小时；七年级学生工作四天，每天七小时；八年级学生工作四天，每天八小时。

这是锻炼体力与身心的一种非常好的方法。我们穿得既轻便又暖和，在黎明时分就到达树林，在林间空地上安营扎寨，把食品煮得热乎乎的，开始吃早饭。早饭后，我们干上三小时左右的活儿。而这三小时干下来，大家都饿了。于是又搭灶生火，开午饭。人们在这儿都食欲倍增，有的人的饭量甚至比在家时多两倍。没有谁感觉冷，从来没有人在工作时或者回家的路上冻坏过。也没有人在这儿生过病。吃完午饭，男孩子们走到树林深处去打回清纯的泉水。这"森林之水"大家都想喝。午后我们又工作几个小时，大家又都饥肠辘辘了。这回，我们把用盐腌制的白肉放进米里熬粥喝，它简直是世界上最可口的美味佳肴。吃完晚饭，我们欣赏晚霞，在暮色中踏上归途。有时来树林里接我们回家的不是汽车，而是雪橇，这让所有人都高兴得不得了。

那浸透着针叶芬芳、清新而寒冷的空气能对人产生哪些细微的影响,我并不很清楚,但通过一些观察,可以得出这样的结论:冷天在树林里干活儿,2月里在明显地高出地平线的明媚阳光照耀下干活儿,是增强体质、培养刚毅顽强与沉着镇定的品质之绝妙良方。

每年冬天,学校里也有一些活儿要干。我们为葡萄园和果园收集积雪,保护树木不受严寒与兔子的侵害,为冷藏库采集池塘水面上的冰块。

每到冬天,孩子们要到树林里休息几天。我们就像在孩童时代那样,一清早就来到树林,沐浴着朝霞,搭帐篷,支行军炉灶。我们穿着滑雪板滑到树林深处取回泉水。上午,我们用积雪建造城堡:里面有各种各样的宫殿、地下密室。而有趣的军事游戏更是引人入胜……下午,我们漫步在林间空地上,聆听冬天里鸟儿的歌唱,欣赏银装素裹的林木。回到雪城堡,我们在冰冷的炉子里生起火来,一边烤土豆,一边听故事。这样的日子会永远留在孩子们的记忆之中。

每年,我们还选一个好天,到冰封的湖面上去休息,那是远处一个以自然景色秀丽著称的湖泊。我们在那儿住两天,就在帐篷里过夜。我们用冰块建造起水晶宫。阳光在晶莹剔透的"宫墙"上所闪现出的杰作,简直无法用语言来形容。这景象令人神往,令人惊叹,每个人都渴望到宫殿里坐上一会儿,幻想一番,听听那些到遥远的边际去旅行以及善良战胜邪恶的神话故事或传说。

冰晶体中光线变幻的奇妙美丽的景观使人浮想联翩,激发人们进行创造性的想象。我们坐在冰台阶上,头顶上是宫殿的拱顶。在冰体连接处，每一分钟所发出的闪光都是新的颜色，这些色彩扑朔迷离，交相辉映。在一整天里有某个特定的时刻，太阳降临到树林的上空，这时水晶宫就被笼罩在一片朦胧的绿色之中，仿佛海底世界一般。接着它变换成晚霞般的玫瑰色闪光，最后，又散射出紫色的光辉。这奇特的色彩和色调变幻是那样令人神往，那样令人精神振奋，以至于大家呆坐在那里，都如同着了魔法一般。

于是，在黄昏的暮色之中，一首歌颂冰上魔术师的诗歌诞生了。这是我们大家的集体创作。这首诗是这样的：

在森林湖泊的蓝色浪花上面

冷风漫漫。

蓝色的波浪敲击灰色的湖岸，

空旷的树林中风吹枯枝沙沙声响成一片。

太阳刚刚爬上山顶，

冰上魔术师就来到岸边，

他用冰的呼吸触碰蓝色的波浪，

于是那波浪凝固得不再动弹。

冰上魔术师站在森林旁边，

那里，晚霞正涂抹得色彩斑斓，

他挥挥手，把一口冰气

吹到那早已结冰的波浪跟前……

冰的晶体中无数银针闪烁——

深蓝、鲜红、粉红、湛蓝、

绿的、黄的、淡紫的斑点……

> 冰上魔术师把太阳的火花
>
> 注入凝固的蓝色波浪里面……
>
> 点点星光在冰凌深处小憩,
>
> 他们翘首企盼着春天,
>
> 渴望能在如歌般的小溪里嬉戏游玩……

在这水晶的宫殿里,有一种强大的、富有激情的因素在刺激着思维:美妙奇特的景观孕育出鲜明的形象,使充满灵感的幻想突然迸发。对于我们的几个"难教"孩子来说,像彼得里克、瓦利娅、尼娜和斯拉瓦,这种冰湖上的休息,是增强和激发他们的思维能力的一剂良药。

我们有时还到离村子不远的山沟里休息,这里有很厚的积雪。我们每个人在童年时代都有不少难忘的回忆与这儿的一个山洞有联系……我们常常在严寒的天气里,或是在暴风雪来临之前,来到这儿,打开只有我们才知道的洞口,把炉子点旺,煮上粥,伴随着寒风的呼啸声读起有趣的书籍。我们在这儿读完了杰克·伦敦和斯坦纽科维奇的一些短篇小说以及儒勒·凡尔纳和奥布鲁切夫的长篇小说。在这儿,我们还如醉如痴地读了许多有关星球探秘的幻想故事。

冬季的劳动与休息是使体力与身心和谐发展的源泉。关心少年的身体健康,我首先是关心他们心脏的健康。在空气新鲜的野外工作与休息、在集体中交往所获得的精神快乐、客观存在中的美好事物所带来的欣喜感受,所有这一切,对于强壮少年的心脏是绝对不可缺少的,因为他们的心脏正处于迅速形成并发生剧烈、深刻的内部变化的过程之中。现在,有半数以上的人死于心脏病。为什么这种病这么普遍呢？为什么有些人到了四五十岁，他们的心脏就变得衰弱无力、功能衰退了呢？这是因为，在心脏迅速生长的少年时代，没有对其加以保护、爱惜与锻炼的缘故。而心脏在这个时期里对许多刺激因素的反应很迅速，也易于接受。它是一些敏感神经的会合点。也正是在这种年龄，心脏会由于体力活动与精神生活的失调以及由于吸烟、伤风感冒、咽喉炎、流行性感冒和鼻炎（这些对于少年来说都是最危险的疾病）而受到损伤。

预防伤风感冒、锻炼身体、增强和保护心脏，我们这么做就是要延长生命。我们的男孩女孩们从不患伤风感冒。这是在童年就开始进行长期的身体锻炼的结果。孩子们从幼年起就严格遵守对他们提出的许多要求，并已经养成了习惯，夏天锻炼双脚（无论什么天气都赤脚走路），开着窗户睡觉，用湿毛巾擦身，做早操。

动作的灵活与优美

动作笨拙而又生硬，是少年时期的孩子，尤其是那些力气大的男孩子的典型特征，而在我这儿恰恰是这种学生占多数。少年的力气无法遏制地想释放出来，因此十分重要的是使他们能够把一些复杂和细腻的动作与体力互相配合。不正是因为如此，少年才会做出这么多轻率莽撞的（欠考虑的）举动吗？不正是因为如此，少年才会经常折断和损坏那些他们根本不想要折断、损坏的东西？

尤尔科向网里投球，却偏偏打中了窗户，砸碎了玻璃。要不是亲眼看到他对自己动作的判断力多么不准的话，我就会认为他是在搞恶作剧了。帕夫洛在搬床时竟把一条床腿碰断了，要是成年人就不会出这种事。舒尔科（现在大家都叫他黑眼睛的小舒拉）在合上课桌盖时用力过猛，把固定桌盖的螺丝震掉了。我发现，集体生活中的各种事件对少年的刺激越多，他们动作的目的与他们为此而耗费的体力之间就越不协调。生活告诉我们，训练动作灵活、轻巧和优美是必不可缺的，这是协调体格与精神发展的最重要的组成部分之一。我训练少年做一些复杂而细腻的动作，这些动作要求技巧与体力的结合。我首先关心的是使少年的双手成为他们灵巧的、技艺高超的、与大脑有着千丝万缕联系的劳动工具。自觉而又灵活地指挥全身的运动，首先就是从指挥手的动作以及手对大脑的呼应作用开始的，借助于这种呼应作用就能够训练出各个系统优美、敏捷的协同动作：手—大脑，身体—大脑，动作—大脑。

　　手的细腻、敏捷的动作以及它与大脑的联系首先是在劳动中训练出来的。在少年的劳动中，我注意不让他们多做那些只需要体力的粗笨单调的动作，以避免这类工作造成的疲惫使他们对自己身体与周围世界变得不敏感、迟钝，经验使我深信，如果在少年期单调粗笨的动作占了优势，也就是说只要有大力气就能够使这些动作成功，这就不仅会给人的体格发展，而且给人的智力、情感和美感的发展留下印迹：他不仅笨拙、迟钝，而且还不善于理解思想与感情上的一些细腻的东西。在小工厂、小组工作室、实验室、试验田和果园中主要是从事动作灵巧、技艺高超和精巧细致的工作，它要求考虑和协调体力与智力两个方面并进行经常性的自我检验：做了什么？做得怎么样？正因为如此，我们十分重视木刻这项活动。少年在实验小工厂里从事对木材和金属进行精细加工的劳动。在生物专用教室里，他们把小麦的幼芽移植到黑麦的种子上。男孩子在果园里工作的时候，学会了使用园丁的万用工具——接芽刀。他们把培育出来的幼芽嫁接到野生树苗上。这是一项精细的农活儿，它能培养人的实践能力、灵巧和美感。操作机床同样具有很大意义。在操作过程中他们学着同时完成几项必要的动作。

有些农活儿要求整个身体的活动都参加进去，而且如果没有驾驭全身活动的本领，就很难使灵活、轻巧的动作与体力配合好。七年级或八年级结束后，男孩子们特别乐意参加割草劳动。这种劳动能够鲜明地表现出体力与轻盈、灵活和优美的动作的结合。凡是爱好割草劳动的人，他的体格一定匀称而优美，也善于在劳动和体育运动中驾驭全身的活动。

我们很重视骑自行车、溜冰、滑雪以及游泳等运动项目。这方面的本领也能培养与锻炼一个人的动作协调、轻盈和优美。孩子们自行车骑得如此熟练，拐弯时甚至可以撒把。在组织溜冰比赛和游泳比赛时，我们在定出的取胜条件里，首先就要求动作的轻盈与优美。

夏天，在"快乐的柞树林"里有三匹马拨给我们使用。在离我们宿营地不远的地方，集体农庄庄员盖了个夏天用的马棚。孩子们总是以极大的兴致储备干草，到村子里去取燕麦。每批六年级结业的学生还被指派在晚上放马。这使他们感到特别愉快。每次，有三个男孩去值夜班。有时候，给我们几匹马，我们就骑着马，到远处的草场去，直到第聂伯河附近的一个湖岸边。不少神奇的童话就从这里诞生了，有的是讲幻想中的各种生命，有的是讲遥远星球的故事。

男孩们酷爱打排球和篮球，女孩们则迷恋乒乓球和篮球。女孩们在家里也打乒乓球。整个少年时代，男孩和女孩都参加体操组。这是我们全校学生最喜欢的运动项目之一。劳动与体育运动把孩子们的体形美渐渐地塑造出来。

请爱护少年的神经系统

少年期是大脑发生深刻质变的时期。在额叶、颞叶以及顶叶部分，正在进行着树突快速发育的复杂过程，人类所特有的认识、思维和创造功能，通过这些过程得以形成。神经纤维的数量正在增加，不论是神经元还是某些质点，以及包括大脑皮层神经中枢在内的皮层各区域，都是由这些神经纤维连接在一起的。

抽象思维的生理先决条件并不是在一帆风顺、毫无痛苦的过程中建立起来的。这一过程涉及少年精神生活中表现自我肯定、自我认识、自我监督和自我评价的各个范畴。少年的神经元与脑皮层下神经中枢变得特别敏感，在一定条件下会变得近乎病态地容易受刺激，这不仅是因为来自外部世界的任何一个信息被"破译"，被加以系统化并与先前获得的信息相联系，而且也与思考者本人的个性有关。少年对外部世界和对他本人的思考似乎是同时进行的。从一个神经元节到另一个神经元节的神经脉冲得转换很快，信息的积累和保存不仅在意识中，而且也能在潜意识中进行。

少年思维中的这些性质上的新特点，是与急剧变化的生理解剖过程联系在一起的，在这一点上做到心中有数，对于教育工作来说意义特别重大。少年的神经系统有时处于极度的紧张状态：只要稍有不慎或触及不当，少年就会"暴跳如雷""火冒三丈"。这就要求教育者必须首先对思想与情感领域，对思维与情感之间复杂的相互作用以及意识的和潜意识的领域采取非常谨慎和敏锐的态度。应当注意到，在这一时期，在脑皮层下神经中枢内特别强烈地打上了认知和自我认知的情感烙印。

科里亚、米沙和托利亚在自己的家中看到过人与人之间不公正与冷漠无情的关系。上学以后，他们看到过的一些情况和事情似乎在记忆中已经消失或者印象淡薄了，可是认知的情感烙印却铭刻在他们的行为和自我感觉之中。如果我向他们中的某个人问起"你们家里情况怎么样？"，那么回答我的往往是勃然大怒。从男孩们那种激烈的、求知心切的、仿佛要刺穿人的心灵的目光里，或者在沉默寡言的孤僻中，我察觉到了他们内心紧张的状态。这使我猜测出，少年正是在这时候需要帮助和忠告，可是如何来体察他们敏感的内心世界呢？我并不把帮助和忠告强加于人，我力求使一些骄傲的、自尊心很强的少年向我倾吐自己的衷肠。要做到这一点，就需要有精神上的一致，使我和我的学生都忽略我们是师生关系这一事实。特别重要的是，少年时期，正值神经系统发生重大变化，少年的内心深处也正进行着最初的自我肯定与自我认识的过程，应当使这个骄傲而又好面子的人感到，与自己在一起的不是一个用教育家的自作聪明来对他人行使巫术的教育者，而只不过是一个富有同情心的、诚挚的朋友。一个教师，他越少摆出教育者的架子，越少一本正经，他就越是个优秀的教育者，少年也就越喜欢接近他。

寻求兴趣与爱好的一致似乎能成为一种使少年向教育者靠近的力量，从而达到精神状态上的，首先是道德情感上的一致：对邪恶、不公正和轻视人的尊严的毫不妥协。当米沙的父亲对家庭所做的坏事也在我心中燃起憎恨的火焰时，当我以不安的心情看着冥思苦想且存有戒心的米沙的时候，他恰好也向我敞开了自己的心扉。对痛苦的共鸣战胜了冷酷，这种冷酷则是少年敏感的心对邪恶、谎言与不公正行为的最激烈和最危险的反映。残忍不仅会使少年的心灵变得野蛮，而且还会影响到神经系统，破坏体格与精神之间的和谐发展，压抑少年的身体与精神。

由于仓促、错误的结论，少年把自己疾恶如仇的感情从对个别人转到对所有人。有时他们还会对世上的一切都变得冷酷无情。所有的一切对于他们来说都是凶恶的，与自己格格不入。我们来思忖一下伟大的艺术家、教育家列夫·托尔斯泰在讲到自己的少年时代时说过的话："是啊，我在描述自己生命中的这个时期时，越是往下写，就越觉得吃力、困难。回首这个阶段的生活，能令我体味到真切温暖的感情（那种能如此鲜明并经常不断照亮我生活的开端的感情）的时刻真是太少太少了。我不由自主地想快些越过少年时代的荒漠，抵达那个幸福的时期，那时，真正温柔而高尚的友好感情重新在明亮的光线照射下为这一年龄画上句号并开创一个新的、充满美好和诗意的青年时期。"

为什么托尔斯泰出人意外地把少年期称为荒漠呢？因为这个时

期的人对各种事情的反应总是尖锐的,激动不安的。最微小的惶恐不安也会在他心中留下很深的创伤。要知道,一个人敏锐而又鲜明地用心去认识世界正是从少年期开始的。而少年的心此时往往变得敏感和易受伤害,它对那些使他精神受到压抑的见解特别敏感。少年只要一想起那些在一天、两天、三天,甚至一个星期以前使其惊讶和激动不安的话,他的心就会不安地跳动起来,血压就会"蹿高",浑身上下忽冷忽热,脸上红一阵、白一阵。如果在这个时候,少年开口说话,他的嗓音往往会打战和由于极度紧张而断断续续。

请教师一定要学会注意和理解这种精神状态。别提"你怎么了?"的问题。一般来说,这种对学生的"掏心术"是与苏维埃教育学人道精神相抵触的,在对待少年的关系上这是一种犯罪。人在少年期的内心生活比任何其他的发育成长期都更为丰富,而这种精神生活会影响到他的身体健康,影响到他的思想和行为。内心的震颤会导致少年机体各部分普遍的不协调。我知道这样的情形:少年对邪恶与不公正的愤怒情绪持续几分钟之后,就会引起体温的急剧升高,然后就产生了长时期的神经系统疾病。受强烈的情绪震荡影响,还常常会导致少年消化功能的紊乱。

保护少年的中枢神经系统,也就是爱护他的心脏和整个机体。教师应该掌握一种最巧妙的工具,使人道、同情心以及对少年短处的宽容态度都能暗含于其中,这个工具就是语言。千万要当心,可别使你的话变成为一根鞭子去触碰娇嫩的身体,灼伤它并使它永远留下难看的伤疤。少年时代之所以显得如同荒漠一般,正是因为有这样的触碰存在。富有哲理和同情心的话,就像是一种生命之水,它能给人以安慰，产生乐观的生活感悟，激发正义必胜的信念。

　　只有当教育者说出的话是真诚的肺腑之言时，只有当他的话里不掺虚假、不抱有成见、没有"谴责"和"痛斥"学生的愿望时，才能达到保护和爱惜少年的心灵的目的。刻意挑选一些尖刻的字眼，以便让少年产生强烈的感受，这是一个人缺乏最起码的教育常识的表现。如果少年处于心情紧张和异常激动的状态中，他的大脑与心脏之间的感受之弦绷得很紧，他是永远不会感到自己有错的。只有在平静下来之后，少年才会体会到自己的过错。因此，教师的话应该首先使少年平静下来。如果说，教师的呵斥在教育工作中本来就是一种毫无意义的工具，那么用这个工具去对待少年，只能说明这位教师在教育上的无知。因为呵斥本身，不管少年有无过错，在他们看来就是一种不公正。想用呵斥来压制少年的倔强，迫使他们处于一种颤巍巍的俯首帖耳的听话状态，这就如同是挤压弹簧，我们越是用力挤压它，危险就越大，因为它会被压断或者是反弹起来击中那个挤压它的人。

　　每次，当教师努力设法使少年处于不敢说话的顺从状态时，教师就像是在激怒和过分地刺激那个本来就已经很紧张的心脏。当教师在大声呵斥的时候，少年的心脏，形象地说，就像是着了火一样：紧张的神经敏感地、近乎病态地把信号输送到大脑，而大脑一次又一次地刺激心脏。

　　我时常也遇到一些情绪极度紧张的少年，特别是尤尔科、维佳和舒拉，他们一直令我感到不安。他们好像在等我开口说点有关他们的事，可是只要我说话的嗓门一高，他们就会面红耳赤，全身发颤。这时候，我就竭力保持镇静。我尽量轻声地，但富于表情、充满激情地说出每一个词，仿佛我并不是有意地在缓和他们的情绪。少年（有时候两三个人在一起）注意听我说话；他越是全神贯注，我就说得越轻。一两分钟过后，紧张气氛就消失了，情绪激昂的危险的火苗就熄灭了。我看到了一颗平静的心。如果这是在全班面前说的，教室里就会一片肃静。在这种情况下，就可以控制对少年说话的口气：略微提高一下嗓门，可以使他们觉得是一种要他们注意听讲、勤奋学习和明白事理的合理要求。

用断然命令、不容反驳的语气说话往往会使少年的神经系统极其疲劳、衰弱和过度兴奋，而后又感到压抑。从性质与功能上来讲，少年的智力活动是有其独立性的。只有当少年似乎开始对真理的公正性表示怀疑，从各方面对其进行仔细观察、检验并按照教师的建议独立地得出结论时，真理才能变成他的信念。少年不仅研究自然界各种现象和规律，而且也研究道德真理，研究人。他们特别注意研究教师。教师与少年的谈话不应该是绝对的命令，而应该是富有启发性的思维；只有这样，少年才会在教师的身上发现一切美好的东西，教师内心中一些最细微的想法就会展现在他们面前。

如果绝对命令和不允许怀疑及反对意见存在的气氛占据了统治地位，就会出现一种教师常常察觉不到的危险状况。绝对命令往往会在少年的意识中引起抵触情绪。少年期由于控制情感的脑半球皮层的作用增强了，少年几乎从不公开表示自己的抵触。但这使他的情感体验更加深刻了。既无法容忍、不甘妥协，又要言听计从——这种感受使少年的心脏经常处于一种亢奋和紧张的状态。脑皮层下神经中枢在强大的情感刺激下开始发挥作用，似乎在向理智发出警告：别妥协，你的肩膀上长着自己的脑袋。这些来自脑皮层下神经中枢的信号是那样的强大，以至于少年虽然听到了您说话的声音，但却没有仔细琢磨其中的含义，这些话似乎只附着在少年意识的表面。随后进入抑制过程，心脏不再那么紧张，逐渐松弛下来。可是，教师要是说出某个想法时，少年又会产生激烈的抵触情绪（当他感到，教师的言行有自相矛盾的现象，或者感到教师所说的与他在生活中所见的实际现象有矛盾时），少年的心脏会重新紧张起来，来自大脑皮层下的信号又重新被送入大脑皮层。

在思考中认识和在认识中思考，这正是少年自我肯定的开始，由于教师不给少年这种机会，所以少年的心始终受着磨难。经过若干年这样的折腾之后，少年的心就会变得冷酷粗俗、没有人情味儿了。这种人的心中通常也就没有什么神圣的东西。下意识不再是良心的敏锐的卫士。这不仅造成道德的沦丧，而且还会给健康带来巨大的危害。用言听计从精神教育出来的人都有压抑感情的特点。他们不可能具有乐观愉快的世界观。

尊敬的读者，请不要以为我的意思是反对教育工作中的命令、要求与秩序。教育者如果不理性地体现自己的意志，没有集体与社会的要求，那么教育就会变成一种自发力量，教育者的话也就成了一种抽象的善良的糖浆。要知道，真正的教育是要培养一个人对他人、对社会和人民的一种责任感，而没有坚强的意志，没有严格的要求，没有断然的命令，没有理性的教导，没有使个人利益服从于多数人的利益，服从于集体、社会和人民的利益，就不可能有什么责任感。少年往往尊敬、爱戴和钦佩意志坚强的人，而不容忍意志不坚的人和空洞无聊的废话。这是我们教育体系中极为宝贵的真理和原则。我提醒大家在教育工作中要避免那种不应有的、令人厌恶的现象，即除命令与要求之外别无他策以及不尊重少年个人意志的现象。教育者对少年的心灵施加意志影响的技巧在于，要使少年在理解自己职责的同时，愉快地自己命令自己，自己要求自己，要使您，一个教育者，用人的责任感的道德美来吸引和鼓舞少年，要有一种严厉的、必须无条件服从的纪律，它与鼓吹宽恕一切和抽象善行是势不两立的，并且要使这种纪律成为少年的自我肯定和他本人的道德力量的一种表现。

对于儿童来说，如果人际关系的道德侧面主要是以鲜明的图画和成年人的行为与品行展示出来的话，那么少年就已经能够通过言语来认识道德世界。他往往仔细地聆听别人在讲什么。对他来说，成年人的话就成了讲话人的道德鉴定。少年敏锐的意识与下意识不仅能听出别人说话的内涵，而且还能看出一个人的言行是否一致。对于少年来说，言语的教育力量与其说是取决于言语本身的正确性，倒不如说是取决于教育者的言行一致。因为如果说话者讲话并不代表他个人的信念，而只是例行公事：他只会讲漂亮话，而过去和现在从没做过什么漂亮事；少年就会把这些漂亮话看作谎言与欺骗。这时，话说得越漂亮，虚假的鼓励越多，它就越发激起少年更为强烈的抵触情绪，对其心灵的压抑就越大。对于少年的精神与体格的协调发展非常重要的是，给少年讲道德真理的深刻含义的人一定要具有高度的道德修养，这是讲这些伟大而又神圣的话的前提。

在对少年的教育中,应尽量不伤害少年的神经系统和心脏,这是非常重要的。多年的观察表明,少年在课堂上等待教师提问的时候,是他们心情最紧张的时候。当教师的眼睛在花名册上寻找提问对象的那一瞬间,孩子们敏感的心都仿佛停止了跳动。假如这时测量一下血压的话,就可以看到,指针会突然抖动一下。当全班学生终于(有时经过长久的思考之后)听到了被叫学生的名字后,往往会如释重负地松一口气:没叫到我头上。(当然,只有那些从小受到的是循循诱导的教育,没有听到过恶言恶语,没有亲身体验过强烈"意志"教育方式的人,才会有这种灵敏的反应。而对于习惯于皮带与敲后脑勺的少年,则无所谓,反正叫谁都行。)由于经常经受这种考验,一些少年的心会变得不敏感了,而另一些少年则还会患一种学生所特有的神经官能症。我是在我的学生升到五年级时,从瓦利娅和柳夏的身上看到了这种神经官能症的最初的征兆。(顺便提一下,女孩子们学习异常勤奋,原因就在于由于生理上的特殊性她们较早地表现出了意识与下意识对言语的敏感性。)我们这个教师集体考虑了这样一些问题:为什么要使少年经常地受到这样一种神经紧张的磨难呢?如果刚一上课,教师就在谈话中不露声色地说出,今天将由谁来回答问题,这岂不是更好吗?事实表明,这样做要好得多。少年不会心情紧张不安,对教师的提问他们已经有了心理准备。而这并不影响学生的勤奋,也不会影响他们学习的积极性。

实践证明,为了不引起少年神经系统的紧张,需要采取一些特殊的教育方式。这首先是进行户外劳动,单独一个人,没有喧哗与叫喊。每个少年在一天的紧张学习之后,在果园里劳动半小时。把精力转向体力劳动，以便缓解神经系统的紧张状态。使神经与心脏平静下来的最好办法是进行一些单调的体力劳动，这种劳动是达到研究目的的一种手段（例如，用铁锹或铲刀整理土地、施肥、浇水、剪枝等）。这种劳动是十分有益的，如同神经系统和心脏健康操。

对于神经系统与心脏来说，最好的休息是到田野里去劳动一整天，或者就像上面讲过的那样，到森林里去进行冬季劳动。那一望无际的秋天的原野、洁净透明的空气、湛蓝的天空以及在土豆或甜菜地旁做好的美味可口的饭菜，所有这一切达到了身体与精神的协调一致。在这样的劳动之后，就可以在班里开始进行那种可能引起恐慌和不安的谈话。

在集体中待的时间长了，就需要换换环境，一个人单独待一会儿，保证充分的休息以消除那种因精神交往而引起的紧张。在课堂上进行了紧张的脑力劳动之后，不宜开会。这样做，会使神经系统疲劳、衰竭，尤其是当大家在这种会议上谈到个别少年精神生活中某些细腻、十分敏感和脆弱的领域时，更是如此。如果需要集中精力（当谈话会引起骚动和惊慌不安时），我总是在体力劳动之后把大家召集起来（特别是在需要谈到一些会引起少年极大愤怒的事情时）。感情的直接流露和崇高纯洁的情感火花会通过智慧的思想变得更加高尚，要使这个年龄段的人以清醒的头脑参加谈话，谈话前不能让他受各种烦心事的干扰。

在一个周期的学习生活之后，脱离集体进行一段较长时间的休整是必要的。每个学季结束后，少年应该单独待在自己家里小住。这的确是必需的，就像他们需要集体的丰富多彩与生气勃勃的精神生活一样。我总是与家长们商量好，在家里的这段时间应该给少年找哪些能吸引他们的工作。

心理修养

令人感到奇怪和不解的是，为什么一个人在自我肯定的时候，学校没有教给他任何关于自己，其中包括关于人的知识，没有教给他关于人之所以高于一切动物的特殊知识：关于人的心理、思维和意识，关于精神生活中情感、审美、意志和创造方面的知识。人对自己实质上一无所知，这一事实常常是造成巨大不幸的根源，为此社会往往不得不付出昂贵的代价。没有心理修养，体格、精神与审美的修养是不可想象的。我努力教给少年那些基本的、最必需的专门关于人的知识以及在生活、劳动和与别人的相互关系中如何使用这些知识。心理修养的知识并不是一个简短的心理学提纲。我把这些知识称为自我认识与自我肯定的入门知识和个人精神生活的修养。在传授这些知识时，我力求使少年不仅仅懂得有关身体与精神的统一和心理的物质基础的科学唯物主义的观念。复杂的生化过程是精神的物质本体，任何脱离了肉体的灵魂是不存在的，像世上所有的生物一样，人也是要死的，要使少年相信这样一些观念并不是件难事。但这样做，就意味着把人与动物等量齐观了；所以，与此同时，还需要让少年在思想上明白，人是具有崇高理想的创造者。

十分重要的是，要用心理修养的初步知识来激励少年，使他们树立起乐观主义精神和对自己力量的信心。首先我确定了心理修养基础知识的内容。这项工作从感觉的基本概念做起。五年级学生掌握了各种感觉的概念，便兴致勃勃地观察起自己的感觉来了。我们还进行了提高视觉与听觉的专门训练。这些训练在形成感觉修养时起了巨大作用。

在参观旅游时，少年识别了树叶、草和天空颜色的各种色调。他们能够看出蓝天里由于季节、阳光照射和其他因素而形成的十多种色调。在树林里、在河岸边、在海边少年学习了区别各种不同的声音。这些训练在培养对母语的词汇及其发音的细微特点的敏感性方面起到了巨大作用。我们所有教师都相信，语言修养在很大程度上取决于声感修养。声感修养还决定着审美修养的形成。孩子们学会了区分玫瑰花颜色的四十多种色调。由于在语言中找不到适当的词，少年还想出了许多独创的富有诗意的词。

在发展嗅觉修养时，我使学生们养成了在机体上不容忍发霉气味的习惯。他们无法待在空气混浊的房间里。首先要使房间通风后他们才开始工作。

我在五年级就已经开始了培养知觉修养的工作。我利用鲜明直观的例子给他们讲授了认识周围世界的事物和现象的概念。我特别注意培养他们认识事物的协调一致的能力。我们进行了培养对空间的知觉修养的训练。我们在不同的季节，从位于高处的草原墓地上观察物体的轮廓是如何因距离的远近而发生变化的。少年们总是怀着极大的兴趣完成这样的训练。我用几句话描绘了某个物体的外部特征。少年们仔细地聆听每一个字，考虑一番之后，就打开绘画本，把自己对所听到的话的理解用图画的形式表现出来。这种训练的目的就是要发展视觉—听觉—动觉的综合的认识形式。

少年们逐渐进入了思维世界。在户外，我用鲜明的例子向他们讲授了有关思维及其过程的知识。对思维修养问题的实质的讲解具有很大意义，因为在少年这个年龄段，抽象思维占据越来越大的比重。我们的课程和练习多数是为了培养抽象能力的。我们对周围世界的事物和现象进行分析、排列、对比，进行推论练习。在观察周围世界时，少年们找到了因果关系。他们为自己的发现而惊奇：同一种现象在一种情况下是结果，而在另一种情况下却是原因。这些发现丰富了智力的感受。

在语言心理修养课上，我讲述了语言的起源与发展，语言与思维的统一，语言的表现力、感染力和形象性。我认为，一项非常重要的教育任务就是要防止学校教育中一个严重的缺点——语言修养与思维修养的脱节。多年的观察证明，少年的精神生活会因死记硬背那些不太理解或根本不理解的词句而变得空虚。使学生把语言作为现实生活的生动而鲜明的反映接受下来，在概括和抽象的概念中贯穿起明确的含义，使语言的相互联系反映出思想的相互联系，这是心理修养的最重要的特征。

自我观察在语言的心理修养教育中占有重要地位。少年学着自我检验：我对自己所说的话的意思是否清楚？我能否正确地用语言来表达我所想的事情？为此我们进行了一些练习：少年对自己的所见所闻进行口头描述，同时力求表达出一些最细微的差别（颜色与声音上的）。经验证明，这些练习对于语言修养的形成是非常有价值的。

上课时少年在叙述、讲解与谈话的过程中学习怎样进行自我观察与自我监督。讲新课之前，我先布置任务：不仅要思考含义，而且还要进行逻辑分析。（例如：区分出主要的组成部分，确立概念之间的依从关系。）

感情的生理基础、高尚的感情与卑鄙的感情、情绪以及感情冲动，所有这些概念，六年级学生已经能够理解了。我把发展高尚感情与预防卑鄙感情视为一项重要的教育任务。在给这种或者那种感情进行性质分析时，我力求向他们说明感情范畴与道德范畴的一致性，使他们相信，只有高尚的思想和高尚的行为才能产生高尚的感情。于是，孩子们就学着发展自己的高尚感情了。

意志修养的培养与少年精神生活的方方面面紧密相连。与心理修养的其他方面相比，意志行为对少年的精神生活影响更大。因为这种精神生活是自我观察与自我教育的广阔领域。在给孩子们讲述具有意志坚强的人的故事时，我教大家怎样确立目标、做出决断、战胜困难。对一些意志薄弱和优柔寡断的学生要个别地做工作；先教他们给自己提出不太难的工作任务，完成它们后再向难度较大的工作过渡。

记忆力的培养和自我培养在心理修养中占有特殊的地位。我逐渐发展与加深有关记忆力生理基础的概念。我根据少年的年龄特点使他们懂得，在脑力劳动中，他们的头脑里发生了什么变化，什么东西决定着他们努力的成果。多年的观察使我得出结论：培养记忆力的源头藏匿在有意识记与无意识记的接合点的某个地方，因为学生对所学的东西的意义思考得越深入，事实、现象的本质在他的思想中表现得越清晰，则他对这些事实和现象的记忆就越深刻。学生们掌握了对认识的研究方法。大量的事实证明，如果学生是在对日新月异的实际情况进行研究、分析中获得知识的话，那么这里进行的不仅仅是有效的识记，而且还有对记忆力的培养。这是一个需要进行专门研究的少年时代精神生活的大课题。

为了使少年很好地了解自己，我对他们谈了气质与性格、神经系统的类型与思维的类型。通过这些谈话，少年自我观察的能力明显地加强了。

少年逐渐了解了诸如才能、嗜好、兴趣、志向这类概念。精神生活这些方面的心理修养与一个人的道德修养、公民政治和社会积极性是不可割裂地联系在一起的。教育的目的在于使每一个少年在能力的培养中成为我的助手和同志。我教导少年们："无论从事什么样的工作，都要专心致志，把智慧和感情投入到工作中去。因为只有这样，才能认识自我和了解自己的使命。"

一位教师同行问我："应在什么时候、什么场合进行这些关于心理修养的谈话？因为在教学计划中没有安排进行此项工作的时间。"如果学生与教师没有共同的精神生活，就不可能进行教育。少年把我们关于少年心理修养的谈话称为"关于人的故事"。在我们长时间的精神交往中，这些故事引起了少年们极大的兴趣。在行军休息的时候，在我们"快乐的柞树林"的寂静的傍晚，在黄昏时分的教室里，当少年们为了要我给他们讲点有趣的东西而特地来到学校的时候，我都讲"关于人的故事"。世界上再没有比人本身更有意义的事物了。

今天，当人的生命活动中细腻的神经系统的作用一代比一代增强的时候，心理修养的培养就成了个性全面发展的主要因素之一。

少年的智育和教养

教师的教育观点和信念的统一

在开始教五年级之前的一年，我就着手准备根据教学科目明显地改变教学的特点。除我之外，还将有八位教师到这个班上来，这就要求班主任尤其要重视教师的教育观点和信念的统一。

我教本族语、俄语和历史，我认为这样的安排体现了一条极其重要的教学与教育相统一的原则：班主任（教导员）应尽可能地承担学生从开始学习到毕业一直要学习的科目的教学任务。

我认为我作为班主任和校长的使命就在于，要使所有的教师在有关教育和教学的一些最重大问题上具有一致的观点和信念。观点的一致是每个教师充分发挥个人的创造才能的前提条件。任何一位教师都不可能是所有的优点的完美的（从而也是抽象的）化身。每一个人都有某一方面的特长，每一个人都具有自己独特的活力，能在精神生活的某个领域内比其他人更鲜明、更充分地展示自己，表现自己；而这一领域恰恰就是教师的个性对影响少年的复杂过程所做出的个人的贡献。然而每一个教师又是一个统一的整体的一部分，这个统一的整体是智力修养、道德修养、审美修养、体质修养、心理修养、情感修养的源泉。

我们的教育观点和信念是在劳动过程中形成的，包括以下几个方面的内容。

1. 每个教师不仅是教学者，也是教育者。由于教师和少年集体在精神上的一致性，教学过程就不仅仅是传授知识，而且表现为多方面的关系。智力、道德、审美、社会—政治方面的共同志趣，把我们每个教师与少年联系在一起。课堂教学，是点燃少年的求知欲和道德信念的火炬的第一颗火星儿。

2. 我们每个教师都应该对具体的每个学生施加个人影响，使少年对某件事感兴趣，对它入迷并受到鼓舞，激发他特有的个性。我们每个人都不应该是教育智慧的抽象的体现者，而应该是活生生的人，是一个能帮助少年去认识世界和认识自己的人。少年把我们看成怎样的人，这一点是具有决定性意义的。在精神生活的丰富方面我们应该成为少年的榜样；只有在这样的条件下在道德上我们才有权进行教育。世界上没有任何人能像智慧、博学而又大度的人那样，令少年赞叹，吸引少年，有力地激发他产生成为更好的人的愿望。在我们的学生身上，天才的数学家和物理学家、语文学家和历史学家、生物学家和工程师、在田野和机床旁进行创造性劳动的能工巧匠的天赋还没有发挥出来。只有当每个少年从教师那里得到了"生命之水",这些天赋才能崭露头角,否则的话将枯竭、衰退。智慧要用智慧来培养,良心也要用良心来培养,而对祖国的忠诚,是通过积极地为祖国服务培养起来的。

我们的学生信任地把自己的命运托付给教师,我对这些教师的了解已不止一年了。他们都是些聪明的、诚实的人,他们热爱孩子,热爱科学和书籍。对知识的渴求这一股强大的力量,把我们所有的人团结成一个亲密的集体。我们每个人都感到自己是学生,每个人在智力生活的领域中都有某个方面的爱好:皮西缅娜娅精通法语和德语,自学了英语和拉丁语;利萨克设想有必要从五年级起开设代数课,并自己编写了算术习题集;菲利波夫编写了五年级物理导论课大纲,他深信学习这门课程能为儿童的智育创造有利条件,他还编写了物理课外作业大纲;斯捷潘诺娃研究了土壤中的生化过程,进行了有趣的实验;在每个班级中她都有两三名学生立志献身于农业劳动;瑟罗瓦特卡研究了当地的自然财富,绘制了几张地志图;伏罗希洛力图在实践中验证自己的信念,他坚信人的智慧就在他的手指上,劳动不仅能培养从事实际工作的技巧和习惯,还能培养求知欲旺盛的、具有创造精神的智慧;绘画与思维修养的培养相统一的思想令扎伊采夫神往;叶夫列缅科认为他的课上的主要任务是培养音乐修养,因此他制订了欣赏音乐作品的计划。

3. 我们认为,只有当教学是在集体和个人丰富的智力生活的环境中进行时,这样的智育才是名副其实的。我们认为,在少年期人的智育中出现的飞跃,出现的一个本质上崭新的阶段,不仅表现为明显地从形象思维向抽象思维过渡(过渡,这是一个相对的概念:

儿童具有抽象思维的因素，而少年保留着形象思维的因素），还表现为少年在智力生活中的自我肯定：在正确进行教育的条件下，他从精神上感觉到需要把自己的知识财富奉献给其他人，并从其他人那儿得到知识财富。上课、在课堂上获得的科学基础知识、课堂上智力劳动的修养，所有这一切对智育都具有重大意义，但所有这一切仅仅是多方面的智力生活的组成部分。在集体中应当经常搏动着渴求知识的思想的脉搏，搏动着追求科学知识的脉搏，搏动着去接触有趣的、吸引人的问题和书本的脉搏。

集体智力生活的源泉、指路的明灯、第一动力，依然是教师。是否存在智力生活这一事实本身，取决于教师知识、思想、兴趣的丰富程度和他的博学程度。教师对于童年期的孩子，是物质世界和现象的发现者，而对于少年期的孩子，教师则是观念世界的发现者。

青年的精神志向的纯洁、高尚、无私，在自我肯定时期的钻研精神和对知识的渴望，教师与学生之间关系的真诚和富于人性，这一切都取决于集体的智力生活的丰富程度。要防止在少年期和青年期出现巨大的灾难，这种灾难表现为灵魂空虚、无所用心地消磨时光、冷漠地对待长者，甚至犯罪。要防止这种灾难必须让人在少年期就体验到智力生活的丰富、美和充实。知识使人的心灵变得高尚，不仅是因为知识所包含的真理的内容（苏维埃学校的道德教育就建立在这些真理的基础之上），还因为在我们的社会中知识能提高人的价值这一事实。

4. 我们深信，世界上每一个正常的人都能够获得智力财富，都能够得到活跃的智力生活的幸福。课堂教学方法不论多么完善，都不可能保证教育是十全十美的。在课堂上学习科学基础知识越困难的人，越不可把自己的智力生活局限于基础知识。当一个人知道的东西比要求他知道的东西多得多时，他才能体验到认知的快乐。防止失败（学习落后，对知识、科学、书本、学校态度冷漠），并不是要无休止地督促和挽救成绩不好的学生，而是要把每个人引进集体的丰富的智力生活世界中去。少年生活中无数的挫折和不正常，其根源在于他产生了一个痛苦的念头，在他面前只有一个悲哀的世界：我干什么都不行，我什么也学不了，其他人能学会的而我学不会。如果在自我肯定时期揭示的是这样的真理，就会给这个人酿成悲剧。他感觉不到集体对自己的有益的影响，因为在这样的情况下不存在真正的集体。这个人会变成孤僻的、多疑的、刻薄的人，而如果常常指责他懒惰、游手好闲，他就会变得冷酷，真的变成懒汉、二流子，堕落的人。书本对他来说是苦难，而不是幸福的源泉。

少年空虚的心灵，这是莫大的不幸。

5. 我们坚信，少年期的智育和教学，与童年期是完全不一样的。我们向少年揭示的不仅仅是自然和社会及其规律性，我们还要揭示他们自己。这里指的不仅仅是心理修养，还指的是在所有各堂课上的智力劳动的性质和目的性。少年在认识世界的同时也在认识自己。少年在认识自然和社会的规律性的同时也应该确立一个信念，确信自己在进步，这不仅是因为知道了某些新东西，还因为一般说来变得更聪明了。少年从自己所学习的任何东西中都应看到思想上的斗争，在这场斗争中他应始终立场坚定，有自己的见解。

我记得开学前夕与五年级教师的一次谈话。我们设想了我们学生的未来。我们中间不见得有人能活到2000年，而学生们将在创造力旺盛的时期迎接21世纪。他们将是世界的主人，将成为工程师、农艺师、医生、教师、建筑师。但首先他们每个人应该成为热爱自己的祖国的爱国主义者，成为真正的人——一个头脑清醒、品德高尚、勇敢顽强、心灵手巧的人。在他们面前还有数十年的创造性劳动。在这期间科学将会有巨大的发展。如果把我们的学生走上工作岗位时所达到的知识水平作为一分，那么，在今后的漫长的劳动生活期间他们中的每个人都必须在自己的精神财富上再添加五六分，否则的话他们将落后于生活并将不能胜任工作。生活越来越要求不断地更新知识。没有对知识的渴求，就不可能有充实的精神生活，也不可能有劳动的、创造性的生活。因此我们必须培养对自学的自觉需求。

我们得出了一个结论：未必可能每天商量该布置多少家庭作业。我们应根据合理的劳动定额，任何时候都不要忘记集体智力生活的充实。我们每个人都要去发现少年身上的禀赋、爱好和才干。我们将在抓住少年的心灵方面展开竞赛。

世界观和信念

教学计划中没有一门课程不在某种程度上涉及世界观。某些真理和规律性，比如数学概论，似乎与科学唯物主义世界观相去甚远，但它们对科学信念的形成却起着巨大的作用，因为人在认识这些真理和规律性时，在通过实践检验其正确性时，同时在进行着自我肯定，感觉到自己身上的积极的力量。数学用真理来进行教育，因为真理是通过劳动认识的，学校多年的工作充分肯定了这一点。

人的世界观，这是个人对真理、规律性、事实、现象、规则、结论、思想的态度。科学唯物主义世界观的培养，就是教师要深入到学生的精神世界中去。教师作为一个教育者，就是从培养世界观开始的。

人在少年期总是力图更多地了解和概括一些东西。当一个人的思维上升到这样一个阶段，在这一阶段上他似乎在环顾周围世界，同时感到自己是世界的一分子，是一种积极的、创造性的力量，这时世界观的形成就开始了。我们认为，教育的任务就是要使少年在自己的智力劳动中，在教学中把自己提高到形成世界观的阶段上。不允许不假思索地死记、机械地识记，这是很重要的。死记硬背不仅是智慧的大敌，也是道德的大敌。在死记硬背时作为积极的创造力量的个性正在消失。

在五年级时开始系统地学习关于自然、社会和人的科学原理课程。我们尽量使这三个部分的教学有机地结合在一起，不仅在少年的意识中构成一幅周围世界的图景，而且帮助他们确立自己对世界，对人类的过去、现在和将来，对自己的观点。我要特别强调这三个部分的教学的有机结合的意义。没有关于人的知识，教育将是不完整的，这就是我如此重视心理修养的原因所在。

缺乏基本的、这个年龄所能接受的关于宇宙的知识，对世界的认识就不可能是全面的。从五年级起直到完成中等教育，我举办了一系列关于宇宙的讲座：地球和太阳系、银河系、世界在空间和时间上的无限性。毕业班时开设天文学基础原理课程,这些讲座到此就结束了。

我认为,由同一位教师向少年讲授有关心理修养和宇宙的基础知识,是很重要的。这种和谐一致的教育其意义就在于,在认识自然界的普遍规律性的广阔背景中进行着自我认识和自我教育。形成科学唯物主义观点,其实质就是这种和谐一致。在阐述关于自然的科学基础知识时,我们,生物教师、物理教师、化学教师、数学教师、自然地理教师,都尽量做到一点:要把对大自然的揭示作为认识世界和对个性的自我肯定的广阔天地。

恩格斯把大自然称作辩证法的试金石。这一思想中包含着深刻的教育思想的源泉。在贯彻这一思想时我们努力做到使人在认识自然、掌握辩证思维的同时,充分肯定自己的价值。

充满朝气的世界观是个人充实的精神世界的基础,没有它就不可能有集体的活跃的智力生活,不可能有学习的愿望,不可能有对知识的兴趣,也不可能有对知识、书籍、教师的爱。我们教师要在少年的意识中提高人的价值,用知识去激发他的自豪感和自尊感,这样我们才能成为教育者,因为这样做我们就能把自己的学生拉到了身边,在他们的眼睛里我们的知识不再是一份必须例行公事式地熟记的材料,而是我们慷慨地与他们分享的精神财富。

要通过认识和洞悉世界的奥秘去提高人的价值,就必须满足乌里扬诺夫在自己的书信和报告中多次提到的一个条件:教师知道的东西,必须比他给予学生的东西多十倍、二十倍。如果他在传授知识时必须拿出自己知识财富中的一小部分,他就能把关于世界的知识讲得深入浅出。少年在听关于绿叶中发生的复杂的生化过程的讲述后不仅知道了，所发生的这一切是不以人的意志和意识而转移的，还知道了人为探索自然的奥秘做了些什么。如果一个教师能感觉到，他需要讲些什么才能使学生通过投身于人类文化的世界，通过不屈不挠地追求对真理的认识，从而使对世界的认识能提高对自己的认识，这样的教师在知识的宝库中找到的正是能明显地体现人的伟大的那个鲜明的形象和思想。

斯捷潘诺娃老师在讲述绿叶是有机物的实验室、地球上生命的源泉时，她在少年的意识中塑造了季米里亚泽夫的形象。季米里亚泽夫在造福人类的高尚的劳动激情中，不仅看到了肥沃的土壤，也看到了受着饥寒煎熬的贫困的农民；不仅看到了明媚的阳光，也看到了在大气层中和太阳内部正在发生的巨大的变化过程以及无数极微小的细胞。

处于这个年龄阶段的人，热切地观察世界，力求概括无数的事实、事物、现象，在这一阶段将知识予以人化具有重要的意义。这就是教学与教育的结合。少年感觉到、体验到自己正在吸收人类的智慧，体验到想知道一切的不可遏制的冲动。大自然为他打开了发挥创造力的无边无际的天地。我们总是力图使认识过程成为获得知识的过程。在生物课、物理课、化学课、数学课、地理课上，在举行关于宇宙的讲座时，他们扮演着积极的研究者的角色，对事物和现象进行分析。教学中的研究因素，是使人得到提高的一个很重要的条件。没有智力的表现，没有紧张的思维，就不可能有个人和集体的智力生活，也不可能有精神财富的交流。在获取知识时有一个很重要的特点：人不仅仅在知道点儿什么，他还在证明点儿什么。他在肯定真理的同时也在肯定自己。

当掌握知识的过程明显地具有从具体事物向反映普遍规律的抽象真理过渡的特点时，特别有利于学生对知识采取研究的态度。在生物课、物理课、化学课、数学课上常常出现这种从具体向抽象的过渡。我们每个教师都认识到，发觉学生的天赋和启发他们对自己的这门学科的爱好的艺术，就在于把学生变成知识的积极的猎取者，事物、事实和现象的积极的研究者。

我们的学生在课堂上和在课外完成的作业，都使他们有可能似乎是在发现真理，从观察中得出结论。我们并不认为智育，尤其是科学唯物主义世界观和信念，是通过分散的各堂课的轮流教学形成的，不把重大的真理看成是由各堂课上阐述的许多小的真理积累而成的，而把科学唯物主义世界观和信念的形成看成是一个统一的、不间断的、长期的过程。我们深信，如果各堂课的教学在少年的意识中结合成一条通向认识世界的路线，而研究是形成这种结合的起点，在这样的情况下少年才会对各堂课的教学感兴趣。每个教师都为他们提供了需要他们持续地进行探索的作业。一些研究作业是观察，另一些作业要求人积极地参与到现象之中去。例如，生物学布置了下面这类作业。

1. 观察各种植物的开花和结果，试对下面的问题做出结论：果实的特性与植物的生长条件以及它的繁殖特点之间有什么依存关系。

2. 在施有机肥和矿物肥时，请观察谷类作物的生长和成熟速度。请对谷穗和谷粒数量的多少与施肥的关系做出结论。

物理教师给五年级学生布置的预习作业是：观察自然现象和劳动过程。我们把这样的观察看作是积累问题，因为在进行这样的观察时少年边观察边思考因果联系的实质，感觉到周围存在着多少问题。例如，让学生观察花岗岩在环境的影响下是如何发生变化的。他们在畜牧场、打谷场、机械车间中看到，怎样从一种机械运动转变成另一种机械运动。曾经布置过这样的作业：描述在我们的生产环境中出现的所有各种形式的从一种形式的能量向另一种形式的能量的转换。少年做了笔记，画了草图。他们观察得越多，发现不懂的然而却是有趣的东西就越多。观察笔记本上布满了问号。观察是任何东西都不能替代的思维的源泉。我们得出了这样一个结论：在智力劳动的性质方面家庭作业应不同于课堂作业。积累需要进行认识的事实，积累需要进行思索的问题——这种类型的智力劳动首先应是家庭作业的实质。

学生的年龄越大，他们的抽象思维能力越强，研究工作在他们的精神生活中起的作用就越大，而且在这样的研究工作过程中他们不仅进行认识，他们还在捍卫和证实点什么。我们认为，对个人信念的最精细的研磨就是从这样的研究工作开始的。我们仔细地观察了每个学生。令我们很不安的是，我们发现在个别男孩和女孩的精神生活中缺乏个性，他们没有自己的思想、观点和立场。这是危险的，因为这会导致无原则性，有时甚至会导致阿谀奉承。清除儿童身上的无原则性，要比清除成人思想上的无原则性容易得多。

我们努力使学习与教育结合在一起，让每个少年都去捍卫、证实科学唯物主义真理的正确性。把科学的真理体现在生动的激情中，体现在忧虑、激动和争辩中，这就是形成世界观和确立个性的基础。我们认为，教育者的教育智慧就在于使每个少年成为为科学真理的胜利而奋斗的战士，这也就是人的精神得到了升华。为科学真理的胜利而进行的精神斗争，构成了少年期教育的实质。

萨莎是一个沉默寡言的女孩，她似乎总是在控制自己不要过于坦率地陈述自己的思想。使我们不安的是这个女孩没有坚持自己的信念的热情。她的母亲病得很重。几年来她的父亲像照料幼儿那样照顾着病人……有一天萨莎听到有人说："一个人病了，谁都不需要这样的人；这就是生活的法则；为别人的福利而奉献自己的人，这只不过是书上说说而已。"这番话是一个小伙子与萨莎交谈时说的，而这个小伙子既不认识萨莎的父亲，也不认识她的母亲。萨莎反驳他："有这样的人。我的父亲就是这样的人。"在小学时我就多次考虑过如何坚定萨莎的信念，但当时她的眼界还不够宽阔，她还不能去概括周围世界的事物和现象，而且当时她的处境使这颗柔弱的心灵变得更封闭、更孤独，因为她预见到了母亲的不可避免的悲剧性的结局。现在这个女孩知道的东西更多了，她能更深入地思考现象的本质了，现在可以进而去磨炼她思想深处的个人的信念了。我们委派她担任实验员的工作，在"自然角"当生物教师斯捷潘诺娃的助手。斯捷潘诺娃很善于激发这个女孩子对实验的兴趣。萨莎为栽培植物准备好了土壤。女孩子为自己所做的事感到自豪。她用自己的工作证实了，在她所创造的环境中正在开始着与自然条件下相同的那些生化过程：正在创造有机物质。在女孩的悲哀的，似乎是恐慌的眼睛中，燃起了富有生命活力的思想的火花。女孩自豪地把她加工好的那块地指给女友们看，那块地上麦子正在抽穗。当一个人意识到他正在用自己的知识、智慧、意志影响生活时，这种认识能使人得到多大的提高啊！萨莎萌发了想知道得更多一些的愿望，她的思想深入到未知的领域中：有益的微生物是怎样创造有利于植物的生长条件的。在她的面前越来越多的知识的奥秘掀开了面纱，这些知识已超出了科学基础知识的大纲范围。她开始兴趣盎然地阅读科普书籍。在"自然角"工作的两年内这个女孩发生了很大的变化：现在她不再默默地赞同她听到的所有的一切。她确定了自己的对同志之间的道德关系的观点。往往她还与人争论，捍卫自己的信念。

积极地认识自然和劳动，对少年形成科学唯物主义世界观和信念，起着巨大的作用。研究植物界和动物界的现象，这不仅仅是培养对农业劳动的热爱、志向和使命感的手段。远非每个少年将来都要当农民、畜牧家、农艺家，然而在自然界中的工作，对每个少年来说都是必需的，之所以是必需的，首先是为了培养世界观，为了使自己得到提高，为了提高自我评价。

教学与生活的联系，并不在于将体力劳动机械地补充到智力劳动中去，而在于建立手与脑的统一。自然界（学校实验园地、温室、畜牧场）中的劳动，是一个人的自我表现的重要源泉，没有它也就谈不上什么世界观的培养。这首先是思想上的和社会生活中的自我表现，一个人是在为其他人的劳动中认识自己的创造力量的。在大自然中不断地进行着从具体向抽象的转化，因此在大自然中的劳动也是抽象思维的源泉。我们随时随地遇到的东西，例如，绿叶、植物的根、土壤、腐殖质、水，似乎是很简单的，也是很熟悉的，然而正是在这些东西中间潜藏着闪耀着智慧的世界观真理的涓涓细流；这些真理恰恰要通过劳动才能被认识，对于一个正在认识自然的人来说，它们能培养他的个人的情感、智慧、意志、品德。

我们尽量把自然界中的工作安排成细致的、琐碎的，要求进行复杂的、精细的、用脑的操作。手对智慧的培养和智慧对手的培养表现得越明显，人就能越深刻地体验具有世界观意义的真理，就更能把他所知道的东西放在心上。当思想充实着心灵，激发起情感时，具有世界观意义的信念才能变成个人的精神财富。一颗冷酷的心不可能产生崇高的情感、追求和理想。我们在向自己的学生布置研究大自然的作业时，希望具有世界观意义的真理能震惊少年的想象，要让他们感到惊奇的是这些真理的源泉原来是一些他们天天看到的普通的事物。如果一个人在少年时代没有经历过从具体的事实过渡到重大的具有世界观意义的真理，他就不可能有正确的科学唯物主义信念，他就会轻易地改变自己的观点。为了不出现精神上的和思想上的无原则性，我们很关心使学校中所做的一切在智力上是充实的、完美的。"自然角"（后来成了专用教室）、绿色实验室、温室、绿色小屋、果园、葡萄园、车间、物理和化学专用教室，首先是求知欲的熔炉。我们还建立了一个中心，在那里将生活中常常看到的最简单的东西，引向重要的具有世界观意义的真理。这就是"知识的源泉"室。

对社会的看法，对科学唯物主义世界观的形成起着重要的作用。在正确进行智育和公民教育的情况下少年会对一些具有世界观意义的问题，诸如人与社会、个人与集体、各族人民与人类、物质生产与精神文明、善与恶的斗争、正义与非正义的斗争、光荣与耻辱的斗争、历史与现实两个维度中的社会的和道德的进步、人类幸福的理想、共产主义——人类的最高目的、共产主义社会关系的形成和新人的培养，萌生强烈的兴趣。为了让少年能用脑子去思考这些思想，引起少年对这些思想的兴趣，教育者与被教育者之间的智力关系必须具有一种特殊的性质。历史教师、宪法教师、社会学教师、文学教师都要成为教育者，这就是说，他们不仅应该揭示真理，还要直接诉诸被教育者的精神世界，触及人的对社会生活事件做出反响的敏感的心弦，要使人相信自己是一个积极的创造者。

令我很不安的是，在许多学校中把学习历史和文学变成了让学生厌烦的乏味的死记硬背；教师在对抽象的学生传授一些概念。教师对学生的态度不是教育者对被教育者应有的那种生动的、热情的、直率的态度。人名和事件发生的日期像洪水一样涌入学生的脑海，掩盖了具有世界观意义的真理，剥夺了思考的权利。

我把每堂历史课和文学课首先看作是与被教育者的谈话，诉诸他们的思想和心灵。如果我不了解我的每个学生的心灵，我就无法备课。例如，我在准备讲述斯巴达克的勇士们在温泉关下的战斗时，准备讲述关于布鲁诺、苏萨宁或斯大林格勒（今伏尔加格勒）的永垂不朽的保卫者们时，如果我不能体察到这些日子以来在科利亚和萨什科、托利亚和尼娜、彼得里克和瓦利娅的心里在想些什么，我就不可能用知识去教育他们。每堂课是对少年心灵的召唤，号召他们不要做冷漠的旁观者，不要做各种事件的不偏不倚的见证人。

人是历史的创造者。历史就在你们的眼前创造着。在我们的祖国面临着生死存亡的危急关头，伊万·苏萨宁和亚历山大·马特洛索夫做了一个真正的爱国主义者应做的事。生活的幸福就在于成为生活的积极的创造者。每个人只要有这样的愿望，并能坚韧不拔，拥有创造的热情，就能成为出类拔萃的、具有独特个性的人。

不要使像历史发展具有客观性这样一种规律，诱发产生这样一种想法：一切得听其自然，在历史的汪洋大海中人只不过是无能为力的一滴水。做到这一点是很重要的。这是少年精神发展中的一个很重要的因素。

必须使学生用心灵和理智去理解这样一个真理：历史事件是有其客观规律性的，但是，人是历史的创造者，是自己命运的主人。

从关于人和社会的知识中概括出来的真理，是人类饱经磨难之后得到的真理。有一种激情已化为现实生活的美，化为为社会的公正而奋斗的战士的功勋，这样的激情少年的心灵能体验到哪怕微不足道的一点点，他们也就能听得进去我所说的话了。我尽力使每个少年明确地确定自己的立场，想到自己是人民——共产主义的建设者的儿子而感到幸福和自豪，与社会上的不公正势不两立。当在课堂上谈到斯巴达克时，我只字不提这些日子以来折磨着托利亚（他的母亲凌辱了自己的名誉，人们说：她把自己的命运不管与谁扯在一起都无所谓）的沉重的内心体验，但我在课堂上的叙述正是针对他的。我尽量用斯巴达克的高尚的思想去鼓舞这个少年，斯巴达克认为宁可为自由而战死，也不屈辱地当奴隶而生。我想着斯巴达克，同时又希望托利亚能从我的叙述的字里行间听出我对他的号召：做一个真正的人，做一个男子汉，要能够对母亲说出有力量制止她的轻率行为的话！每当谈到在与邪恶的斗争中表现出英勇无畏精神的人时，少年一次又一次地听到了这样的号召。在"自然角"劳动时托利亚也能体验到自豪感，在那里他不仅在认识世界，也在证明人是一种具有创造性的力量。我们大家共同的努力终于使这个男孩对他母亲说了一番话，这番话唤醒了她的自尊感，促使她考虑人们和她的儿子是如何看她的。

我很重视有关人和社会的问题。我反复地对少年解说，人类为了赢得自由，同不公正的社会制度进行了长达千百年的斗争。不进行这样的斗争就不可能有个人的幸福。在社会主义社会中情况就完全不一样了。在社会主义社会中，人和社会是和谐的统一的力量。我希望少年能用与祖国的发展、荣誉、强盛休戚相关的公民的眼光去看自己祖国的生活。

用公民的眼光看世界，这是决定教学与教育能否统一的一个问题。在研究我们的祖国的过去与现在的所有各堂课上，我都力图在学生的心中激发这样一种情感：祖国，这是亲爱的家园；祖国的幸福，也是我个人的幸福，她的苦难和痛苦也是我的痛苦。在我们祖国的历史上有无数光辉的、英雄的篇章，使我们的人民成为伟大的人民。我在他们的心中激发起对所有光辉的、英雄的篇章的自豪感，在年轻的公民的意识中确立了这样一个思想：他们是先辈荣誉的继承者。但在祖国的历史上也有黑暗的、沉痛的篇章。我力求让这些篇章在少年的心中激起痛苦的情感。

借助艺术手段去认识世界，在智育中占有特殊地位。在文学课上，对周围世界的现象的体验和情感感知，与思维结成了强大的同盟。文学就是人学，同时又是自我认识、自我教育、自我肯定的最细腻的手段之一。如果人的求知的目光不看自己，如果人不从道德、审美理想的角度对自己做出评价，那么文学也就不再是一种教育力量了。

这种评价不应表现为对自己的行为自怨自艾、"暴露灵魂"或巧言辩解，而应表现为对人身上美好的东西的体验，对一切贬低人格的东西的深恶痛绝。在文学课上研究人的内心世界时，需要有很高的教育修养和教育机智。说那些"普遍真理"，不仅会使文化珍品庸俗化，而且也贬低了人格。文学教学在培养世界观方面的意义在于，它在使人的精神得到升华的同时帮助人肯定自己身上的道德美，并将其提高到我称之为赞美道德美的那个层次上。为了成为真正的人，少年应该尊重自己，没有自重就谈不上人的修养，也就不可能对一切贬低人格的东西深恶痛绝。

如果没有心灵的参与，个人信念的形成一般来说是不可能的，那么，在文学课上一颗冷漠的、无动于衷的心，这就是还在沉睡的智慧。思想在表面掠过，因为真理没有通过心灵，心灵没有把这样的信息传送给大脑：想一想，这关系到你个人！不能根据学生对教师提出的问题的回答来判断学生的观点和信念。（如果能通过背诵真理来形成世界观，教育就变成一件很容易的事情了。）更不能根据在文学课上的回答得出有关学生世界观情况的结论。学习文学完全不是为了让一个人在中学毕业几年后再去重复他过去背诵过的东西，对于这一个重要的真理我须臾不敢忘却。生活时刻为人安排着考试，人用自己的行为、自己的活动通过考试。形成人的内心世界，即形成人的道德、修养和美，是学习文学的最终目的。当我看到一个少年很激动，艺术形象使他受到了震撼，当他在听文学作品时也在考虑自己的命运，这对于我来说，比他能正确回答问题无比重要得多。也许，在某种程度上这是一种夸张，但下面这一思想让我不得安宁已有30年了：在读完文艺作品之后向学生提出问题，就像在听完音乐作品之后要求学生说出所听过的内容一样，是不合时宜的。

通过教育学生有了较高的情感修养，于是在学习文艺作品的过程中，一些具有世界观意义的真理就变成了学生个人的财富。广阔的情感范围应与广阔的道德范围相适应。我尽量让少年在艺术语言的影响下去体验丰富的情感——从对祖国、自由、和平、社会主义的敌人的无情的仇恨，到对人的心灵深处的活动的温情细腻的体察、热诚的敏感、含蓄的同情。我评价学生的世界观不只是根据他如何叙述"流动的草地"和"卡捷琳娜"，而主要是根据儿子和女儿是怎样对待母亲和父亲的，孙儿女是怎样对待祖父母的，男孩是怎样对待女孩的。生活，不仅是衡量知识的真理性的最好的标准，也是衡量信念的坚定性、思想与感情的一致性的最好的标准。

语言修养对智育起着重大的作用。我绝不是要得出这样的直截了当的结论，说什么丰富的辞藻表明有丰富的精神世界，对语言有很好的美感就表明有很高的道德修养。只有当语言修养与道德情感、道德关系、道德行为的修养处于和谐的一致之中时，语言修养才能影响世界观的形成。但是语言本身并不能影响智慧的形成和发展：如果我们说人是有天赋才能的生物，那是指积极认识和积极参与社会生活的能力；而如果没有高度发展的语言修养，这样的能力是不可能有的。

　　语言越来越成为丰富人们之间的关系的修养的必要手段。没有对词汇的极其细微的差别的敏感性，那么，对经常影响人的心灵的一些微妙的手段的敏感性也就无从谈起，而正是这些手段对世界观起着磨炼的作用。如果我们的学生对语言缺乏敏感性，他们就不可能听到我们对他们的智慧和心灵发出的暗示。对词汇的细微差别的敏感性，这就是眼睛和耳朵，没有了眼睛和耳朵就不可能看到和听到世界，也不可能理解其他人的心灵。可能许多教师都遇到过这样的少年，他们无动于衷地听您说话，您在他们的眼睛中看不到思想，您感到震惊，感到莫名其妙："这算是什么样的人？这个少年是否听到了我说的话？他是否感觉到在我的话中所包含的我的一番心意？"这是个可悲的现象，它促使我们去思考教育的本质。要知道我们是用语言，仅仅是用语言去进行教育。所有其他的一切——练习、习惯、劳动，都要依靠语言。对语言的情感—智力的敏感性，这是教育研究方面的一块处女地。我将在"情感教育和审美教育"部分中谈这个问题。

我们如何指导课堂上的智力劳动

　　关于课堂上的智力劳动的修养问题，在我们教师中展开了热烈的辩论。我们明确了少年和教师在智力劳动方面的相互关系，搞清了少年期的注意、兴趣、知识的运用、智力劳动的特点和知识的巩固等问题。生活向我们提出了这样一些问题：智力劳动的共同性及个人爱好和能力的发展、课堂教学与少年的范围广阔的智力生活的相互关系、理智和手的灵巧的和谐。我们确信，不可以脱离教师的一般修养和博学程度以及他的智力劳动的修养去研究少年的智力劳动。少年的劳动修养，这是教师修养的一面镜子。

教师在课堂上不仅应关注所教的科目，还要关注学生，关注他们的知觉、思维、注意和智力劳动的积极性。教师的注意力越少集中于自己的关于教材的思考上，学生的智力劳动的效果就越大。如果教师一头扎进自己的思维中，学生就很难接受所教的东西，甚至听不懂教师在说些什么。这是因为少年的智力劳动具有自己的特点：抽象化已逐渐成为其思维的主要特点，他注意接收新信息，同时又紧张地去理解和加工已经接收的信息。这就对新信息的质量提出了很高的要求：新的信息应该是明确的、清楚的，不应破坏对知识进行思考和予以系统化所必需的智力劳动。

为了让少年能注意听讲，我们努力使思想条理清晰。这对思维操作较慢的少年是很重要的。现在我明白了，在小学能较轻松地克服学习上的困难的学生，为什么到了五、六年级时学习成绩会急剧下降，这是因为他们不适应思维的这一个与过去的阶段在本质上不同的新阶段。如果一个教师的课讲得条理很清楚，而少年对另一个教师讲的课却一点儿也不能理解，就会使这种状况更恶化。

所以，为了能自如地运用教材，为了能在课堂上从大量的事实中筛选出最重要的东西，教师知道的必须比他在课堂上讲的多十倍、二十倍。如果我知道的比我传授给学生的多十倍，我在课堂上表达的思想和语言是在学生不知不觉中产生的，教师的"创造的痛苦"

没有打扰学生，学生就能一点儿也不紧张地接受教材，而我注意的中心不再是自己的讲述，而是少年的思维：我从他们的眼神中看出他们是否懂得了；如果有必要的话，我再补充一些事实。教学的技艺不在于事先确定好课堂上的一切细节，而在于巧妙地、不为学生察觉地根据具体情况做出修改。一个好的教师，尽管不知道他的课将如何发展的一切详情细节，但他善于在课堂上依照思维的逻辑和规律性的提示采用最必需的方法。这种方法对少年的教育具有重大意义。少年正在向复杂的思维过程过渡（从接收信息瞬间转变为加工信息），这要求教师予以高度的重视，并灵活地采用教学方法。学校工作中是不允许公式化的，公式化对学生是有害的。

对抽象思维的需求，必然要求从具体事物过渡到抽象的概括，这是少年本能的需求。我们不仅是传授科学基础知识的教师，而且还是思想的培育者。我们越接近科学，就越容易地观察到少年是如何思维的。为了满足少年对抽象思维的精神需求，我们不惜引用大量事实，而很少进行概括。在教师的讲述中不要把所有的东西都予以证明，唯有这样的讲述对少年来说才是有趣的；我们陈述了一些事实，要求少年对它们进行分析和概括。如果少年能从事实向概括的过渡中感觉到脉搏和思想的跳动，这种过渡就是思维最活跃的、最充满情感的时期。在备课时我们都要考虑，如何把少年引导到思维的这一独特的高度，如何帮助他成为善于思考和发现真理的人。

在数学课上教师要求学生记下与计算三角形面积有关的数据。未知的东西还很多，但已勾画出了理论概括的轮廓。教师不要操之过急，要让学生有机会独立地去发现。教师让学生有可能去独立地分析新的事实，少年也就明白了可以用什么方法去计算三角形的面积。他们正是在确立了具体事实和概括之间的思维联系时，体验到进行发现的快乐。这能提高少年的自我认识。他的思想立即从概括集中到具体的事实上：很想把知识运用到实践中去（解题）。

考虑到少年思维的这些特点，我们尽量在教材内容中找到供思维和概括用的养料。在历史课上在谈到一个个具体的国家时，我逐步地把少年引向关于国家的一般概念。少年一旦通过自己的努力理解了这个概念后，他似乎就想脱离具体的事件去进行评判。当少年对国家的产生和发展有了相当多的知识储备时，他们对研究在不自由的劳动占统治地位的条件下国家衰败和迅速崩溃的原因，产生浓厚的兴趣。少年要求从思想上掌握大量的事实，满足少年的这一需求是多么重要啊！如果体验不到作为一个善于思考的人的自豪感，智力劳动就会变得沉重和单调。相反，如果体验到了这种情感，少年就会以新的活力去着手对新的事实的研究。

为了满足少年对抽象思维的需求，我们很注意推理能力的训练。少年对这样的课很感兴趣，掌握知识的过程吸引了每个人，在这些真理的探索者的身上激发起了细腻的智力情感。

自然、历史、物理、生物、数学课上的推导练习，引起了大家特别浓厚的兴趣。斯捷潘诺娃老师在讲述了几种有代表性的植物或动物的新种类后，要求学生想一想，是什么把它们联结成统一的整体，在刚学过的种类与以前学过的种类之间有什么相同性和相异性。我们分析了这类课上的智力劳动，确信在少年头脑中完成的思维过程的性质本身，要求把简单地描述事物、事实、现象与研究它们的实质有机地结合起来。我们逐渐形成了一个信念：需要识记和保持在记忆中的东西越多，就越需要进行概括性的研究，需要摆脱具体事物进行思维和推理。概括性研究似乎能消除疲劳。我们不止一次地发现：在整天紧张的智力劳动期间，如果知觉仍然是一味单调地、机械地"堆积负荷"，就会出现少年很难再接受教材的时刻。

有时候会出现这样的情况：教师讲得很清楚、明白，但少年什么也没掌握；向他提问题，他似乎没在课堂上似的。在这种情况下让少年集中注意力、萌发兴趣是很困难的。我们还遇到过这样一种现象：学习的科目越容易（例如，根据思维过程的复杂程度，植物学要比数学容易），学生对这种机械的"负荷的堆积"的态度就越冷淡。

我们考虑了数以千计的教师在自己的工作中所遇到的困难，我们开始猜测出现下面这样的可悲现象的原因：许多在童年时代学习很好的学生，到了少年时代，根据教师的评语成了愚笨的、能力差的、没有热情的；学习对他们来说成了痛苦的劳役。产生这种不幸的原因在于，正是在智慧需要沉思、思索、研究的时期，少年却不去思考，而教师的全部聪明才智都用来设法使自己的课讲得尽可能地明白易懂，使少年能更轻松地掌握。结果却适得其反：按教师的设想本该能减轻智力劳动的东西，实际上却使智力劳动变得更困难，好像在麻痹少年的智慧，压抑他们的求知欲。

我们考虑过，掌握知识意味着什么。显然，掌握知识就是要使少年对事物和事实、现象和事件在一定程度上理解成某种自己的东西。如果少年感觉到知识是他付出的智力劳动的果实，他就能获得知识，同时又能运用知识。我对教师们讲了彼得里克是怎样领会"副动词短语"的概念的。不管我怎么对他讲副动词与谓语动词的相互关系，彼得里克就是搞不明白它们之间的关系。他模仿范例造了一个句子："回家时我的头疼了起来。"为了让这个男孩自己去发现真理，我利用了这个例句。我启发他："想一想，哪两个动作可以同时完成，其中的一个是主要的，另一个是补充的。"彼得里克最终懂得了词语之间的意义联系的微妙。

我们得到了一个结论：对思维慢的少年必须特别耐心。不可以责备他脑子迟钝，也不可以让他的记忆负担过重，因为这都是无济于事的；如果不去进行研究和思索，就会变成一个健忘的人，一个什么也记不住的人。记忆的衰退恰恰发生在少年期，出现这一现象的原因就在于，恰恰在要求人尽可能多地去思考的时期却不去思考。必须引导理解能力差的、不灵敏的学生自己去发现真理，直至茅塞顿开。这样的茅塞顿开不仅对理解具体材料是必要的，它也是智力发展的一个独特的阶段。发现所带来的快乐，面对通过自己的努力获得的真理而产生的诧异，能使一个人增强自信心，使他体验到自豪和自尊。

数学课为全面开展智育提供了最广泛的可能性。在独立完成数学作业的过程中进行着细致的、烦琐的教育工作，这种工作可以称作少年自我肯定的指南。在五年级的学业开始之前，我对教师们说了我通过数学课和数学课外活动在智育方面取得了哪些成果。孩子们学会了一般的解题——不进行数的运算。他们理解了习题，把它看作是统一的整体，看到了习题中各个条件之间的相互联系和相互的依从关系。我专门安排了几节课研究习题中的条件。孩子说出自己的思路：例如，第一个数和第二个数相加之和乘以2，从所得的积中减去第三个数，就得到所要求的数。在孩子还没有学会一般的解题时，就不要去想怎么顺利地进行数学教学。我开始逐渐引进数字的字母符号，对习题的推理就变得更有趣了。由数字公式转到了字母公式。在四年级的学年中间，班级中一个理解能力最差的、思维迟钝的女孩瓦利娅的智力劳动中出现了茅塞顿开的现象。我开始发现在单独思考习题时在这个女孩的眼中迸发出求知欲的火花。瓦利娅已能完全独立地分析数字之间的关系并能用一般的方法解题了。这是自我肯定过程中的最重要的环节之一。在这个女孩的身上出现这样的状况是不容易的。过去长期的消极性抑制了她的智慧积极性的发挥。某些内在的原因压抑了她的思维。我相信，在不久的将来这个女孩的思维发展过程会加快。

我的这一信心已被证实了。数学教师继续着从低年级开始的教育工作：智力劳动的基本形式是独立解答习题。教师为每个学生选择习题。他不催促学生，也不追逐解题的数量，使每个学生都能够集中思想，深入地思考自己的习题。一个学生在一堂课内能解答三道题，第二个学生只能勉勉强强地解答一道题，而第三个学生连一道题也没做完。瓦利娅常常是在最后的几个学生中间，但她偶尔也能胜任工作。到了六年级，这时她有十二三岁了，偶尔的成功被经常性的胜利取代了：在习题集中已没有她不能解答的习题了。我们研究了这个女孩的作业，确信了她的思维具有深刻的个人特点。瓦利娅对相互依赖关系的本质的思考似乎是分阶段进行的：起初她在思想上抓住总的轮廓，把注意力集中在这个轮廓上面，然后转到细节上面。我们逐渐布置瓦利娅做一些最难的习题，她也能顺利地解答。到第六学年末这个女孩已成为班上数学好的学生之一。教师对她在智力劳动中表现出的迟钝性加以爱护。我们很高兴地看到，她在数学方面取得的成功增强了她的自信心，巩固了她的思维的独立性。现在在学习包括语法在内的其他学科时，她不像以前那样感到吃力了。

我们在指导智力劳动时还考虑到了少年思维的一个特点：学生对具体事物和概括的关系越清楚、越明白，他的主观感受就越深刻。他认为："我正在研究真理、发现真理，真理成了我的精神财富。"正因为如此，我们把课堂教学安排成让少年从具体的、直观的客体中看到上升到理论的规律性、相互的依存关系、规则和法则。几何图形和机械模型，动物、植物和器官模型——做所有这些模型并把它们带到课堂上来，不只是为了演示早已知晓的真理，还是为了把具体的事物变成进行推理、研究的对象。这对于像彼得里克、尼娜、斯拉瓦这样的思维迟钝的学生来说尤其必要。

我们努力把数学思维的特点迁移到所有的课上。少年时期抽象概念的加速形成，由于它能强化大脑的思维能力，所以不仅是智力发展的重要前提条件，而且是生理发展的重要前提条件。如果不通过抽象概念的形成去发展少年的大脑，这个少年的智力发展就似乎停顿了：他不能理解进行概括的现实基础，他笨嘴拙舌，想象力贫乏，他的双手进行不了复杂的、动作精确的劳动运动。如果一个人在童年时期能胜任智力劳动并能从中找到乐趣，而到了少年期学习似乎成了一种莫大的痛苦，我明白了出现这样可悲的结局是因为没有用抽象思维发展他的大脑。在少年期儿童的智能似乎逐渐衰退，变得迟钝，这种状况是十分令人忧虑的。

在明白了忽视思维修养潜伏着巨大的危险之后，我决心把可以用"数学思维"概念予以概括的思维特点，贯穿到所有各堂课的智力劳动中。任何一个概念、判断、推理和定律，都不应该不加理解地去死记。在童年期不理解的识记会带来危害，而在少年期它会带来可怕的危险，因为生理过程的迅猛发展正是在少年期完成的，娇弱的思维物质对抽象思维的影响，任何时候都不像在少年期那样可塑性强，那样敏感。如果学生在少年期没有遇到智力劳动的明智的导师，他任何时候都不会学会真正地思维。

根据这些结论我们尽力做到，在少年的智力劳动中，对概念的思考始终占有相当大的比重。根据少年的眼神我们发现他脑子里正在发生着什么。我们努力使学生掌握概念，把概念作为思维的最初的材料，把概念变成进行积极的认识、获得新的知识的工具和手段。

兴趣和注意问题在我们的教育工作中占有重要地位。

多年的观察使我们得出这样一个结论：如果少年的"情感区"长期处于兴奋状态，兴趣就会消失，随之而来的是疲劳和冷漠。教师的话似乎进不到他们的意识中，少年只是听到了这些词语的语音的外壳，而不能理解它们之间的相互关系。如果教师的讲课中充斥了过多的新材料，教师竭力想用新奇的事实、现象和事件让学生感到震惊，就会出现这种状况。所有这些鲜明的、不同凡响的、似乎是很吸引人的东西，作为刺激兴趣的手段，当教师使用不当时就会走向反面，产生适得其反的效果。

必须十分谨慎地对待大脑"情感区"的兴奋。

我们首先是用具体的和抽象的东西的一定的相互关系去刺激"情感区"。在普通的、毫不显眼的事物中隐藏着具有重大世界观意义的真理，惊奇感正是由这样的事物引起的。少年感兴趣的不是什么专门的、辅助的东西，而是材料的本质。在已激发了少年的兴趣后我们就没有必要经常地去刺激"情感区"。

要善于使少年不断地去思维，引导他们一步步地去进行认识，这是教育修养的一个很重要的特点。课堂上出现"响亮的安静"，即少年专心地听您讲的每一句话，您可以逐渐放低声音，不必用专门的讲课的声调对学生说话（顺便说一句，专门的讲课的声调使学生很快就感到疲劳），而是用人与人之间通常交谈所用的语调，这就标志着激发兴趣的目的已经达到了。

经验证明，教师过分地用吸引人的、鲜明的、形象化的东西去使少年过分兴奋（引起喧闹、骚动），为了压倒噪声教师就不得不提高嗓门，而这会使学生更兴奋。用紧张的高音调说出的话，使大脑半球的大脑皮层处于某种麻痹状态；少年什么也听不进去，教师不得不高声喊叫，而且还要时不时地敲桌子。一堂课上"充的电"可能使几堂课都不能正常进行。如果这样的课一堂接着一堂，少年就会处于极其兴奋的状态，于是甚至可能会对教师粗暴无礼，心情忧郁地、怒气冲冲地、脑袋疼痛地回到家里。这就谈不上正常的智力劳动了。刺激兴趣方法的简单化，缺乏做这种细致工作的教育修养，是使少年变成"难教的人"的重要原因之一。

激发兴趣的修养越来越引起我们的重视。我们举办了课堂心理学讲座,讨论了个别学生的教育心理特点,报告观察结果,力图弄明白最重要的东西:少年在思考的时候他脑子里正在发生着什么。我们感兴趣的是已知的和未知的相互关系的问题。实践使我们相信,只有当课堂上的材料包含着一定"比例"的已知的和未知的东西时,才能激发起建立在思维的本质的基础上的稳定的兴趣。如果教师一味地讲新材料,少年就不能把教师的讲述与自己的思维联系起来;于是,教师努力维护的那条思路中断了,一种困惑感,一种一筹莫展的感觉控制了学生。揭示未知的东西与新知识的内在的、深刻的联系,这就是激发兴趣的秘诀之一。我们希望学生从教师那里得到思维的砖瓦,用这些砖瓦砌成新的大厦,知道该把砖往哪里砌,能看到整座大厦,用思想去理解它,时不时地站远一点,以便看到他与教师共同建造起来的这座建筑物的完整的全貌。体验亲身参与掌握知识的情感,是激发少年对知识的特殊兴趣的很重要的条件。当人不仅在认识世界,也在认识自己的时候,就会形成这种兴趣。没有自我肯定,就不可能有对知识的真正的兴趣。

我们不让少年去"体验"已很熟悉的东西,这是为了不使少年产生冷漠和轻视态度。因为他们希望觉得自己是个思想家,而不是一台机械地复制知识的机器。如果您确信,所有的学生都已经很好地知道了某个问题,就既不要提问这个问题,也不必用其他方式去重复这个问题。顺便说一句,检查家庭作业常常让人感到乏味,这恰恰就是因为在机械地重复已多次重复的东西。

现在我们着手研究知识的应用问题。这是少年智育中的一个十分重要的问题。

少年已经掌握的东西,应该成为他去建立新的联系的内部刺激因素和动力。建立新的联系要求经常应用知识。有的人认为,知识的应用就是时不时地完成一些具有实际性质的任务(测量、计算点什么,等等)。应用知识应该是智力劳动的一种方式,是传授新材料的根本目的。我们力求在讲课时以研究问题的态度去对待事实和现象:让少年通过思考在自己意识的深处找到理解新知识的工具。

在对少年叙述历史事件、讲解语言规律性的本质时,我有的时候把一切讲解得周到详尽,而有的时候留下一些未加证实的东西,这些正是学生可以利用以前获得的知识予以解释的问题。结果是,无论是在理解快、思维敏捷的少年身上,还是在思维迟钝的少年身上,这种方法都使他们的思维积极性蓬勃高涨。他们的眼睛中闪烁着快乐的火花,所有的人都想回答在教师的讲述中没有阐明的问题。在我的面前似乎展示了一幅十分清晰的画面,反映出少年头脑中正在发生着什么:他不仅从我的手中拿走了建造大厦用的砖瓦,并考虑该把这些砖瓦往哪里放,他还在仔细地审视,这是些什么样的砖瓦,它们是不是建造坚固的大厦所必需的建筑材料。

我们努力这样来组织少年的智力活动:要使理解和掌握知识的过程与知识的应用紧密地融合在一起,使一些知识成为掌握另一些知识的工具。兴趣和注意的培养以及知识的牢固程度最终都取决于我们的这种做法。我们在课堂上安排一段时间让学生对事实、相互关系、现象、事件进行深入的独立思考。这就是在实践中称作巩固的实质。巩固不应归结为教师一讲完课马上把学生叫起来回答问题。

在这种情况下回答问题的是最有才能的学生,而中等的和思维迟钝的学生则需要进一步研究和思考事实。能力强的学生也需要对事实做进一步研究和思考,如果他们长期学习得很轻松,他们的智能就会退步。在进行这样的工作时,我们没有把识记作为首要目的。如果引导智能进行积极的思考,这恰恰是在完成无意识记。如果长期把所有的力量都用在死记硬背上,学生的智能就会衰退。

我们不允许死记硬背,而是帮助少年掌握合理的识记方法,教他们对听到的和读到的东西进行逻辑分析。在许多课上在开始讲课之前,我们向少年提出一个目的——思考教材的逻辑组成部分,不要记住所有的东西,而只记住主要的东西。学生对这项工作的兴趣很大,因为这项工作符合他们想成为思想家的追求。少年逐渐过渡到去完成最复杂的任务:一边听,一边记录教材的主要的逻辑部分及各部分的顺序。

手和理智

恩格斯赞颂了人手的完善,它"仿佛凭着魔力似的产生了拉斐尔的绘画、托尔瓦德森的雕刻以及帕格尼尼的音乐"。运用自如的手是意识的伟大的培养者和理智的创造者。对手在培养智力方面的作用,尤其在童年和少年早期生理过程蓬勃发展时期的作用,遗憾的是研究得很少。直到最近还把让学生参加劳动解释成是克服学校过分偏重智育倾向的需要,这一事实令我吃惊。手不活动似乎有导致智力过多的危险,这样的论调是多么的荒诞不经!

在现实中是不存在这种情况的，也不可能出现这种情况。闲着不干活儿，与只是为了不让人闲着而让他不动脑子地干体力活一样，都会给少年的智力发展带来极大的危害。我在十年内观察了140名学生（8—16岁）的智力发展，发现了这样的情况：每年都有几个月孩子们要完成不需要任何技能的单调的、令人厌倦的体力工作。他们的双手与其说是进行创造的工具，不如说是表现体力的器官。在强烈的生理发展过程期间少年不得不去完成特别令人厌倦的、单调的、时间拖得很长的体力工作。在他们求学的学校里，脑力工作很有限而且单一，不培养智力兴趣和需求，更令人担忧的是，这些学生的双手在童年期和少年期没干过任何复杂的、细致的、需要耐心的智力工作。这在这所学校的智力面貌上打上了烙印：16—18岁的小伙子和姑娘，当不得不操作最简单的机械时，他们显得是那样无能和胆怯。这所学校的学生没有一个能够通过高等学校的入学考试。这是普遍的智力贫乏的可悲的结果，在此普遍的智力贫乏的背景下劳动修养的水平低下尤为突出。大脑中有最积极的、最有创造力的特殊的部位，如果把抽象思维的过程与手的精巧的、灵巧的工作结合起来，就能激活大脑的这一部位。

我们让孩子们的手从一年级就开始做一些精确的、有目的的动作。在手工劳动课上，孩子们分成小组学习剪纸或者用小刀雕刻精巧的图案。在这项工作中占有主要地位的是培养美感和和谐感（对称、比例）。手似乎在指挥大脑遵守纪律：手似乎在培养自我控制的能力和思维对精确、细致和美的敏感性。谁学会了用刀，谁就能写得很漂亮，就能敏感地发现微小的不整洁，就不能容忍马马虎虎地完成作业。这种敏感性又迁移到思维上。手在教思维变得精确、有条不紊、清晰。

少年工作时我们尽量让他们使用要求手和手指做出复杂的动作的精细的工具。用手工工具对塑料、木材和软金属进行精细的加工，对培养少年的智慧起着重要的作用。学生在个人工作时逐渐习惯自己的工具，能感觉得到它。劳动课教师沃罗希洛在教学生掌握手工工具时完成了一个重要的智育使命。我们一直忧心忡忡地期待着，我们的脑子迟钝的学生的双手什么时候才能灵巧起来？到了六年级，彼得里克干的活儿不再是马马虎虎的、粗糙的，而是漂亮的、细巧的。我们很高兴，因为这是他在思维积极化的路途上迈出的一大步。后来彼得里克消灭了3分（有时连4分也没有了），但是如果不做这些烦琐的教育工作，就不可能取得这样的成绩。

少年逐步转做设计工作。校办工厂中有一套装配各种简图和模型用的木质的和塑料的零件，还有供拆装实物模型和机械用的零件。少年分析各种零件之间的关系，在脑子中画出一张简图或形成一个模型，然后把这些零件集中起来，进行装配。在这项工作中特别明显地表现出脑、手的结合。在这里信息是通过两条渠道不间断地对流，一条渠道是从手到大脑，另一条渠道是从大脑到手。手在思考，恰恰在这一时刻大脑的最具创造力的部位被激活了。这项工作中占第一位的是理解相互关系和相互作用。思维从整体过渡到局部，从一般过渡到具体：手积极参与了这一过渡。我们深信，在这项工作中必须具有的观察能力和计算能力，是与数学能力的发展直接相联系的。瓦利娅比任何一个男孩都快地学会了分析实物模型零件复杂的对比关系和相互关系，而这也反映在她的思维的觉醒中。

对青年工人班上的学生是如何学习的，我观察了几年。许多学生没时间完成家庭作业，很少来上课，但他们比日校的学生更深入地掌握数学、物理、化学方面的知识。为什么会这样？激发智能的强大刺激因素是手的灵巧的工作。在夜校班中，数学学得好的人，都是有教养的有才智的机务人员，民间称他们为自学成才者。考虑到这种来自生活的智慧，我们努力不仅在劳动课上，而且还通过其他活动方式让手来激发智慧。

"知识的源泉"

我们把一间不大的房间称作"知识的源泉"。在这里揭示许多事物和现象的本质，而占主导地位的是手的智能活动、主动精神和创造性。这间屋子是少年们的。我们设法让所有的少年，尤其是学习困难的少年都来通过"知识的源泉"。我们所有的教师都是"知识的源泉"室的辅导员，都为手、脑的结合想出一些新点子。

在那里陈列的一些模型，反映了五年级学生在学习物理学以前已思考了很久的现象。这里还有簸谷机的实物模型。从机器上卸下了一些部件，这些部件就放在一旁，现在机器不能工作了。为什么不能工作？每个部件各自都起着什么样的作用？如果用另一个构造不同的部件取代这一个部件，就还能簸另外一种谷物。为什么会这样？这里是给畜牧场供水用的装置的模型。为了使这个模型能运转，必须懂得各个组成部分的相互作用，而要弄懂它，就必须思考。

物理教师展出了几件具有特殊奥秘的机械模型：这些模型的个别部件制作得不对，于是模型就不能准确地工作或者根本就不能工作。模型上贴了一张字条："为什么这个模型运转得不对？"这张字条促使孩子们去探索，去研究。这就打开了抽象思维的源泉：从本质上说，所有引起注意的东西都要求分析其相互关系。

化学方面要求少年用心观察一些物质的特性，思考一下为什么这些物质会在不同的条件下起变化（在化合反应中，在温度变化的条件下）。这一切同样也是对相互关系的研究。

这里展出的许多物质和现象，少年在课上还没有学过，对此我们并不担心。我们正是要努力激发他们的求知欲，使渴求知识的智慧自己去寻找对使之激动的问题的答案。让少年在完成课上的必需的智力工作的同时还要完成课外的非必需的智力工作。这间屋子里还有许多书籍（参考书、手册），从这些书中可以了解他们感兴趣的东西。

系统化占据着重要的地位。系统化是思维之母。生物、化学、历史、文学教师都布置本门学科的作业：少年在考虑事物的特性时把它们归入某一类、某一族、某个历史时期、某种风格。在纸夹中夹着数十种杂乱地放在一起的植物的干叶片。给他们的作业是：把这些叶子分门别类登记。我们高兴地看到少年是如何专心致志地研究每一片叶子的。在这种情况下书本是他们的第一个助手。他们取来了各种土壤、肥料的样品和不同种类的树木，予以分门别类。历史课方面提供了一些图片，这些图片上画着劳动工具、日常生活用品、武器、什物、衣服。要求学生确定这些东西属于哪个时代。文学方面提供一些文学作品的片段,但不告诉作者的姓名,要求学生根据作品的风格确定这个片段的作者。

我们还布置了一些更复杂的作业。例如,根据简图设计能活动的模型。

我们的目的并不是要把"知识的源泉"室中的作业,变成现在课上正在学习的东西的例证。我们的目的是根本不同的。我们希望少年去思考课上尚未学习过的东西。下面我简要地谈谈这些目的。

智力教育的两个大纲

少年的智力生活、他们广泛而又多方面的兴趣、他们在积极的活动中对自我肯定的追求,所有这一切都会导致这样一个结果:如果在学校中除上课之外没有其他任何活动,这是满足不了他们的需要的。不管课上得多么有趣,不管教师为了把课上得尽善尽美而多么努力地工作,如果少年的智力需求被课堂教学所局限,少年仍然会对课堂教学表现出冷漠的态度。而对于似乎是在与课堂教学无关的情况下偶然地、顺便地获得的知识,少年却十分重视,十分珍惜;人总是特别看重通过自己的努力获得的东西。

多年的经验使我确信:少年在课外,在与课堂教学无关的情况下(这种无关当然是相对的:求知的火花是在课上点燃的,能否在少年的心中点燃求知的火花取决于教师的修养),与课堂教学无关的东西读得越多,知道得越多,一般说来他将对知识、对智力劳动、对教师、对课堂教学和对自己就越尊重。考虑到了这一规律性,我们认为课堂教学有两个教育任务：一是传授一定的知识；二是激发求知欲，鼓励少年超出课的范围，去阅读、去研究、去思考。要求一堂课成为好的课，这首先是为了使少年的智力生活中不仅仅只有课堂教学。如果做到了这一点，课堂就成了少年精神生活的理想的发源地，教师就成了这个发源地的开拓者和保护者，书本则成了无价的文化宝库。

这些认识是对少年进行智力教育的教育智谋的基础。如果您希望少年的精神生活是充实的、有价值的，希望少年不白白地浪费时间，不去寻求某种不道德的强烈的刺激，那么，请您把这些无形的线从课堂引到课外兴趣、需求和爱好上去。

我们每个教师在备课时都要考虑，在哪一个点上点燃少年求知欲的火花，如何把火种传送进少年的心中。这项教育任务的完成取决于少年是否能深刻地体验到自己是真理的研究者和发现者。这种感觉越深刻，少年想知道的东西就越多。从另一方面说，企图用课外工作来改善课堂教学，企图在课外去激发少年对课堂教学的兴趣，这是徒劳的。

每个教师在传授大纲规定的一定范围的知识时，他同时也在揭开第二大纲，即非必修知识的大纲。非必修知识，这是指超出学校大纲范围的所有的知识。它们取决于科学的发展、学生的知识视野、物质条件和少年周围的环境及其个人的倾向性、兴趣、天赋。天赋尤其重要：对同一门学科第二大纲的范围（教学的智力背景），一个学生宽一些，另一个学生窄一些。知识范围的扩大取决于学生，然而，第一推动力、点燃求知欲火苗的第一颗火星儿，这是教师的修养、教师的知识视野和博学程度。

我们的教师集体坚信，必修的和非必修的大纲的统一，对少年的智育起着决定性的作用。这种统一的性质是由每个学生的个别特点决定的。通过对思维迟缓学生的智力活动的观察，我们确信为了理解和记忆必修的材料，他们必须阅读一定量的大纲之外的科普作品；阅读科普作品不是为了识记，而是为了让读过的东西通过意识在思维物质中留下痕迹，促使大脑去理解和记忆必修的知识。

有一年由我去教物理课。在教学"液体和气体压力"这一节时，我让那些在掌握教材方面感到很困难的学生阅读有趣的科普小册子。阅读似乎成了一种推动力，激发了他们的智力。这些孩子很快就理解了因果关系，无意识记的作用得到了强化。我深信，抽象思维的能力主要不是头脑中所保留的知识"负荷"，而是取决于经过深入考虑并理解了的东西。记忆的发展，一般说来取决于对理解那些有趣的、希望知道的但又不必熟记的东西，是否付出了紧张的智力劳动。

掌握第二大纲，其实质就是少年在智力上的自我肯定，是集体的多方面的精神生活，是精神财富的经常交流。

掌握第二大纲的重要途径，就是独立阅读。

"思想室"

艺术作品的强大教育力量，在于把审美思想、道德思想、政治思想艺术地融合在一起。我知道人在一生中能阅读的书籍不超过两千册，而其中相当一部分（不少于一半）是在学生时代读的，因此我对少年时代必须阅读的书籍做了极其严格的挑选。于是建立了"少年期金色图书室"。这里全是一些专门以少年为对象的最有趣的书籍。现在图书室里已有360本书。在这里没有必要一一列出书名。最主要的是配备图书室图书的原则以及这些书在少年精神生活中所处的地位。

我们为"少年期金色图书室"精选了世界优秀文学作品。我们认为，如果经典作家的作品没在每个少年的心灵中留下深深的印迹，就不能认为少年期的精神生活是充实的。有这样一些书，学校里如果没有这样的书是不可想象的。"少年期金色图书室"中的每一种书都有好几本（10—15本），而塞万提斯、莎士比亚、歌德、席勒、马克·吐温、杰克·伦敦、雨果、普希金、果戈理、托尔斯泰、屠格涅夫、契诃夫、科罗连科、陀思妥耶夫斯基、高尔基、舍甫琴科、列夏·乌克拉因卡、弗兰科的作品，每种必须有好几十本。我们做到了使书作为最重要的智力的和审美的需求进入少年的精神生活中。我们的追求是让少年感到必须反反复复地阅读图书，就像一个有音乐修养的人那样需要反复地欣赏音乐。"少年期金色图书室"成了配备家庭图书室的样板。

少年期是树立理想的时期；很重要的是要使一些人的形象进入每个少年的智慧和心灵中，那些人的生活应该成为他们的榜样。所以在"少年期金色图书室"中有描述无产阶级领袖马克思、恩格斯、列宁及他们的战友和继承人以及天才的文化和科学活动家的生活和斗争的书籍，有描写十月革命、国内战争和伟大的卫国战争时期的英雄的书籍。

　　学生应该记住、背出的东西越多,他就必须更多地阅读那些不一定要记住的东西,而需要的只是了解并体验到认识的快乐。在以识记为目的的最紧张的工作期间,我们为"少年期金色图书室"充实了一些书,在这些书中重大的科学问题饱含着鲜明的形象和激情,阅读这些书籍能使少年的心灵受到鼓舞。人民的过去和现在,关于宇宙、为争取幸福的未来而展开的斗争的规律性,所有这一切在"少年期金色图书室"中都得到了反映。这里有一些书观点鲜明地揭示道德思想——对人民的忠诚、时刻准备着为了人民的幸福而献身、对信念的忠诚、经受考验的坚定性。"少年期金色图书室"对我们来说是个人生活的起点,在那里进行着形成年轻的心灵的细致入微的过程:少年接触到了人类饱经苦难而创造的、获得的、赢得的那些最珍贵的、最神圣的东西,从而他自己也逐步成为一种积极的教育力量,因为道德价值已成为他个人的财富。我们为"少年期金色图书室"配备了关于自然现象、各族人民生活、习俗和文化的书籍,有的书架上还放着供集体表情朗读用的书籍。

　　真正的阅读,是能吸引智慧和心灵的阅读,它能激励人去思考世界和自己,促使少年去认识自己并考虑自己的将来。没有这样的阅读,人就会受到精神空虚的威胁。任何东西都替代不了书籍。为什么一个少年在做完功课或放学后,常常想出去玩?为什么少年不想与人类的好朋友——充满智慧的书籍单独在一起度过几个小时?为什么少年不能像产生与其他人待在一起的愿望那样自然地产生自己一个人待一会儿的愿望?为什么少年很少会读书读得入迷,为时间不够用，不能读更多的充满智慧的书籍而感到遗憾？

必须教会少年阅读，教会他通过阅读去认识自己，教会他用书来教育自己，生活在书的海洋中。

"少年期金色图书室"位于"思想室"中。我们称它为"思想室"，是要强调书籍的伟大的精神力量。

"思想室"是在集体阅读了我的一个故事后设立的。我的这个故事讲的是一个俄罗斯士兵，他在拿破仑入侵时期被法国人俘虏了。当敌人在他的左臂上烙上了字母"N"时，对敌人满怀蔑视和仇恨的他，抓起斧子，砍断了"被玷污了的"手臂。这个故事深深地打动了少年们。我建议每个教师：如果您想在少年的心灵中激发起崇高的爱国主义情感，就给他们读字里行间渗透着这样一些伟大思想的书：人最宝贵的是祖国；你首先是个公民，是自己祖国的儿子，祖国的荣誉，就是你个人的荣誉。

第二天我给少年们讲了有关谢尔盖·拉佐的一本书的内容。谢尔盖·拉佐是国内战争时期的一位英雄，被白卫军烧死在机车炉膛里。我给他们看了我写了数十年的读书笔记。我竭力在少年的想象中建立起有关文明人的最高的幸福图景，这就是与书本交朋友的幸福、智力的和审美的享受的幸福。

少年喜爱听表情朗读。对作品的感知，与听众数量的多少和朗读时间有关。听众不应超过一个班级的人数。他们应该有共同的精神需要。在铺满了积雪的花园中间的一间舒适而又明亮的房间、苍茫的暮色、一片盛开着鲜花的树木和草地、树叶的窃窃私语、美丽的晚霞，所有这一切能增强审美的敏感性，突出词汇的美感。

起初"思想室"吸引的少年并不多。他们来挑选一些书籍阅读。"思想室"中的阅读是静悄悄的。令我十分高兴的是少年在阅读时他的眼睛中迸发出的内心的火花,这种火花反映出思想和情感正在起作用。

……费佳在读一本关于宇宙的书。能成功地使他对这本书产生了兴趣,这有多好啊!我为费佳操了不少的心。以前怎么也激发不起他的求知欲。他刚一取得小小的成绩就觉得已到达了顶峰。一种盲目的自信心不知是从哪里潜入他的心灵中的。书本打开了他的视野,而且向他阐明了这样一个真理:他甚至还没读懂那本伟大的认识世界的书的第一行。

如果充满智慧的书籍成了少年的朋友,那么他读得越多,他就越深信:要想知道更多的东西,就必须多多地学习。

我是多么希望所有的少年都熟悉反映杰出人物的生活的书籍。我的一个书柜放了好几十本描述人的勇气和精神的坚定性的书,书中的主人公认为宁可死也不能放弃正义、真理和自己的信念,他们是康帕内拉和亚历山大·乌里扬诺夫、尤利乌斯·伏契克和谢尔盖·拉佐、穆萨·贾利勒和卡尔贝舍夫将军、亚努什·科尔恰克和尼科斯·别洛扬尼斯。描写这些人物的书,是少年自我教育的百科全书。只要在少年的面前没有燃起被对崇高理想的忠诚所点燃的明灯,这盏明灯是许多代人的指路明星,他们就不会真正地看到自己。没有理想就没有个人的精神基础。我们竭力使这种理想成为少年的精神财富,成为他们自己的思想,使他们在对自己、对自己的生活的思索中成长起来。

渗透着道德—政治理想的知识，首先是历史知识。正是历史知识反映在个人的精神世界中，构成信念的基础。但只有当人把渗透着道德—政治理想的理论材料与自己联系起来时，历史知识才能成为信念的基础。在思考亚历山大·乌里扬诺夫的勇敢精神时，少年应该想一想自己。

这里有一条需要细心琢磨的心理学规律：那些不必记住的东西，不必专门进行"剖析"的东西，正在与你发生联系，以极大的力量影响个人的精神生活。这条规律正反映了少年期的特点，少年的思想正在逐步把周围世界与他本人划分开来。历史和其他人文学科的必修知识要求具有特别广泛的智力背景的原因就在于此。

我尽量使每个少年都有一本他心爱的书，他阅读并反复阅读这本书，他思考这本书不是因为必须记住读过的内容以便对教师复述，而是因为他为自己的命运而激动。我坚信，少年的自我教育是从读书开始的，这种自我教育就是他要用最高尚的标准——英勇的、忠于崇高理想的人的生活，来衡量自己。如果在少年的精神生活中只有课堂教学，听课和读书的目的仅仅是为了识记，那么就不可能有自我衡量和自我认识。识记时的心理定势会把道德—政治思想降到次要地位。正如一个正在解剖人体的医生那样，他忘记了人的伟大，虽然他的劳动最终能肯定这种伟大；少年也是这样，他正在以识记为目的对理论材料进行着逻辑分析，这就在某种程度上脱离了关于道德—政治思想的思考。在那些在智力劳动中遇到一定困难的少年身上，思想丰富的材料没能在他们的心灵中留下痕迹，这是因为他们的全部精神力量都用到"剖析"上去了。

无论在教室、田野和树林中还是在旅行中，我都对少年讲述杰出人物的生活。我很高兴，"思想室"逐渐成为丰富的精神生活的发源地，我看到男孩和女孩们都在反复阅读着同一本书。他们都在动手做笔记。瞧，我们的一位哲学家和思想家尤尔科（他对什么都表示怀疑，对什么都要刨根究底），已经把亚历山大·乌里扬诺夫在法庭上的讲话读了五遍。瓦利娅抄下了谢尔盖·拉佐关于信念的慷慨激昂的言辞。米沙把描写卓娅·科斯莫杰米扬斯卡娅的大无畏的和坚忍精神的书反复读了好几遍。我看到少年的思想已不只是局限于书本上，他在思考自己。对于我来说这样的时刻是很宝贵的。在一个人的面前生活的道路刚刚展开，这时就让他用英雄的眼睛，用勇敢者的眼睛去看自己，用英雄主义的尺度去衡量自己，要做到这一点是多么不容易啊！与自己交谈，对着自己的良心诉说，这就是真正的自我教育。谁在人类的道德财富中找到了自己的榜样，谁希望从道德财富中为自己的心灵获取最宝贵的东西，这个人就登上了思想生活的这一高级阶段。

贯穿在社会科学、文学、艺术中的道德—政治思想，这就是对信念的忠诚、对劳动人民的理想的忠贞不渝、意志的力量、在困难面前的不屈不挠。这样的思想不可能通过一堂课或一系列课来"掌握"。体验和理解需要经过长期的思索。只有当人体验到这一思想的崇高的人道美、道德美时，他才会认真地考虑自己。阅读，即与充满智慧的书的个人交往，能帮助揭示这样的美。

我认为，只有当每个青年都找到了能在自己的心灵中终生留下深深的痕迹的书时，才算达到了教育的目的。我耐心地期待着少年与他的书本的相遇。如果您能为少年揭示出人的真正的美，这样的相遇是一定会来到的。

我给孩子们讲述了关于索菲娅·佩罗夫斯卡娅的一本很有趣的书的内容。我要求他们读一读这本书。我来到"思想室"，我很有兴趣想知道第一个打开这本书的人是谁。我很高兴地看到这个人是季娜。这个女孩13岁了。最近她变得若有所思，存有戒心。这本书的最初几页就把这个女孩吸引住了。连续几天季娜手不释卷，她甚至忘记了她积极参加的艺术语言小组的活动。不必去提醒女孩她忘记了小组活动这件事，不应该去破坏激动着她的心灵的思想和情感的激流。不可以去问她："关于这本书你有些什么想法？它在你的身上激发了什么思想和情感？"让她自己去理解和体验这些思想，让她去心潮澎湃吧。过了一个星期、两个星期，这个女孩又去重新读这本书并开始写笔记。在这样的日子里不可以向她推荐其他书籍，不可以派她参加任何的座谈会，因为她的思想和情感正在经历着紧张的内心活动，她正在认识世界和自己。

座谈和激烈的辩论是必要的，因为青年追求思想上的交锋，他们在寻找真理。少先队组织有关勇敢精神的辩论，季娜请求发言。她与大家交流了自己的思考：一个普通的、平凡的人，能否在身后在这个世界上留下点痕迹？这个思想像一道闪电那样，用许多精神上的需求和兴趣照亮了每个少年的心。如何回答这个问题，决定着一个人的道德面貌、他的思想倾向和精神财富。

"关于索菲娅·佩罗夫斯卡娅的书使我相信，"季娜说，"人不是一小颗尘粒，它卷在生活的旋风中，随之永远地消失得无影无踪。

每个人，如果他热爱祖国，愿意成为真正的爱国主义者，他就有可能在身后留下深深的痕迹。"已经过去了许多年，不久前季娜回到学校里来。年轻的妇女很幸福，她有一个很好的家庭。她来与我商量如何教育她的子女。我们回忆起了"思想室"，季娜说："那本关于索菲娅·佩罗夫斯卡娅的书永远留在我的心上。"我很想让孩子们也找到自己的书。"思想室"，这是十分必要的火种；任何时候都不要让它熄灭。

沃洛佳找自己的书找了很长时间。他是一个很复杂的少年：他一年比一年更明显地显露出自己的智能，同时也暴露出在道德发展方面的一些不良现象。父母对他的过分照顾使他看不到自己，这个少年还没考虑过自己的未来。必须设法使沃洛佳能遇到一本能促使他用新的眼光去审视自己的生活和劳动的书。最终沃洛佳遇到了自己的书，这是一本关于西伯利亚的联合收割机手普罗科菲·涅克托夫的书。普罗科菲·涅克托夫是一个命运坎坷的人，战争夺走了他的双脚，但他有着巨大的意志力，强迫自己用假肢走路，后来他成了联合收割机的驾驶员。普罗科菲·涅克托夫被授予了社会主义劳动英雄的崇高称号。我从许多报刊上剪下了有关他的报道，汇编成册。在那段时间里沃洛佳付出了巨大的努力去克服自己的懒惰。他总是不能以劳动来开始自己的一天。我与他的父母谈过，但把希望寄托在少年本人身上：应设法使这个人看到自己，开始与自己的坏习惯做斗争。终于有了沟通，这不仅是与书本沟通，也是与人沟通。我并不认为沃洛佳会马上大变样，也不自我安慰。大变样是不可能的。但令我高兴的是，这个少年在读到这本小册子时他最初体验到的情感是赞叹。

"他的功绩，与密列谢耶夫①的功勋不相上下。"沃洛佳对我说，他体验到了要与别人交流情感的愿望。

我回答说："每个人都有自己的心、自己的灵魂、自己通向建功立业的道路。"

"每当我读到这本小册子的时候，我总要想一想自己。似乎普罗科菲在责备我：'难道可以把今天该做的事推到明天吗？'真正的人的勇敢精神为我们敞开了自己的心灵，我们也想成为真正的人。"

沃洛佳的这番话是发自肺腑的，在他的眼睛中闪烁着火花。我告诉他我在编关于普罗科菲·涅克托夫的这本小册子时自己怎样地受到了教育。我立即发现沃洛佳是如何全神贯注地听我的叙述。我期待着将发生些什么。沃洛佳把这本关于涅克托夫的小册子读了好几遍。精神空虚的表情逐渐从这个男孩的眼神中消失了。

当然，在对沃洛佳的教育中起决定性作用的不只有一本书。用一种方式进行教育，这就好像是企图在一个琴键上弹奏出贝多芬的《英雄交响曲》。和谐才能起教育作用。但是如果没有少年十分珍爱的、成为他的个人财富的书，也就不可能取得和谐。关于英雄的联合收割机手的小册子，后来还有一本关于尼古拉·奥斯特洛夫斯基的书，都进入了沃洛佳的精神生活中。在他中学毕业后又过了几年，他对我说："当我读那本小册子的时候，我感到很羞愧。起初吸引我

---

① 密列谢耶夫，是波列伏依的小说《真正的人》中的主人公，人们赞誉他是"无脚飞将军"。——译者注

的仅仅是他的功绩，但后来产生了一个想法：我算是个怎样的人？要求我们两个星期写一篇作文，我却老是拖拉，直到交作文的前一天才动手写。好像普罗科菲·涅克托夫就站在我的面前对我说：'你是个懒汉。'我很生自己的气：难道我是这样一个意志薄弱的人吗？在我意识深处的一个什么地方响起了一个声音：'不可能所有的人都能像英雄的联合收割机手一样。'我很想好好听听这个声音，但我又感到很可耻。我是如此的自惭形秽，于是常常有这样的情况，只要哪个老师看着我的眼睛，我就觉得他好像看透了我是个懒惰的、冷漠的人，这个人只敢小声说：'不是所有的人都能成为英雄的。'……在人们面前我感到好像所有的人都把我看穿了。我想成为真正的人。老师布置了写作文。我一回到家当天就写。第二天清早我就起床，对作文进行了补充、修改，重抄了一遍。我很希望大家把我看成是一个比我现在好的人。我拟了一份文艺作品的清单并下了决心，一定要在三个月内读完这些书。这是在我读了尼古拉·奥斯特洛夫斯基的书之后……"

这是一个经历过生活锻炼的22岁的年轻人说的话。这席话使我有理由确信，书在自我教育中起着巨大的作用。

在"思想室"的有些书架上放着关于世界各国和各民族、关于我国和国外各民族的历史以及各民族的语言的书。我们花了很大的力量去挑选关于杰出的学者和发明家的生活和创造的书籍。

我们为"思想室"挑选书的根据是：人的认识能力是巨大的。当时我们已经有了科学的数据说明人的大脑半球皮层的神经元超过140亿个。过了几年我们知道了学者们又有了新的发现：仅在一个小脑中就有一千亿个以上的思维物质细胞。在童年期、少年期、青年早期，人可以掌握的知识就其容量而言，比他以后掌握的要多十倍。对掌握一定量的知识的可接受性概念是一个相对的概念，一切都取决于智力劳动的修养，首先取决于两部分知识的对比关系：一部分知识是必须背诵、识记并牢牢记住的，另一部分知识是只需要思考的。掌握知识的容量还取决于智力劳动的情感色彩：如果人在与书本的精神交往中感到愉快，那么他并不打算熟记的大量的事实、事物、真理、规律性，就会进入他的意识中。

与书本交往的愉悦所引起的精神振奋状态，是一种强大的推动力，借助于这种力量能托起沉重的知识。在这种状态下智力劳动的巨大源泉似乎被打开了，强大的能量喷涌而出，这个源泉就是无意注意和无意识记。精神上的振奋和灵感越强烈，进入意识中的知识就越多。在学年中有一段时间根据所学教材的性质需要加强有意注意，我们的学生就在"思想室"中花许多时间阅读自己喜爱的图书。我们特别关注使图书成为思维迟缓的学生的精神需求。

通向知识的道路对于彼得里克来说是不轻松的。在六、七年级时当学习比较复杂的概括和定律时他就遇到了困难，只有书本能帮助他克服困难。为此我们专门为他挑选了一些数学、物理学和化学方面的书籍。在这些书中包含着非常有表现力的、充满情感的因素：抽象的真理是以人的创造性劳动为背景而予以揭示的，这些人在强烈的求知欲的激励下表现出高尚的精神。对这个少年来说书不再是储存知识的仓库，而是体验的源泉。有时候我们建议彼得里克放下教科书，去读一读这本书。阅读为他补充了新的认识能力。

我们认为，如果少年对科学书籍不感兴趣，如果"思想室"中没有他心爱的书籍，那么就找不到通向少年心灵的道路。少年在"思想室"中读了几本书并体验到了认识的快乐之后，他就也会在家里阅读。一个人在少年期和青年早期读什么样的书，书在他心目中占什么样的地位，决定着这个人的精神财富、意识和对生活目的的体验。年轻人对自己的义务的观点、情感和态度的培养也取决于此。生活在书的世界中，这不仅仅是好好地学习，认真地完成作业。一个人可以以不坏的成绩，甚至以优秀的成绩从学校毕业，可是他却完全不知道什么是智力生活的世界，感受不到与书交往产生的高尚的快乐感。生活在书的世界中，这就是进入文化的最细腻的领域，体验懂得精神财富的真正价值的人的伟大。

只要自学在少年的生活中没有占必要的比重，那么关于把教学变成教育性教学的一切争论和思考，都将是空洞无物的。没有自学，没有付出紧张的智力和意志力去认识和自我认识，教养和教学就不可能成为教育性的。没有与书本的经常性的精神交往，现代人的生活就是不可思议的，人对推崇自我的值得自豪的追求，鼓舞着人与书本进行交往。

我深信，青少年中出现的越来越让社会不安的不健康的现象，如酗酒、流氓行为、无聊地消磨时光，其最重要的原因就在于学生从学校毕业后他们的智力生活空虚、贫乏、局限，这些弊端是在学生时代空虚而贫乏的智力兴趣的土壤上发展起来的。现代人的生活时刻都要接触到人的最细腻、最敏感的领域，要求经常地、细致入微地培育这些领域，而这种培育需要采用十分细腻的手段，要利用充满智慧的书籍、音乐和艺术。如果在人的一生中不能持续地对理智和情感进行这样精细的培育,那么,对酗酒、流氓行为和违法行为的任何斗争手段都是无济于事的。但学校后的教育,主要是自我教育,如果一个人在学生时代就热爱读书,学会根据书去认识周围世界和认识自己,只有在这样的条件下才有可能进行自我教育。如果在学生时代没有打下自我教育的基础,如果一个人从学校毕业后或者完全不读书,或者只局限于读一些侦探小说,这个人的内心世界就会变得粗鲁,他在寻找强烈的刺激,并在失去了一切人性的地方寻找这种刺激。如果一个年轻的工人每天不阅读两三小时的充满智慧的书籍,我就不认为他的精神生活是充实的。

我向少年的教育者提个建议:要在学校的作息表中划出整段的时间来让学生从事人的最美好的活动——与书本打交道。让书本像一首心爱的旋律那样,像优美的舞蹈那样让他着迷。如果少年始终把书本当作新鲜的、还未得到解释的奇迹,如果年轻人渴望独自去思索这个奇迹的秘密,如果在少男少女中有许多迷恋书本的"怪人",把书本看作高于其他任何东西的"怪人",那么,用任何似乎是强有力的手段都无法解决的问题都将迎刃而解……

自 学

我们认为自学这个概念包括以下内涵:① 充实个人藏书;② 在家里单独进行的智力劳动。

没有对书本的爱好,人就不可能接受现代世界的文明,他的智力和情感也不可能得到完善。到了共产主义社会对书本的个人所有制可能达到高度的发展：人将把个人占有的图书看作是自己的一个组成部分。

我的学生们在童年时代就已开始收集自己的藏书。一本好书成了孩子们的最珍贵的节日礼物、生日礼物。到了小学毕业时我的每个学生的个人藏书都已不少于150本，而有些孩子已有了400—500本书。有的孩子家里没有书，家庭的精神生活贫乏而又单调，还有些孩子在学习上遇到了很大的困难。为了让这样的孩子也有个人的藏书，我们操了很多的心。科利亚和彼得里克的家长根本没想到自己孩子的个人藏书问题。在小学学习期间学校（少先队组织、家长委员会、校长）赠给了这两个男孩许多书。

我们把让每个人在书的世界中都有自己的生活看作是自己的目的。学校里成立了景仰图书者协会，这个协会把儿童与成年人结合在一起。少年们成立了一个合作社，从事图书的传播。"思想室"成了培养对知识的爱的场所。每年每个班级都举行图书节。我们把所有这一切看作是使少年在图书世界中生活的手段。

我们根本就不认为在少年期就应最终确定爱好和志向。这是精神生活中的一个处于不断发展中的善变的领域。但在少年期人应该深入到人类知识的某一个领域中，这只有在多方面的智力兴趣的基础上才有可能做到这一点。

我们深信，不进行独立阅读就不可能自觉地选择生活的道路。为了使一个人对某件事的兴趣不是短暂的，不是由于心血来潮，就要让他在少年时代多读、多想、多探索，要让智力生活与创造的、劳动的志趣紧密地结合起来。自学恰好就是把在课上掌握知识与在家中独立阅读书籍的智力活动结合在一起，在独立的智力活动中反映出爱好、能力和志向形成的长期过程。

如果把家里的学习活动仅仅归结为准备功课，那就谈不上什么多方面的智力兴趣，谈不上对书本和知识的热爱。我们的少年的家庭作业，其中大部分是独立阅读自己选择的材料，小部分是阅读教科书。我们做到了使五至七年级学生能在一个半小时内，八至十年级学生能在两个半小时内完成家庭作业。能做到这一点是因为我们不把智力劳动简单地归结为完成家庭作业。而且，阅读非必读的材料和准备功课，是精神生活中具有同等意义的两个组成部分。

与在小学时一样，家庭作业主要是在早晨，在上学前完成（所有的学生都在上午上课）。如果在童年时没有养成牢固的习惯和自律精神，那么，这个从心理学观点看是合理的劳动制度是不可能实施的。童年期所取得的一切在少年期得到了巩固。我们每个教师都促使学生进行意志的锻炼，对他们说："你们要强迫自己在早晨完成家庭作业，你们要相信，这样做能减轻你们的智力劳动，能给你们更多的自由支配的时间，用来进行阅读、兴趣小组的活动和自学。在你们的精神生活中阅读和兴趣小组的活动越多，你们就越容易掌握课上必学的知识。"

下午（午饭和休息后）学生也从事智力劳动，但这是一种独特的劳动：在"思想室"和家中读书，语言练习（作文）。于是，在下午智力用于每个人感兴趣的事情上。

怎样才能做到使少年在早晨完成家庭作业？要知道他们在早晨

还要从事体力活动。为了在早晨完成作业，就必须做到早起和早睡。

我们赋予形成和发展对自学的需求以重大的意义。经验证明，只有在兴趣和爱好的基础上才能产生这样的需求。著名的苏联心理学家鲁宾斯坦说过，只有通过内因外因才能对个性产生影响。对此我还要补充一点：人的行为中任何外界的刺激因素都表现出深刻的个性特点。从爱好兴趣小组的活动到爱好书本，从爱好书本到爱好自己的科学知识领域，从爱好知识到爱好创造性劳动，这就是培养和自我培养对自学的需求的途径。

我们逐步而又坚决地做到使每个少年都找到了自己喜爱的学科，但不是所有的少年都能同时做到这一点的。一些人在六年级时就迸发出了智力灵感的火花，而另一些人则要到八年级。每个人爱上某一门学科都要经历自己的道路，但在这方面起决定性作用的始终是书本世界中的生活与创造性劳动的结合。通向心爱的学科的道路，是从课堂到课外阅读科学书籍，从教室到"思想室"，从引起兴趣的第一本书到建立有关心爱的学科的小小的个人图书室。每个教师把激发学生对自己所教学科的兴趣看作是创造性竞赛。我们深信，对某门学科产生兴趣的第一朵火花，表现为这个人知道的东西比大纲要求的多，并且他还力求知道更多的。再重复一遍：如果少年的智力生活局限于教科书，如果少年认为背熟了功课，目的就算达到了，那么他就不会有自己心爱的学科。

为了满足孩子们的求知欲，我们当教师的就不得不表现出发明的才能。在暑假旅行期间我们为"思想室"以及为自己的学生的个人藏书找到了有趣的图书。孩子们迫不及待地期待着我们回家。我们带回来的图书成了激发求知欲的一朵朵火花。

我们根本没有奢望过什么智力灵感能最终决定每个学生的生活道路。然而我们把心爱的学科看作智力生活的基础。

合理地限制少年期智力兴趣的范围，非但不会限制少年的发展，反而能导致和谐的全面发展。我们认为这样的限制是自我认识、自我教育和自我肯定的重要动因。

在少年和青年的智力发展中，科学学科的兴趣小组起着很大的作用。教师在指导其中的一个小组时，就在实施我们前面谈到的第二教学大纲。没有这样的大纲的学校是不可思议的。参加科学学科兴趣小组的是高年级学生，少年从六、七年级，也有的从五年级开始参加这样的小组活动。我们所有的学生都是这些小组的参加者。这是智力生活的发源地，于是在学校中就出现了对书的崇拜和自学的气氛。

任何一个少年都不应感到自己在智力发展上是不幸的，是命中注定要落后于人的。少年的许多悲剧的根源就在于此，一个人感到自己是不合格的，他就不可能成为幸福的人，而不幸福就会酿成孤僻、戒备、对人不信任，以后发展到最可怕的境地就是不相信人，残酷。一想到在许多学校中课桌后面坐着一些神情忧郁的、存有戒心的或对一切都不感兴趣的2分生时，我就不能不感到心痛。这反映了我们，尊敬的教师同事们的教育修养水平低。绝不允许一个人走出学校时不仅没学完学业，而且对知识态度冷淡。不培养学生去热爱知识、教育、科学、书本的学校，就不是真正的学校。

精神财富的交流

自学，这不是机械地补充知识，也不是把自己封闭起来脱离其他的人，而是生动的人与人之间的相互关系。在一种细腻的关系中一个人向其他人展示自己巨大的精神财富，没有这样的关系，学校的智力生活是不可思议的。这种关系的实质就是知识和技能的交流。一个人在把自己的知识传授给其他人时，他也在认识另一个人和他自己。这时的智力情感与道德情感交织在一起；一个人体验到在自己的身上产生了对其他人的义务感。这样的情感复杂地交织在一起，是防止智力上的利己主义的保证，智力上的利己主义就是一个人只满足于自己知道，而别人如何他漠不关心。

精神财富的交流是从课堂上开始的。少年在准备向全班宣读自己写的摘要、叙述读过的书的内容时，他体验到奉献出自己的精神力量的快乐。我们有些课的目的首先就是交流精神财富，在这些课上宣读根据观察材料写的作文，总结实验和观察的报告，我们天才的数学家通报一些有趣的习题。集体把这一切评价为是对独立的智力劳动的总结。对其他同学的责任感促使少年去阅读，去思考。

万尼亚、莉达和萨什科在五年级时就学会了为用显微镜观察准备标本。他们愉快地把自己的技能传授给同学们。万尼亚教同班同学和低年级的学生如何把果树嫁接到野生树上。科利亚、谢廖扎、拉里莎、尤尔科、季娜、瓦利娅为上课画了挂图。在低年级时就吸引了所有孩子们的诗歌创作，到了少年期仍在进行。我们举行了几次诗歌创作晨会，在晨会上孩子们朗诵了诗。

当加利娅六年级学习时我建议她去领导二年级和三年级学生的数学小组。这个女孩收集了一些有趣的习题,为小组活动画了图画。她对自己的要求变得严格了。在她的个人藏书中出现了数学史方面的新书。她领导课外小组的活动直到毕业。这项工作对这个女孩的智力发展,对她的公民观产生了深刻的影响。

帕夫洛、济娜、谢廖扎、费佳也成了数学小组的领导者。我们有些担心领导数学小组对科斯佳来说可能是一件不太轻松的工作,所以没把这项任务委派给他。这个少年自己请求派他去领导小组活动。柳达和万尼亚成了生物老师的真正的助手。

小组组员们进行了物候观察,保护小鸟和树木。万尼亚的小组开辟了一个葡萄园。拉里莎、塔尼娅、尼娜、卡佳、柳芭分别领导着艺术语言小组、小故事员小组、小艺术家小组。精神财富的交流,在各个人文学科兴趣小组中具有创作的性质。

当瓦利娅还在五年级的时候她就领导了一个一年级的小故事员兴趣小组。冬天天气好的时候孩子们就跟着瓦利娅去树林、池塘边、花园,去我们的山洞("幻想角"),瓦利娅对童年时留下的鲜明形象还记忆犹新。每次去大自然的新的旅行都使她想起了这些形象,并赋予了它们新的情感色彩。她对世界童话般的认识感染了小孩子们。小男孩和小女孩们也编起了关于小鸟和动物的童话故事,树木和高山、河流和老橡树的树墩,在他们的想象中栩栩如生。

我和瓦利娅以及她的小故事员一起,到树林、田野、"幻想角"去了好几次。听着孩子们编的故事,我想起了五年前的事,那时候她与现在她指导的那些孩子们一样。我深思起了12岁女孩与7岁孩子们之间形成的关系，我坚信，只有当大孩子与小孩子之间在智力上建立起了相互联系，即大孩子的思想在小孩子中间引起生动的反响，大孩子教小孩子看世界和理解世界，这时学生集体中才有可能出现真正的主动精神。当大孩子和小孩子有了共同的精神需求时，才有可能建立智力上的相互关系。少年愿意把自己的生活经验、知识、技能传授给孩子们，并从中体验到自我肯定。传授精神财富时所表现出的精神—心理关系越细腻，在大孩子身上所激发起的自尊感就越深刻，他产生自尊感是因为他成了年幼者的朋友和指导者。

与小孩子之间的精神—心理关系的细腻性，对尼娜、瓦利娅、彼得里克和斯拉瓦具有特别重要的意义。他们正在给小孩子什么好的、必需的东西的想法，使这几个男女孩子受到了鼓舞，使自己得到了提高。

从学校毕业几年后瓦利娅对我说："我和小孩子们的友谊起初表现为去树林中游玩，去黄昏树林的童话王国旅行。在那里孩子们听我讲故事，他们也编自己的故事。与小孩子们在一起我感到自己变得更勇敢了，我的思想也变得更明朗了，也能找到该说的话了。我开始给孩子们布置一些训练灵敏性的任务。成立了数学家小组。决定了一星期集中一次，但我瞒着老师一星期召集他们三次。我兴致勃勃地、愉快地、自豪地到孩子们那里去。孩子们求知的、信任的目光在我的身上激起了新的力量。我不能够马马虎虎地准备功课。我想成为最好的，有个其他什么人似乎潜入了我的身上，这个其他什么人严格地对我做出评价……"

塔尼娅、柳夏、卡佳分别和二年级和三年级的学生交上了朋友，开始教孩子们读和写法语单词。这样的兴趣小组现在还存在。许多孩子读完四年级时已经会用法语阅读了。

莉达、萨尼娅和斯拉瓦建立了少年旅行家小组。他们的朋友是三、四年级的学生，这些孩子在"童话室"中听关于世界各国和各族人民的故事，听有关家乡的值得纪念的地方的介绍。在"童话室"中为低年级学生建立了影片库。春天和秋天进行了真正意义上的旅行：孩子们对家乡的村庄进行了研究。

萨什科、柳达、季娜、万尼亚、彼得里克成了各个少年自然研究者小组的领导者。在那些小组中实际的研究工作与书本的阅读结合在一起。出现了最初的少年机械师小组。尤尔科和谢廖扎搞到了一台小型内燃机，他们从四年级的少先队员中挑选人组织了一个技术研究小组。

如果不积极地交流精神财富，就很难设想少年能有充实的智力劳动。建立在交流精神财富基础上的相互关系，是对教育的需求，即对知识的渴求的条件。

六年级学生为当地居民举行了科学知识晚会。晚上，集体农庄的庄员们集中在一间屋子里。孩子们来到了自己的父母和爷爷们面前，给他们讲自然现象、技术、科学成就。除系统地讲述科学自然知识外，还逐步充实了一些关于各族人民的历史和现在的生活方面的知识。晚会引起了成年人很大的兴趣。全班分成五个小组，每个小组都有自己固定的活动地点，集体农庄的庄员每周在那里集中一两次。最初的文化发源地就这样出现了；它们逐渐成为年龄大一点的少先队员和共青团员参与社会生活的重要形式。与领导年幼孩子的兴趣小组相比，向成年人传授知识，对少年来说是与其他人进行精神交流的最复杂的、最理想的形式。与有生活经验的成年人和上了年纪的人接触，使少年对书本和科学的兴趣更强烈了。成年人提出的问题为他们打开了通向认识未知世界的窗户。与成年人会见之后他们更入迷地读书，产生了新的兴趣。

记忆、思维和学习技能

牢固地、自觉地掌握基本的科学原理，是进行完备的智育的最重要的条件；教学是从基本的科学知识开始的，没有基本的科学知识就不可能掌握知识的顶峰。

在低年级时孩子们掌握了最基本的书写知识（永远牢记单词的正确写法），掌握了算术的概括、规则和公式。在少年期仍然目的明确地进行着这项工作。如果不牢固地记住最基本的科学原理，也就谈不上自学。

在准备五至七年级的课业时，我们每个教师都要明确，哪些内容是应该永远牢记的，哪些内容只需理解，不必背熟。我们为学习乌克兰语、俄语、法语的最基本的书写知识制订了三年计划。我们认为，少年的思维应该为进行创造性的智力工作做好准备，这样的智力工作要求对事实和现象进行思索和研究。多年的经验使我确信，思维的惰性导致了学生智力劳动中的谬误——经常不断地死记硬背。只知道背书的人，可能记住了很多东西，但如果让他从记忆中找出最基本的原理，他的头脑中却是一片混乱，这个人在基础的智力作业面前一筹莫展。他不会为识记选择最必需的东西，他也就不会思考。

例如，一个少年在写作文时，他要考虑怎样写每个单词，而在解答数学题时，他要思考乘法公式，那么，一般说来这个人是什么也想不出来的。有些东西学生是不应该去思索的，在智力工作中对它们应能运用自如。一个有经验的钳工拿起自己的工具时不必仔细打量它，因为他熟悉自己的工具的每个特征；同样的道理，一个学生为准备自己的智力工作从自己记忆的库房中取出最基本的知识时，也不需要思维高度紧张和集中。

这对少年来说具有特殊的意义。少年期抽象思维的蓬勃发展使少年对必须牢记基本原理产生一种独特的轻视心理。（既然世界在时间和空间上是无限的，那么有什么必要记住某个公式呢？）但是不知道具体的事实和事物，就不可能有抽象思维。如果少年的记忆中没有"信手拈来"的基本原理，那么，这个少年在表达思想时就会出现笨嘴拙舌的特点，因为他的思想是混乱的，这会影响到他的全部智力生活。

我们很重视使少年对基本原理既进行有意识记，又进行无意识记。在"思想室"中陈列着一些直观教具和仪器，专门用来进行自我检查和记忆训练。每个少年都有一本"自我检查"笔记本。在笔记上记录必须永远记在脑子里的东西：代数公式、物理公式、化学方程式。在讨论心理修养的座谈会上，我教少年把时间分成几段，每隔一段时间检查一下记忆情况。

在低年级我们很重视培养阅读、书写、推论、观察和表达思想的能力。如果这些能力在少年期未能得到发展和强化，少年学习起来就会感到很困难。

我们每个教师都很重视完善学生的快速阅读能力。默读在少年期具有特别重要的意义。六、七年级的学生应该具有在思想上完整地抓住一个长句子的各个部分的能力。不具备这种能力的少年，其思维就会迟钝，其思想好像停留在许多死胡同面前。不能在思想上抓住一个长句子的完整的、在逻辑上独立的各个部分，不能猜测出一个句子的某个部分的内容，甚至不能把整个句子读完，所有这一切不仅影响学生当时的学习成绩，而且还影响大脑中的生理过程。不掌握阅读技能，这会阻碍、抑制最精细的神经纤维的可塑性，这种纤维对思维物质中枢之间的联系起着保证作用。不会阅读的人，也不会思考。

所有这些并不是无关紧要的，在这些问题中潜伏着智力局限、智力生活贫乏的严重的危险。训练不仅在低年级是必要的。在少年期这样的训练要求所有的教师具有更高的教育修养。我们每个教师做到了在五、六年级时仍坚持训练表情朗读。训练表情朗读是必要的。没有这种训练就不可能培养这样一种复杂的能力，即用眼睛和思想抓住一句长句子中的逻辑完整的部分，理解这一部分并同时转入下一个部分。换句话说，必须教少年同步地进行阅读和思考。这种能力在心理上的复杂性是由于它的外部动因，这种外部动因能激发大脑的内部力量。

教少年学会阅读吧！为什么有的学生在童年时代聪明伶俐、理解力强、求知欲旺盛，而到了少年时代在自己的智能发展方面却很有限,对知识不感兴趣,惰性十足?这是因为他不会阅读。人的大脑,是一个复杂的整体,如果大脑的某一个部分没得到足够的发展,整个大脑的工作就受到抑制。在大脑半球皮层上有控制阅读的部位,这些部位与大脑最积极的、最有创造力的部分相联系。如果控制阅读的部位堵塞了,皮层上所有部分的生理发展就受到了抑制。而且还有一种危险:在大脑半球皮层上完成的过程是不可逆转的。如果一个人在少年期没有学会用眼睛和思想抓住长句子中的逻辑完整的部分并理解整个句子,那么他将永远也学不会了。

我们思考了下面这个现象:有的少年很少做家庭作业,但学习成绩还不错。这不总是能用他们有不同寻常的能力予以解释。往往这是因为他们善于阅读。善于阅读的能力反过来又能发展智能。

我们也注意使书写成为一种半自动化的过程。每个教师都有自己的书写练习体系。少年练习书写这门学科所特有的单词和词组。我们教少年在听和写之间适当分配注意力。谁在课堂上不能胜任这项工作,他就得完成补充的训练练习。

在语言和文学课上发展观察力和正确表达思想的能力。到思维和语言的源头去旅行,现在已纳入自我教育的范畴。

道德的形成，公民的诞生

从物质世界到观念世界

　　如果说人在童年期，其生活的最重要的源泉是物质世界，即物质的本质、它们的因果关系和相互的依从关系，那么到了少年期，在他们的面前就展开了一个观念的世界。孩子似乎正在忘记他躺过的摇篮，在这个摇篮里他看到了太阳和天空；正在忘记哺育了他的母亲的乳房。对于这一切，父母们感到奇怪，百思不得其解，甚至自尊心受到伤害。但是这一现象反映了事物的复杂的、矛盾的本质。这一事实就是少年突然一下子觉得，家庭、家园、摇篮、母爱，在广阔的社会生活的背景下显得如此的渺小，如此的微不足道。他甚至觉得像违反社会规范之类的个人的"不良行为"，与具有世界观意义的问题相比也是不足挂齿的小事。

　　少年开始抽象地议论一些问题，开始用一些广泛的社会、政治和道德方面的概念去思考问题。世界上发生的所有的一切都与他个人有关。你们，少年的教育者们对此千万不要感到惊奇，因为深切地关心其他人的命运，这就是少年期的本质。我还记得我的六年级学生们是怎样激动地、专注地、屏气凝神听我讲述遥远的阿尔及利亚，讲述热爱自由的人民为争取自由而展开的英勇斗争。当然，事实也能使少年激动，但不管事实有多么生动，它总归要退居第二位，少年的全部注意力都被思想、哲学方面的问题吸引过去了：帝国主义国家的统治集团为什么，有什么理由去压迫殖民地和附属国的劳动人民？到什么时候地球上才会没有压迫者和被压迫者？我们，世界上第一个社会主义国家的少年、青年，可以做些什么去帮助为争取自由和独立而斗争的战士们？

作为教育者，作为班主任和人文学科的教师，我尽力培养少年以公民的目光敏锐地去认识世界。如果对那些似乎与自己的个人命运，与自己的家庭、村庄的生活没有直接关系的不相干的人的命运漠不关心，就不可能进入观念的世界。少年期在人的道德发展中的本质、地位和作用，要求人在上升到社会生活的层面上的同时，从思想上去审视世界，理解复杂的社会、政治现象的意义，认识为了那些让他个人激动的理想而进行的斗争。

少年怎样看待世界，什么东西使他激动、惊奇、关切、感动，引起他的同情和鄙视、爱和恨，所有这一切都完完全全地取决于教育者。我很关心让少年逐步地进入观念的世界。为此每周（有时一周两三次）我都要对他们讲讲世界上发生了些什么。这不单纯是在学校工作实践中被称作政治报告的那类时事报告。这是进行观念的思考。通报的每一件事都要在少年的心中激发起对这件事的个人的情感态度。思想逐渐变成个人精神上的收获，因为这种思想经过了心灵的感受。

给少年留下最深刻印象的谈话，是揭示以下一些思想，可以说是把这些思想具体化了的谈话。这些思想是：人与社会、自由与压迫、幸福与痛苦、社会进步与反动力量。男女孩子们激动地听我讲，在我们的时代，在人造地球卫星和人类刚刚飞向宇宙的时代（这是令人难以忘怀的日子，苏联科学在宇宙方面取得的胜利，以新的方式向我们，向苏联公民阐明我们自己的世界，促使我们用新的观点去认识全人类的命运），在世界上还有些国家把人当牲口一样卖作奴隶，那些国家的政府颁布法律规定"活商品"的价格。我给孩子们看了一些有关在南非贩卖奴隶的资料，有关意大利的一些母亲因生活贫困而被迫把自己的孩子卖给美国富人的材料。所有这一切最初让孩子们感到非常惊异，甚至怀疑，然后激起了他们对剥削者的愤怒和憎恨。我给孩子们看了一张英国的报纸，报上刊登了一幅照片：一些戴着镣铐的阿拉伯孩子正在奴隶市场上等待出售。这时瓦利娅痛心地说："怎么会这样？在我们这里人们期待着到遥远的星球上去旅行，而在那里，人是奴隶，好像是在古埃及！国外有人喜欢称作自由世界的那个可诅咒的世界原来是这样的啊！在什么都可以买和卖的地方，人不可能是自由的。"

我把论述世界的课称作以公民的目光认识世界的课。在这样的时刻男孩们和女孩们敏锐地感觉到生活现象的复杂性和矛盾性、共产主义与资本主义的不可调和性。以人类为摆脱奴隶制残余、压迫、一些人对另一些人的经济上和精神上的依附而进行的斗争为背景，以人民反对恐怖的核战争的斗争为背景，我们的苏维埃祖国就像善良、正义、荣誉的生动的体现者一样出现在孩子们的眼前。

以公民的目光认识世界，是道德的具体体现。我努力使学生不仅知道并懂得什么是善，什么是恶；什么是正义，什么是非正义；什么是荣誉，什么是耻辱。我还尽量让他们体验对社会上的丑恶、耻辱和非正义的势不两立和憎恨。

少年期是情感火热、不易妥协的年龄期。要在丰富的、高尚的情感生活范围内，在个人对重大的社会现象和政治现象的态度的范围内，确立并表达纯洁的、崇高的道德情感，这一点是很重要的。多年的经验使我坚信，少年和青年中的不道德现象的根源就在于情感世界的狭隘、贫乏、粗俗。如果少年憎恨的不是人压迫人的现象，憎恨的不是那个什么都可以买卖的可怕的世界，而去憎恨手表和大衣比自己好的同龄人，这时就在产生丑恶。这样的少年最关心的不是为被压迫人民的自由和独立而斗争的战士，不是受到迫害威胁的共产党人，他们最关心的是从父母的宅旁果园中收来的葡萄不得不以低于预期的价格在市场上出售。

一个成熟了的人，他的心向往什么，他的心属于谁，什么样的理想使他激动、不安，鼓舞他并促使他去劳动和斗争，所有这一切都取决于这个人在与敌对的信念的斗争中怎样磨炼自己的信念，取决于他在与什么样的思想上的敌人的斗争中形成自己的道德观。不可以把这种斗争仅仅看作是与持有与共产主义世界观对立的观点的人的直接对抗。这种情况往往是较少的。但是每个少年都面对着精神斗争的世界,这个世界要无情地揭露一切敌视共产主义、人类、幸福、人道的思想。这些思想不是什么抽象的东西,在这些思想的背后有原子弹和其他的大规模杀人武器,在它们的背后还有不让黑人孩子进入美国的白人学校的警察的棍棒,在它们的背后还有我们决不可以忘记的迈丹尼克集中营和奥斯维辛集中营的魔鬼的焚尸炉。您的学生是否能够成为反对敌视共产主义思想的积极的战士(而共产主义的敌人,是人类、善良、正义和荣誉的敌人),取决于他的心在少年时期和青年早期向往什么和属于谁。

我努力使我所讲的关于世界的故事,能传授给孩子们知识,还要启发他们去思考世界的命运,促使他们考虑这样的问题:我的个人的幸福,家庭的幸福,取决于比自家的菜园、宅旁果园、今年苹果的收成和价格更有意义的某种东西。当少年独自考虑世界问题时,在一段时间里他尤其要对这些问题表现出公民应有的关心、激动和忧虑,受到这种情感的鼓舞。这是多么重要啊!只要我在对每个男孩和每个女孩的教育工作中没能做到这一点,我就认为我还没能把他们引导到道德教育和自我教育的第一阶段。不仅要以集体的方式,还要以个别的方式经常与孩子们交谈国内外大事。我努力寻找与每个学生在精神上的共鸣,不去唠叨那些属于普遍真理的政治概念,而与他谈那些深深地激励我们、使我们不能平静的思想;我的激动心情感染了学生,我和学生被同样的追求所鼓舞。为了使科利亚和托利亚厌恶的对象不再是微不足道、无足轻重的小事,为了使这两个男孩不成为渺小的、自私的利己主义者,我曾做了长期的努力。乘在校园里工作之机,好几天我和科利亚单独在一起,我对他讲了阿尔及利亚人民的女英雄贾米列·布希列特的故事。当我和托利亚一起在"知识的源泉"教室中时，我对他讲了关于霍斯罗夫·鲁兹贝赫的故事。霍斯罗夫·鲁兹贝赫是一个像水晶般纯洁的人，是伊朗共产党的领袖，杰出的数学家，他被伊朗人民的刽子手残害致死。几个晚上我和这两个男孩子一起交谈了有关亚历山大·马特洛索夫的功绩。我期望这位英雄的爱国者的精神世界能成为照亮这两个少年个人幸福之路的明灯。这些故事直接地启发了孩子们的公民意识。我希望科利亚懂得，世界上有比他的母亲的嫉妒（他的母亲嫉妒诚实的、正直的、勤劳的人）更坏的恶行。世界上也有善，与善相比他的母亲的缺点尤其令人不能容忍。我竭力使我的学生们用公民的眼光去看自己周围的世界和看自己。全部道德教育就是建立在以公民的目光去认识世界的基础上。

精神文明、道德修养和无神论

人对周围世界知道得越多，他对人的了解也应越多。忽略这条极为重要的法则，就会破坏知识和道德修养之间的和谐。我把这种现象称作道德上的无知。道德上的无知表现为，一个人掌握了关于周围世界的相当多的知识，但却不了解人无论在历史方面、社会政治方面，还是在精神、心理方面和审美方面的本质。不知道，也不去思考，是什么东西使人高于其他生物，于是情感范畴就得不到发展，并且导致情感粗俗。一批有文化的游手好闲者的存在，使我们的社会舆论深为不安。一个人受过中等教育，一下子成了违法者，甚至成了罪犯，怎么会发生这样的事？我们对此感到奇怪。通常把这种现象解释为是由于这个人脱离了劳动，游手好闲是万恶之源，等等。我研究了100起由16—26岁的人因严重犯罪而被判刑的案件，发现其中88起的罪犯是完全脱离了工作的年轻工人和集体农庄庄员。

如果人不掌握作为道德修养的基础的知识，那么他的精神文明就不是完美的。我对少年们揭示了人是怎样形成的，让他们相信，在社会主义社会中人是最高的价值，他对发生的所有的一切承担着巨大的责任。我每两个星期举行一次以人为主题的教育讲座。我对少年们讲述不懂得自然的力量和自然现象的原始人的艰辛的、充满苦难的生活。普列汉诺夫关于人类的智慧逐渐在其中丰富起来的"体力的必然王国"的论述，激发了少年们的极大的兴趣。有些讲座以劳动为主题，阐明不懂得劳动的意义就不可能尊重别人和尊重自己。

全部教学都应该渗透对人类的劳动是创造性劳动的理解。人类劳动的这一个方面，是道德修养的源泉，是精神文明的基础。我对少年们讲述，人是怎样在创造劳动工具和劳动手段的同时逐步提高自己，征服自己，使自己不仅成为能认识自己的客观现实的有理智的生物，还成为一个有个性的人。懂得了劳动在个性的形成中具有决定性意义这一真理，便能在少年心中孕育并巩固自尊感。

自发的社会力量对人的控制，即马克思、恩格斯关于异化的论述，使我的学生们很感兴趣，很兴奋。几千年以来，只要世界上有过并且现在继续存在着剥削社会，从事劳动的人就只能是"丧失了自我"的生物。对"丧失了自我的人"没有清晰的认识，不做出情感的评价，就不可能懂得十月革命带来的世界上最高的人道。有一些教育讲座的目的是揭示科学共产主义的一个真理，即最终目的和真正的自由王国，就是要使人的力量全面发展。我认为，对人是最高的价值的理解，是精神文明和道德修养的基础，这一点是非常重要的。

宗教是一种社会意识形态，宗教史上的一些基础知识在我的讲座中占有特殊地位。

少年应该把宗教理解为周围世界在人的复杂的、矛盾的精神世界中的反映。不懂得宗教就不可能有真正的无神论。而没有无神论，就不可能有共产主义思想和对人类崇高理想的真理性的信念。不认识人类发展的复杂的历史道路就不可能懂得宗教。我讲述了原始人的劳动生活。原始人出现"类似人的思维"必须经历几千年，这时人才成为"衡量万物的尺度"。人在把人的特点赋予有生命的和无生命的自然界，赋予家庭、氏族和部落中的各种关系，赋予自己的激情和弱点的同时，人也在创造着许许多多的神。当人数不多的帝王掌握了政权，代替了已丧失了力量和权势的许许多多的部落首领时，人就创造了专制君主这样的神。

在讲述基督教产生时期人的精神生活这一段历史时，我揭示了这一新的宗教的实质，它不仅是一种新的精神压迫，也是叛逆的人的勇敢的反抗。基督教是人类精神生活的一种复杂的历史现象。在无所不在、无所不能的基督的形象中奴隶渴望找到某种哪怕是虚幻的获得解救的希望。但是在这个世界上，在现实生活中获得解救不仅是不可能的，也是不可思议的。《新约》的《启示录》中对火和地狱以及天堂的描述，就是奴隶在深重的苦难的折磨下萌生的对正义的憧憬。在充满社会罪恶和残酷剥削的世界上，教会的神职人员把这种憧憬变成虚伪和欺骗。基督，天上的帝王，和人间的帝王一样，是自由和思想的扼杀者。

十四五岁的少年渴望找到有关世界观问题的答案，应该把基督教看作人的叛逆意向。为了证明宗教是对人的精神的奴役，就必须对少年多多地讲。宗教奴役人，是因为人不知道走向自由的正确道路：不消灭私有制和剥削，就不可能有精神上的自由和幸福。只要存在着人压迫人，上帝对人的压迫就始终存在。这种人性的压迫不局限于经济关系范畴内。它渗透在日常生活中，渗透在人们日常相互关系中，其中包括夫妻关系。我坚信，关于神的思想首先是在妇女的意识中产生的。因为她在"奴隶出现前就已成了奴隶"。（倍倍尔）

我的学生在思索人类的精神所经历的充满着矛盾和困难的复杂历程时，他们体验到作为人的自豪，并理解了人类思维的童年。宗教，这是社会生活和精神生活的一个阶段。但是正如在社会生活中人类必然要走上摆脱剥削的道路一样，在精神生活中人类同样也不可避免地要从对根本就不存在的上帝的信念中解脱出来。对上帝的否定，使人真正地得到升华，变得真正的伟大。这个真理包含着无神论信念的实质，即与作为当代对人的精神压迫的手段的宗教势不两立。我努力使我的学生在理解了宗教之后再去否定上帝。对所要教育的人的精神世界缺乏深入、透彻的了解，也就是说没有真正地了解人，就不可能把他培养成无神论者。

要成为真正的无神论者，就必须亲身体验整部历史。如果把道德教育设想成教师像先知者那样宣讲，而学生把一份份知识塞进自己的脑子里并"掌握"这些知识，这就是缺乏教育学修养。不应该这样，应该促使我的学生与我一起去体验整部历史，首先要体验人类精神发展的历史。应该让他们和我一起去拜访尼罗河畔的金字塔的建造者，拜访那些对太阳顶礼膜拜、创作了关于太阳神的传奇诗篇的人。我们应该去古罗马的剧院，与最初的基督徒们一起聆听宣传反暴力和反压迫的慷慨激昂的演说。我们应该一起来到亚述和巴比伦的古观象台，与最初的献身科学的学者一起观察星体，思考世界的本质。我们应该亲自触摸一下伟大的为科学而殉难的布鲁诺的衣服，他是被以上帝的名义活活烧死的……只有这样地深入进历史中，人才能理解什么是宗教，什么是真正的自由思想。

我逐步引导自己的学生得出下面这样的结论：宗教的教条、世界观和道德训诫，必然是与科学相矛盾的。科学和宗教，是不可调和的，是水火不相容的。有大量事实证明许多诚实的神职人员和宗教理论家做出了杰出的科学发现，首先是这样的事实让学生信服了这一结论。少年们兴趣盎然地听我讲述亚述、巴比伦和古埃及的科学的献身者，最早的天文学家和历法创始人的故事。我还讲了天主教教士尼古拉·哥白尼创立了新的宇宙观，从而证实了托勒密的地球中心说是站不住脚的；耶稣教徒谢基成了天体物理学之父；捷克的新教派牧师扬·阿姆斯·夸美纽斯成了全世界公认的现代教育学之父；多米尼克派僧团教士布鲁诺由于创立了宇宙无限性的学说而被处以火刑；多米尼克派僧团的另一位教士托马斯·康帕内拉在宗教裁判所的刑讯室和监狱中遭受了长达30年的折磨，写出了震惊世界的作品《太阳城》，这部书成了科学社会主义的先声；虔诚的天主教徒托马斯·莫尔是天才的《乌托邦》的创作者，乌托邦成了一个哲学流派的名称，促使人类去靠拢社会主义的理想；法国教士让·梅耶，一个乡村小教区的修道院院长，死后留下了至今仍激励着人类的著名的《遗书》；反叛的神甫托马斯·闵采尔鼓动了"福音派"的农民去和封建贵族和主教做斗争；奥地利传教士格里戈尔·孟德尔用自己的实验为新兴科学——遗传学奠定了基础。

如果能正确地揭示这些事实的实质，那么这些事实就能清楚地说明人的思想中的反叛精神，使少年深信没有这样一种世界观真理，既可以称之为科学，又可以称之为宗教。在我的学生的心目中，布鲁诺和哥白尼、康帕内拉和梅耶、闵采尔和孟德尔，不是偶然地开始研究科学和社会问题的宗教人士，而是人类精神的反叛者，反对宗教的斗士。在叙述为获得真正的精神自由而经历的艰难的斗争历程时，我在年轻的心灵中激发起对这些斗士的崇敬，他们为人类思想自由的胜利而战斗，激励他们崇敬伟大的人道主义学者、社会主义者、共产主义者。

如果不了解为获得思想自由而展开的斗争的历史进程，就不可能具有现代人的真正的精神财富。我努力促使我的学生去思考和体验这样一个真理：人的精神是不朽的！人是永生的。人不是时间旋涡中的一粒微不足道的尘埃，而是创造者。人类的精神财富是不朽的，进步的思想、人类在争取解放的长期斗争中所获得的成就，是不朽的。

我的关于人的所有的故事和谈话，都贯穿着人类在其存在的许多世纪中创造的道德价值的思想。对道德价值本质的理解，是人的精神和道德修养的重要因素。

基本的道德修养

道德教育的过程就是让人类的道德财富代代相传的过程。道德价值反映在作为共产主义建设者的道德规范的苏共纲领中。它们是人类道德进步的最高成就，同时也是教育新一代的纲领。

如果说在幼年时首先通过具体的、有强烈情感色彩的行为去揭示道德规范，那么在少年期正在形成一些有利条件去向学生揭示这些规范的思想实质，激发他们对高尚行为的道德需求。因此我们努力把对道德规范本质的解释、教导、说服和对积极行为的强制，统一起来。

我专门组织了一些讲座去讨论道德规范问题，力图以强烈的情感色彩揭示道德规范的本质，使对学生从事正确的、好的行为的激励，成为公民教育的第一课。我力图把下面这些极其重要的道德规范作为道德修养的基本知识向少年揭示。

1. 你们生活在人们中间。你们的每一个行为，你们的每一个愿望，都会在人们中间得到反映。要知道，在你们想做的和可以做的之间，存在着一条界线。你们的愿望会给你们的亲人带来快乐或者带来痛苦。要有意识地检查自己的行为：你们的行为是否给人们带来了不幸、不快和不便。你们的行为应该给你们周围的人带来快乐。在向少年阐明这一道德训条的本质时，我向他们指出在人们中间应该有怎样的举止。在做一件自己感到很惬意的事情时要想一想，你们是否给其他人带来了不幸。譬如说，在学校的林荫道上盛开着丁香花。你们很想折一枝盛开着花朵的树枝。如果每个人都去满足自己的愿望，那么盛开着鲜花的丁香树丛将变成一片光秃秃的枝条。这样就没什么东西可让人们高兴的了，你们用自己的行为从别人那里偷窃了美。

如果在集体日常生活中具有道德关系的修养，以此来强化这样的道德教育，就能在人的身上形成一种精神力量，这种精神力量能抑制人的欲望，不使欲望变成为所欲为。而这对于培养义务感是非常重要的，义务感的培养是公民教育的基本原则之一。不懂得克制自己的欲望的人，不善于正确处理自己的欲望和其他人的利益之间的关系的人，任何时候都不会成为好的公民。必须使人从小就感觉到并懂得在某些方面克制自己的激情和欲望的必要性。譬如说，你很想在绿地上踢球，但这是不允许的，因为应永远保持青草常绿，因为青草就是纯洁的空气。如果不从小教育孩子控制自己的欲望，这就是在逐步地培养任性、随心所欲，就是认为我什么都可以做，我什么都不怕。

责任心就是对某个人负责，对某个人尽责。我们努力建立起一种劳动关系，使少年去指导低年级学生的工作，为他们做出榜样。

2. 你们享受着其他人所创造的福利。人们给了你们童年、少年和青年时代的幸福，因此要用好的行为去报答他们。这一道德规范是公民的义务感的极重要的源泉。他作为一个公民，承担着重大的职责，一个人在深刻地认识这一真理的全部内涵之前就应该学会以德报德，用自己的力量为其他人创造幸福和快乐。良心不允许他成为仅仅是财富和幸福的享用者。我对少年们说："你们有舒适、明亮、清洁的教室，有专用教室、健身房、直观教具。所有这一切都是其他人为你们创造的。要学会对此表示感谢。在静静的黎明时刻，当你们还躺在床上时，挤奶女工早已在牧场工作：她们在清扫牛粪、挤奶，在为你们准备热乎乎的新鲜牛奶。室外是严寒，而拖拉机手已到田野里去为牛准备饲料，为的是让你们明天、后天有牛奶喝。厨师点燃了学校食堂里的炉子，为你们准备早餐。锅炉工正在往集中供暖锅炉中添煤，当你们来到教室时暖气管就已是热的了。人们慷慨地为你们提供一切，但是也在期待着你们的回报。你们已有足够的力量为人们做好事了。"

对人民的知恩感，这是责任感、义务感、公民的尊严感的亲姐妹。道德修养的基础就在于使人有准备地听从良心的召唤去为其他人做好事。

这是畜牧场的楼房。这里是牧场工作人员休息的地方。让我们在这里种一些苹果树，让这个角落成为你们的母亲和姐妹享受美的角落。这项工作给了少年们许多乐趣，因为这项工作是在崇高思想的鼓舞下做的。然后少年们又接着为人们做其他的工作，他们就这样沿着道德修养的道路前进。他们的情操变得高尚了，在他们的心灵中坚定了要报答长辈们为他们所做的一切的决心。为其他人做好事的习惯，即以德报德的习惯，在人的童年和少年时代就应进入他的精神世界。如果在童年和少年时期就已养成了这种习惯，那么到了青年时代这个人不为其他人做好事他就活不下去。他感到自己在道德上是成熟的，这首先是因为在进入青年期之前他已多次地体验到创造的乐趣，为社会劳动的乐趣。

3. 生活中所有的财富和快乐都是劳动创造的，而且只有用劳动来创造。没有劳动就不可能有诚实的生活。人民教导我们：不劳动者不得食。游手好闲、好吃懒做的人，这就是吞噬勤劳的工蜂酿造的蜂蜜的雄蜂。学习是你们首要的劳动。你们到学校去就是去工作。为了在少年的意识中确立起人民的劳动观，我们从小就培养每个人的劳动习惯。学校中始终保持着不能容忍懒惰、闲散、邋遢的气氛。年幼时贪吃懒做，这就是为游手好闲、过寄生生活滋生了富有生命力的细小、柔嫩的根。当小懒汉长成成年懒汉时，要铲除从童年和少年时期就已深深扎下的根就很困难。我们任何时候都不可以忽视这样一种危险性：对年长的人创造的财富毫不在意，肆意挥霍；这种态度会导致懒汉和寄生虫的出现。要防止这种危险的出现是不容易的，因为小孩子的偷懒初看起来似乎不是什么了不得的缺点，但事实上这是危险的祸根。家长（有时还有教师）希望儿童和少年生活得轻松一些，不让他们遇到艰难，但是在这种愿望中却潜伏着很大的危险。

劳动是道德的根源。在集体的精神生活中必须贯穿着尊重劳动、尊重劳动人民这根红线，并在此基础上树立起对自己的尊重，必须使我们的少年始终具有一定的公民目标，克服困难，体验斗争和胜利带来的集体的快乐感。劳动领域中有着进行精神斗争的广阔天地，我已经说过这种精神斗争是形成人的道德面貌的极重要的条件。劳动的乐趣是任何东西都不可与之比拟的：劳动的乐趣与所有其他的乐趣的区别，就在于人尽心尽力地去做不是他想做的事，而是他需要做的事，最终他体验到为他人做事的快乐，并渴望去做为了全社会的利益而需要做的事。只有当少年把劳动的乐趣作为自己的最大兴趣时，他们才能懂得没有劳动就没有生活这个真理。

劳动的道德意义恰恰就在于人获得乐观地感知的最高欢乐，即创造的欢乐。就其实质而言这就是自我教育。如果少年在童年时没有养成劳动的习惯，那么劳动的欢乐也就无从谈起。少年能在劳动中实现道德上的自我肯定，这仅仅是因为我们的学生在童年时代，在一、二年级学习的时候就已开辟了小花园、葡萄园，为人们培育各种花秧和玫瑰花苗，把荒地变成一个个鲜花盛开的角落。12—14岁的少年感到自己是个劳动者，由于自己的劳动而体验到最初的公民自豪感，因为他们在9岁、10岁时就看到了自己工作的最初的物质成果。这是形成基本的道德修养的重要条件。一个12岁的少年如果看到自己亲手栽种的鲜花盛开的花园时，他会感到无比的自豪；他会用为人们创造的物质财富去衡量走过的生活道路。这种情感越深沉，对他人的公民责任心就越自觉。

我们努力使集体中没有体验不到劳动的快乐的少年。集体中不应该丧失个性。对劳动的欢乐感，这不仅是集体的感悟，还是对个人人格的深切的个人体验。我们关心的是使每个少年通过自己劳动的物质成果像照镜子一样看到自己，看到自己的技艺、坚持性、意志力、创造思维的发挥。没有劳动就不可能有生活这样一个颠扑不破的真理，只有在这样的条件下才能铭刻在少年的心中，成为神圣的真理。如果你们喜欢园艺，那么就去栽种树木，供大家欣赏，让大家从中看到你们的热爱劳动的品质和你们的智慧。如果你们爱好技术创造，那么就去制作能为不止一"代"的你们的小同学服务的物理仪器。一个少年热衷于劳动，深入到劳动中去，在劳动中克服困难、掌握知识、锻炼意志，这时他才开始进行自我教育。这是对少年的教育和少年的自我教育的重要原则。

4. 对人要友善、关怀。要帮助弱者和无力自卫的人。不对别人做坏事。要帮助处于逆境中的同伴。要尊敬、尊重父母，是他们给了你们生命，他们教育你们，希望你们成长为社会主义社会的诚实的公民，成长为心灵纯洁、才智聪明、心地善良、双手灵巧的人。对别人仁爱、关心，乐于助人，这些是人道的表现和为人正派的基本特征，是每个学生都应具有的，应该成为他们个人的道德财富。我认为学校最重要的教育任务之一，就是要使每个人都以善良的、诚恳的、关怀的心态去对待体现出生命的美和伟大的所有有生命的东西。没有起码的人道，就不可能有共产主义的道德。没有细腻情感的、缺乏同情心的人，不可能有崇高的理想。缺乏同情心会导致对他人漠不关心，而漠不关心会发展成自私自利，自私自利会发展成冷酷无情。

有的人认为，既然在我们的时代应该培养能应对任何情况的有力量的、意志坚强的人，那么就不必讲什么善良、诚恳和同情心。这种认识是极其错误的。我们最重要的教育任务，确实是要在我们每个公民的心灵中坚定对祖国的敌人毫不妥协的斗争精神，时刻准备着与企图侵犯祖国的自由和独立的人进行殊死搏斗。但是，没有关于善良、诚恳和同情心方面的经验教训的人，也就不可能有仇恨敌人的崇高情感方面的经验教训。因为勇敢，这是人类的最高的善良，而对敌人的仇恨，是真正的人道。童年期和少年期应该成为培养善良、人道、关怀人的品质的时期。只有在这样的条件下人的心灵，这一最敏感的乐器才能弹奏出人类崇高情感的全部音阶，从对母亲的最细腻的、最敏感的关心到对敌人的仇恨，对思想上的敌人的毫不妥协。

遗憾的是，在许多学校中常常忘却了基本道德修养的培养。要求少年知道高尚的道德真理，然而却没人发现他是怎样用弹弓打死小鸟或毁坏树木。与他谈论有关诚实和正直的话题，而他一边听着老师的说话，一边在准备考试或测验时作弊用的小纸条。在基本行为方面不端正，这就是思想贫乏、灵魂空虚的根源。

只有对人民的伟大的爱，才能激发对敌人的仇恨。为了不使我们的学生成为缺乏同情心的、对他人漠不关心的人，我们努力使儿童和少年在心灵中产生对生命和美好的东西的真诚的关心、担忧和激动。一个孩子非常关心在严寒中的孤苦无助的小山雀，救了它的命，保护小树免遭毁坏，这个小孩就永远也不会成为对人残酷无情的、毫无同情心的人。相反，如果一个小孩毁坏、无情地消灭本该给人带来欢欣、引起崇敬的东西，那么他就可能成为惯于伤害自己的亲人的小霸王。

生活中有多少这样的小霸王啊！一个7岁的小男孩准备去上学，但他怎么也不会扣大衣上的扣子。他不是平心静气地请求成人帮忙，而是把大衣一甩，打算不穿大衣就去上学。他想让妈妈因为他遇到了什么不顺心的事而为他不安、担心甚至哭泣。而当他把母亲折磨得流泪时他感到一阵轻松。必须理智地、机智地、敏感地，但又必须顽强地、无条件地与这种"无罪的"暴虐进行斗争。

少年在智力发展上迈出了很大的一步，一个观念的世界展示在他的面前，他的思想渴望对具有世界观性质的问题找到答案。这是人的生活中符合规律的质变，它掩盖着情感修养落后于思想修养的危险。为了避免出现这种落后现象，在少年期与在童年期一样也必须参加劳动，劳动能激发并发展善良的、真诚的、崇高的情感。如果一个14岁的少年认为，他挽着自己母亲的手与她一起去俱乐部，如果他关心花和鸟，就会降低自己的身价，那是很可悲的。关心母亲、祖母、祖父、弟弟和妹妹，这和丰富多彩的、生气勃勃的集体生活同样重要。少年与家长之间的相互关系，这是教育的一个完整的领域，遗憾的是这个领域还是一片未开垦的处女地。

我们总是设法让少年大部分时间待在家里，生活在家庭中，尤其是与母亲在一起。没有必要总是用什么东西去"抓住"少年，也没有必要总是为少年组织什么集体活动。在节日前夕和节日期间最好让少年与母亲和父亲在一起。

5. 对那些千方百计依赖父母过日子的人不可置若罔闻。绝不迁就那些不关心公共利益的人。憎恨那些挥霍浪费、盗窃社会财富的人。这一道德规范的履行，取决于为人们而劳动的观念深入孩子的精神生活的程度。善于听从自己的良心的召唤去做好事的人，就能认清恶并与之势不两立。我们认为，培养以公民的态度对生活中恶的种种表现进行毫不妥协的、积极的斗争，是学校的一项重要任务。不可以容忍孩子冷冷地旁观像挥霍浪费、不爱护公共财物、懒惰、游手好闲、阿谀奉承之类的恶劣行为。如果成人对这些恶劣行为无动于衷，就不可能激发孩子对此进行斗争的积极性。我们设立了少先队保护绿化岗哨。如果少年发现成年人在毁树，那么与这种恶劣行为的斗争就不应该仅仅限于谈话。如果不进行惩罚并漠然处之，就会伤害少年的心灵。我们设法让社会舆论来迫使干了坏事的成年人去赔偿损失。

少年通过自己的经验认识到并确信了善会战胜恶，就会以极大的热情投入到创造社会财富的工作中去。如果少年对他在生活中看到的丑恶现象表示出一分的愤怒和蔑视，并且不能容忍这种行为，他就会十倍地做好事，用自己的行动肯定生活中的善。一个人如果忘却了这一法则，他就会成为一个好说闲话的人，蛊惑人心的人，"揭发者"，不去为善战胜恶做任何事。

学生在逐步掌握这一基本的道德修养的同时，就是在为理解共产主义的本质做准备，认识到共产主义是人道和道德的最高形式，是吸取了人类最优秀的道德财富的思想和观念的体系。不具有这种基本的道德修养的人，在道德发展方面是一无长进的。他根本就不能理解这样一些思想和共产主义道德原则，诸如，热爱祖国，忠于人民的理想，在为祖国的自由、荣誉、独立、威严和强盛的斗争中表现出的英雄主义、坚忍不拔和勇气。

只有在学校集体中形成了人与人之间的相互关系方面的基本的道德修养时，才能在学生的意识和心灵中培养基本的道德修养。这是一件很简单的,同时又是很复杂的事情。简单就在于这些相互关系都可以归结为一个公式:每一个人都应该像对待人那样去对待每一个人。复杂就在于人与人之间的关系应该囊括精神生活的所有方面和集体的所有成员——教育者和被教育者。我想对从事少年教育工作的人提个建议:如果你们希望能工作得轻松一些(众所周知,做少年的工作是很困难的),那么就要以真挚的相互尊重使你们与少年的关系体现出一种高尚的精神。我们所有的人都在向学生传授科学的基础知识,我们认识到我们的教育工作的起点就在于:对于我们每个人(无一例外地对于我们所有的人)来说,每个学生首先是一个应该得到尊重的具有个性的人。我们用"您"称呼少年。我们赋予这种形式很重要的意义,它体现了一种高尚的思想,使少年感觉到所有的教师都尊重他的创造性的个性,这种个性使他能够达到智力、道德、思想和审美发展的最高峰。在与活生生的个人(包括他们的所有长处和短处)的日常交往中,我们让少年理解、感觉到并体验到一个很重要的真理:我们不仅看到您,年轻人(年轻姑娘)今天是怎样的一个人,我们还看到您将成为一个怎样的人。我们不仅尊重您在我们的帮助下已经取得的一切,而且尊重您将取得的一切。然而只有通过您自己的坚持不懈的努力和在我们的帮助下,您才能达到精神发展的最高阶段。在这一简单的尊称"您"中,我们表达了我们对人的发展前景的认识;我们让少年懂得并体会到我们尊重他首先是因为他是苏联公民,是未来的孩子们的父亲和母亲,是未来的能工巧匠、诗人以及有权自豪的人。要找到一种精神交往的形式,使学生懂得你们尊重他的是什么,你们注意到他的心灵深处的那些隐秘的角落，只有这样他的心灵才会向你们敞开，就像表示对人的信任的最纯洁的花朵那样。

在这里应该注意教育过程逻辑本身的若干暗礁：教学贯穿着经常不断的、日常的检查（测验）、一个学生与另一个学生的成绩的随时比较。在所有这一切的背后隐藏着一种危险，就是对自己的力量的失望和缺乏信心，变得孤僻、冷漠和凶狠，心灵上的这种变化会导致心灵变得粗鲁，对影响人的精神世界的一些精细的手段——语言和美感，失去敏锐性。为什么少年粗鲁地回答别人的好言好语？为什么他不懂得别人的情谊？教师常常会对此感到吃惊。这是因为对人的心灵的最敏感的部分——自尊心的不信任、怀疑和日常的刺激，使他的心灵受到了"锤炼"，变得粗鲁了。有人说，看看，你的同学回答问题得了5分，而你只得了3分。你怎么不害臊，你还有没有一点点自尊心？话可能不是这样说的，但话里包含的意思确实常常是这样的。经常不断地搬出自尊心来只会使之变得麻木，最终丧失自尊心；少年的心似乎蒙上了一层冰。这时您想用友善的语言去滋润他的心田，这就像想用温暖的手掌去融化一块坚冰一样：冰是化不开的，必须生火将它融化。

怎样才能绕开教育工作中的这些暗礁呢？我们总是害怕让少年感觉到我们对他的不信任。因为只要他一感觉到这种不信任，他就学会巧妙地欺骗教师和家长，而且欺骗得天衣无缝。对少年的不信任会使他的心灵变得麻木不仁，他的心灵就不想为独立解决问题和运用意志的力量去克服困难而做出努力，他已习惯于别人抽一鞭子他走一步。我们依靠了人的内在的精神力量：我们不是令人厌烦地催促，不是牵着他的手走，而是给予他选择的自由，而他选择的恰恰就是我们所期待的：运用自己意志的力量去克服困难，从中体验到自重、自爱。

我们约定了（我们从来没有破坏过这个约定），如果少年是因为有些地方没搞懂而没完成作业，就不马上给他打分，免得他不安。我们一般不打不及格分。"如果您还不懂，那么再努力一下，再想一想，独立地去完成全班都应完成的作业。"我们对少年说话的意思和语调就是这样的。少年以他的真诚和努力工作来回报我们对他们的信任。如果学校生活的整个精神不能培养少年的自尊心，不能培养他们的自重、自爱，那么这样的相互关系只能是一种实现不了的理想。我要强调，仅仅通过课堂教学是形成不了这样的相互关系的。可以说，我们中的每个人在精神需要方面与少年有许多接触点：教育工作者（每个教师首先是一个教育工作者）应在自己的每个学生身上发现这样一种火花，这种火花使他有理由相信一个人永远不会停留在他今天的水平上。

为了保护少年的自尊心我们总是避免进行下面这样的比较：您学习得好，而您学习得差。对能力不同的人的智力劳动的评价，要求高水平的机智。我们对少年掌握知识的评价是根据每个少年积极向上的愿望，根据他们对我们教师的信任和信心。如果少年在学习上，在智力劳动中没有取得一定的成就，如果他的认识能力和潜力没有得到发展，我们就认为他的精神生活是不合格的。

心灵对善的响应，诚挚的、善解人意的态度，相互的信任，教师与学生之间的人际关系的细腻，所有这一切在我们的教育工作中都是起决定性作用的条件，促使男女孩子们敏锐地理解教师说的话，敏锐地接受教师在道德方面的指导、忠告和要求。少年的智力兴趣越丰富，越多样，他在阅读中获得的快乐越多，书籍和一切美好的东西在他的精神生活中占据的地位越重要，他就越能深刻地体验我们的善意、诚挚和关怀，对我们对待他的高尚的、人道的态度他的心能做出越细腻的响应。这是道德教育的最重要的规律性之一。任何外部的方式都不可能把道德修养引进到教师与学生的相互关系中。道德修养的基础在于人的精神生活的深度，在于思想的丰富程度，在于情感的细腻和高尚程度。我不仅很敏锐地聆听少年谈话的内容，还注意他们对我们，对教师说话的语气。少年哪怕只表现出一点点的粗鲁、心肠"冷酷"、心灵"麻木"，都会引起我的警惕。

在科利亚和米沙十二三岁时，我感觉到在他们身上有这些令人担忧的表现。我不得不花很大的气力去"磨炼"这两个少年的情感。为了正是在这一时期用不朽的精神财富去充实这两个男孩的精神生活，我给他们读一些能发展心灵的细腻性和敏感性的书籍；我注意尤其要在这一时期发展他们对音乐旋律的敏感性。多年的经验使我确信，教师的手中掌握着防止粗暴无礼、冷酷无情、道德不文明的强有力的手段，这就是音乐疗法。在寂静的冬天的夜晚，我邀请科利亚、米沙和另外几个像他们那样的少年到音乐教室，我们一起欣赏格里格、柴可夫斯基和西比利乌斯的作品。在那样的夜晚我们很少说话，除非必须解释音乐旋律潜在的意义、引导少年进入音乐形象的世界中去时才说上几句。我高兴地看到，少年的心灵是怎样解冻的，他们的目光怎样因高尚的思想而放出了光彩，他们是怎样受到细腻的、崇高的情感的鼓舞。

道德习惯

　　道德习惯的源泉，就在于高度的自觉性与对一些现象、人们之间的相互关系、他们的道德品质的个人的情感评价之间的统一。从少年心灵深处所进行的那些理智的和情感的过程来看，道德习惯的培养具有特殊的意义。道德习惯是道德观念和信念的入门。道德习惯的形成，是教育者深入到被教育者的精神世界中去的途径，不通过这一途径就不可能理解一个人，也不可能用细腻的手段，即用语言和美感去对人施加影响。

　　由于有了道德习惯，社会觉悟和社会道德的规范就成为个人的精神财富。没有道德习惯就不可能做出自我肯定、进行自我教育，也不可能自尊自爱。道德真理成为一个人心中的某种神圣的、无条件的、极其珍贵的东西，这正是因为人把这一真理的崇高性铭记在心，闪电似的情感信号进入他的意识中：就是应该这样做，因为自尊心不允许他有另外的做法。习惯使内心中良心的声音高尚起来，情感总是保护着意识。这个复杂的过程只有在少年时代才能完成，因为人正是在这一年龄时期才开始理解道德观念的概括性。少年期似乎对各种思想敞开了通向心灵的道路。如果道德修养的最重要的真理在少年期没能成为习惯，造成的损失是永远也弥补不了的。

　　如何在少年期培养道德习惯呢？必须做些什么才能扩大觉悟的范围，使其包括成为个人的神圣的绝对真理的那些最重要的道德财富。

在少年期自觉性和道德情感的统一对于道德发展具有最重要的意义。道德情感是照耀人的行为道路的光线。苏联心理学家雅各布松写道:"道德情感使人开始生动地理解社会的道德规范,如果没有道德情感,这些规范在本质上是与他格格不入的。"[1] 我努力促使我的学生对周围发生的一切产生关切的、同情的情感,对周围世界的现象建立起爱憎分明的情感评价,使少年把所有的一切都放在心上,不仅从意识上,而且从感情上去认识它们。

少年们和我一起去了解周围世界,而我仿佛是在向他们传达我自己对事物、现象、事件的态度,没有什么东西能让我们对它无动于衷。我们沿着树林走,等待着我们的是有趣的一天——休息、散步、阅读、观察、认识世界。在路上我们看到:一辆卡车停在路上,司机在忙碌地检查发动机。他看到了我们,好像在问能不能帮他一把。我们感觉到,虽然这个人一句话也没说,但他在期待着我们的帮助。在这种场合必须对少年们说几句,促使他们深入地思考现象的本质,用道德真理去激励他们。我说了这样的话,这些话讲到了孩子们的心坎上,可能这首先是因为这些话带有鲜明的情感色彩。我们忘掉了树林的诱惑。(当然,没有完全忘掉;我们还惦记着它,但良心告诉我们,袖手旁观是可耻的。)我们中的一些人到村里的机械维修站去,另一些人留下来帮助司机。

---

[1] 雅各布松:《情感心理学》,俄罗斯联邦教育科学院1958年第2版,第210页。

发现现象、人们之间的相互关系中的道德的方面,用心去认识世界,这是培养义务感的很重要的前提条件。公民的义务感是在基本的道德习惯中孕育的,这种道德习惯是在少年期通过正确的教育在人的心中牢固地形成的,养成了帮助人的习惯,就无所谓别人是否请求帮助。

　　很重要的是要使周围世界的现象,尤其是人们之间的相互关系,屡屡地激励着少年,促使他们去体验各种各样的情感,从亲切的同情、分担别人的不幸,到对恶行愤懑不平。我坚信,如果少年养成了对周围世界的敏感性,他就开始用别人的眼光看自己,产生一些使自己不安的想法,例如,如果我对别人的不幸、恶行无动于衷,人家会怎么想我?人家会怎么想?……这个令他不安的想法,用形象的语言说,就像是一根灵敏的导线,情感信号沿着这根导线从心灵传递到意识:如果我对自己周围发生的一切熟视无睹,我就不能再尊重自己。只有这样道德概念才能成为习惯。使道德概念成为习惯的一个极其重要的前提条件是,对少年单独面对各种情况时的所作所为做出的公民的、集体的道德评价。集体中的精神交往应该如此丰富,个人对集体的义务感应该如此牢固,使得当生活要求少年发挥个人的主动性,表现出决断、毅力、勇气和诚实精神时,即使只有他单独一人,他也能感觉到集体的目光。

　　我们的任务是要使一些最重要的道德习惯发展成传统,首先要养成当为了他人的利益必须贡献出自己的力量时牺牲自己的利益的习惯。习惯向传统的转化,这是对意识进行的复杂的改造工作的一个组成部分,没有这种改造就不可能建成共产主义。长期形成的旧的传统,用列宁的话来说,是一种可怕的势力。在我们的时代正在进行着一项需要耐心和细致的工作,这就是建立起新的传统,这样的传统无论是现在还是将来都应该具有巨大的精神力量。成为传统的习惯,对人具有巨大的支配力,其教育力量就在于此。在少年时期的我的学生集体中形成了一种传统:集体对你个人的舆论,取决于你对母亲、姑娘和妇女的态度。这一传统成了推动自我教育的强大力量:每个小伙子都愿意以自己的言谈举止来证明自己具有高尚的道德。

　　培养道德习惯的另一条重要的规律,就是对自己的行为,尤其是对那些能反映出对劳动、对自己的亲人、对集体成员的态度的行为,做出情感评价并进行亲身体验。我们总是力求使少年把独立完成作业当作一种乐趣来体验,自己的抄袭和白白享受别人的劳动的行为,使少年产生对自己的不满。为了产生这种体验必须有一定的准备:要准备好能激发自我评价的词汇。培养和发展细腻的情感就需要发挥很大的主观能动性:一个人要对自己的行为做出情感上的评价,他就应该调动自己的意志的力量。就有关自我教育方面的问题提出建议,选择专门的练习,所有这些都是形成道德习惯过程的一部分。很重要的一点是要使少年不仅对好的行为,还要对那些不可以做的、不允许的行为做出情感上的评价。对"不可以"的体验,这就是培养个人在社会上判别道德方向。最主要的"不可以",这就是不可以对周围发生的事情漠不关心,我们认为每个少年对这种"不可以"的体验是道德修养的基本特征。让每个少年体验到激动人心的快乐和充实的精神生活,积极参加那些初看起来不涉及其个人利益的活动，这一切在实际的教育工作中具有特殊的意义。

　　培养道德习惯的第三条规律，是使道德原则与教师促使学生做出的行为相一致。热爱祖国、忠于人民的理想、坚持原则等共产主义道德的神圣真理，不必随时随地地反复强调，也不必与属于基本的道德修养的事情联系起来。一个少年在课桌上乱画，给同学下绊儿，那个同学摔倒了，碰破了鼻子，不必为了这些事开始对少年长篇大论地谈论对祖国的义务和英雄们的功勋。所有的事情都应该有合适的场合，掌握好分寸。

　　我们依据这些规律制定了道德习惯纲要。纲要中列举了下面这些道德习惯：做事要有始有终；做事不马马虎虎，而只能认认真真地去做；任何时候都不把自己的工作推给别人，也不盗用他人的劳动成果；帮助老弱孤寡者，而不管这些人是不是你的亲人或"外人"；自己的愿望要与满足愿望的道德权利相一致；任何时候都不允许为了满足我的愿望而使家长受到某些限制或造成困难；自己的快乐、满足和娱乐，要与别人的需要相协调；我的快乐不能给别人带来忧虑或痛苦；不隐瞒自己的不体面的行为，有勇气把这种行为坦诚地告诉你认为必须告诉的人。

　　培养道德习惯不需要采用什么特殊的方法或方式。道德习惯的培养体现在集体主义者的相互关系的本质之中。在道德教育的这一个精细的领域中，最重要的是使少年自己的良知和意志成为促使他做出好的行为的主要动力。不应把教育归结为下命令和盲目地服从。少年应该始终感觉到，如果他缺乏意志，就不可能有好的品行。当环境本身要求少年正确评价自己的不良行为时，这一点就尤为重要。

从孩子们来到学校的第一天起我就培养他们习惯于这样去思考：承认自己的不体面的行为，这是高尚的。不允许以惩罚相威胁来"逼供"，不允许采用惩罚去培养道德习惯。一般说来采用惩罚这种手段需要很大的自制力和机智。一个好的、熟练的教师，他随时都准备好了这种手段，但是他从来也不采用它。在盛行惩罚的地方，在为每一件可能的不良行为都规定了相应的惩罚措施的地方，是谈不上道德习惯的培养的。马克思说："从该隐以来，利用刑罚来感化或恫吓世界就从来没有成功过。适得其反！"给儿童和少年带来最大危害的是未经过周密考虑的、头脑发热时做出的惩罚。这种危害就是使被惩罚者不需要调动自己内在的精神力量去使自己变好。陀思妥耶夫斯基说，惩罚使人摆脱了良心的谴责。这句话饱含着高明的智慧。要让一个人为自己的过失难受，受自己的良心的谴责，是很困难的，与此相比施加惩罚就容易得多了。童年时期，尤其是少年时期的自我谴责、良心的召唤，能产生巨大的力量。我总是尽量让少年自己去思考自己的不良行为，然后他会产生这样一种思想：我不应该像现在这样。为自己的过失感到难过，这是对其他人的不良行为采取不能容忍的、毫不妥协的态度的重要源泉。

思想转化为信念

道德教育的基础是道德信念。我们认为自己的任务就是要使每个少年掌握辩证唯物主义的世界观，具有战士的信念、诚实的人的灵魂、创造者的手、有天赋的人的美。我们努力使每个少年都把共产主义思想看成是神圣的、不可违背的。用马克思的话来说，使这种思想成为"不撕裂自己的心就不能从其中挣脱出来的枷锁"。这是对人的心灵进行的陶冶工作中的最细致、最复杂的一部分。不要忌讳神圣的、不可违背的这样的词。在谈到新人的道德面貌时，这些词包含着十分明确的和具体的意义：人像珍惜自己的荣誉和尊严那样来珍惜的东西，即他在任何情况下都不会放弃的东西。

怎样使经过反复多次思索、领会、深入考虑、深思熟虑、痛苦求索而获得的共产主义思想，成为主观世界的有机组成部分，与人血肉相连，使人任何时候都不会彷徨于歧途？卢那察尔斯基说：有时候各种思想影响会轮流地控制一个人，这时候在我们面前的这个人就属于容易改变信念的那种人的类型；而在另一种情况下各种思想影响会同时结合在一个人的身上，那么在我们面前的这个人就是一个怀疑主义者。这种心灵上的脆弱性，实际上就是灵魂的空虚，是我们所不能容许的，我们把这看作培养思想上的坚定性和道德上的严整性的基础。把思想转化为信念，首先就必须了解少年的心灵，了解人。必须在课堂上阐明的思想越深刻，我在备课时就越迫切地感觉到必须在思想上非常明确我是在与谁说话。

如果我不清楚在课堂上我面对的是谁，不知道科利亚和季娜，托利亚和瓦利娅现在对什么感兴趣，我就是在对抽象的学生说话。在思考我要在课堂上阐明的思想时，我首先要考虑自己的每个学生的心灵。阐明思想的语言应该生动，饱含着心灵和思想的震颤。政治观念要与个性融合在一起，政治观念要体现在学生个人的精神振奋中，体现在教育者的思想和追求中。这就是一个人施加给另一个人的任何东西也替代不了的巨大的影响,通过这种影响(只有通过这种影响,而不能通过任何其他东西)才能展现知识的强大力量和共产主义思想的信念。思想只能存在于信念之中,存在于人的心灵中,用思想去影响被教育者的心灵,也就是去影响一个人。

教育只能从认识真理开始。道德教育过程的本质就是要使道德观念、政治观念成为每个受教育者的财富,变成他们的行为规范和准则。这个过程的展开只能通过多方面的精神活动,没有这种精神活动,就不可能有对理想的追求,就没有生动的人的个性。

精神生活,这是一种复杂的现象。不可以将它简单化,不可以认为如果少年用自己的双手做了什么有益的、社会所需要的事情,那么在他的心灵中形成必要的情感和志向的过程就自动地完成了。我永远也忘不掉在我从事教育工作的最初的十年中发生的一件事。五个六年级的男学生在打水,浇灌一位老奶奶的白菜地。(有时候少年会形成一种不正确的信念,认为"负责照料"白菜就是"负责照料"人。)他们在路上遇到了一个老人。他们很熟悉他,知道这个老人视力不好,要用棍子为自己探路。男孩子们想取乐,于是他们在老人要路过的地方浇了一桶水,而自己躲到灌木丛后面去了。老人无意中走到了这一汪水上,引得少年们哈哈大笑。他们笑够后就回到了水井旁,打了一桶水去给老奶奶浇白菜。少年们是去做好事,他们似乎也做了好事,但是如果这种好事不是在崇高的动机的鼓舞下做的,这样的好事有什么价值呢?如果做好事对他说来是与熟读课本这样的作业完全一样的事情,如果他在自己的童年和少年时代从来也没有懂得过什么是在良心的召唤下做好事,那么这个人在道德上就是不健全的人。像这些六年级学生那样的孩子，做好事还是做坏事，都是偶然的。很难预料这样的少年从家里出来走到街上会做些什么。他们会做出高尚的事情，还是会因为违反了公共生活的准则或因为犯罪而进了警察局。

精神活动，这是个人为了把我们的政治的、道德的、审美的思想、观点、信念和理想，变为个人的财富，成为人的内心的财富而付出的积极的努力。精神活动，这不是什么脱离日常劳动的深刻的自我反省和自我剖析。这是一种创造性的劳动，是受到崇高目标鼓舞的一种紧张的社会活动。精神活动，这是包括劳动在内的社会关系，在人的内心世界、在他的爱好和追求、在他的愿望中的反映。再说一遍：表现在他的愿望中。一个人的心灵中出现并确立起高尚的愿望，这种愿望能激励他的行为，产生使这个人仍然深信不疑的并萌生新的愿望的激情和行动，这样的人才是真正的人。我们在教育实践中把这个复杂的过程称作个人的思想生活。不是在熟记了思想时，而是在当这些思想体现在思维和情感的热烈的躁动中时，体现在创造和行动中时，思想才能成为神圣的、不可违背的。如果不是这样，如果少年在接受某些思想时不想一想自己，不把自己的行动和行为看作是思想的生动体现，这样心灵就会空虚，使其行为的好或坏都是偶然的。要使由个人的崇高愿望、对道德理想的追求所驱使的行为尽可能的多，这是少年教育中的一条黄金法则。

如何培养少年的心灵，怎样才能让父母们不为少年担心：孩子出了家门会不会遇上一群坏孩子而倒霉？怎样在少年的心灵中培育对坏人、坏事的免疫力，从而在人生的道路上遇到坏人、坏事时不至于受到伤害，而是使心灵得到锻炼？怎样在传授道德、政治观念的本质的同时，在传授知识的同时与人交谈，直接诉诸他的心灵？

在准备文学课和历史课时，在准备有关人和人性的教育讲座时，我总是向自己提出一个目标：要让少年对照自己，用共产主义思想这一道德品质的最高尺度来衡量自己。为了达到这一目的，我努力在少年的心灵中激发出对道德美的赞颂、对道德功勋的钦佩、对苏维埃祖国的敌人的仇恨。对敌人的仇恨是十分重要的，因为对恶的恨能培养对善的爱。道德的、政治的观念，这些不是抽象的真理，也不是僵死的原则。这是与生气勃勃的人血肉相连的，这是火热的心脏的搏动，这是人为了造福人类而生的幸福，这是人的欢乐和痛苦，是人的成功和失败。如果少年在您的话语中感觉不到人类的激情和追求、斗争和胜利的生动体现，那么您就不可能与他们倾心地交谈，不可能深入到他们的心灵。我总是努力在少年的想象中描绘出一个生动的人的清晰的形象，这个形象成为人类道德美的永恒体现，照亮着少年的心，渗透到心灵中最隐秘的角落，促使少年的心跳动得更快，使少年在感受到对共产主义信念的忠诚的同时体验到个人的公民自豪感。

不必对少年讲下面这样的话：你们也应该成为这样坚强不屈的、英勇无畏的、道德完美的人。要让少年忘记现在是在上课或在举行教育讲座；要让他不认为教师是来教育他的，因为少年不喜欢听教训，他们非常警惕地，以批判的态度对待这样的比较：英雄是在什么环境下活动的，而你们生活在什么样的环境中。我不止一次在科利亚的眼睛中看到这种警惕的刺人的目光。每次都必须付出很大的努力才能使少年忘记教师是来教育他的。我焦虑不安地期待着刺人的目光从这个复杂的（这可是个不简单的孩子！）男孩的警惕的、不信任的眼神中消失的时刻。当道德的美占据了这颗年轻的心时，当少年认识了自己并且用真正的人的眼光看自己的时候，这种刺人的目光就消失了。大概正是在我忘记了他是学生的时候，在我不仅向他传授知识，而且用自己心灵的激动去感染他的时候，他也忘记了我是教师。我逐渐成了科利亚的志同道合者，我们生活在观念的世界中。这时就会产生信念，产生并确立对创造力量的信心。如果教师和学生感到彼此是志同道合者，如果打开观念的世界时他们自己就成为这个世界的主宰，为自己选择防御工事，选择自己在防御工事中的位置，就是在这一时刻完成着我前面讲到的那个复杂的精神活动，完成着真正的自我教育。这时就能在精神上做好与思想上的敌人进行面对面斗争的准备，而这样的敌人每个学生在生活中都可能遇到。

追求道德的美，追求伟大的、英勇的行为，这是少年心灵的一个最重要的方面。科利亚受到对道德美的钦佩的鼓舞，他想："那么我呢，我是什么人呢？"但愿这个少年把这一想法当作最珍贵的东西来珍惜，但愿道德美的火炬在他的眼前永不熄灭，因为能看到这种美，就像给思想的风帆吹来一阵清风。不要急于在应该成为少年心目中的理想人物的举止行为与少年的举止行为之间进行比较。这样匆忙地比较可能给你带来与预期的完全相反的结果。谢尔盖·拉佐和亚历山大·乌里扬诺夫生活的环境，不同于托利亚和科利亚的生活环境。少年需要寻找自己的自我表现和自我肯定的途径。如果我试图在科利亚的日常生活中寻找理想人物表现精神的坚定性所必需的某种东西时，科利亚立即会警觉起来，从他意识的深处就会露出警惕和不信任的刺，他就把英雄人物的斗争与自己的平凡的日常生活做比较，而这种比较可能会使他得出这样一个结论：现在不是那个时代了。

我不敢做这样的比较完全不是因为想让少年脱离现实生活，促使他们去想入非非。不，我担心的是这种比较的矫揉造作和缺乏说服力。我关心的是使高尚的、英雄主义的崇高精神、对道德理想的信念，与少年对自己的信心融合在一起，体现在少年的生活中，体现在他与其他人的相互关系中。

在揭示道德观念和政治观念的伟大时，我像怕火一样地害怕少年在我的叙述的字里行间听出责备的意思：真正的人是这样做的，而你们做得完全不一样……即使这种含义的暗示也会导致精神活动的停顿，而没有精神活动就不可能培养理想；这种暗示也会在少年的心中孕育对自己力量的不信任，产生可怕的心灵上的虚弱，感到自己没用，觉得在自我教育方面付出的努力是徒劳无益的，理想是高不可攀的。但是少年永远也不会容忍自己是没用的这样的想法。少年会抗争，出自内心，用自己心灵的全部力量去抗争：他不再相信您对他所说的话，您可能使一切高尚的、理想的英雄主义的东西声望扫地。厚颜无耻往往就是这样产生的。失去了自尊心的精神财富是不可思议的。理想生活、美、道德高尚的行为的光辉形象，不应让少年眼花缭乱，而应该照亮他的道路，把他心灵中的一切美好的和丑恶的东西都照得清清楚楚。我们应该做的恰恰正是为少年的心灵照亮通向理想的道路，而不是用双手在他的心中翻寻些什么，也不是让它彻底地"暴露"。

美能够自然而然地影响心灵，而且不需要任何解说。我们在欣赏一朵玫瑰花时把它看作是一个完整的、统一的整体；如果我们从花上扯下几瓣花瓣并来分析美的本质表现在哪里，那么美就被毁坏了。不必向少年解释那些不言自明的东西。让想象把他带到征服了他的心灵的那个英雄所生活和战斗的环境中。

如果思想是通过辩证的思维从大量的事实和事物中获得的，这样的思想才能转化为信念。我常常设法使班级保持辩论的氛围。这是教育技艺的一个非常复杂的、细致的方面。少年在思想上周密地思考、分析一些事实，仿佛超脱了事实，看到了问题，于是就形成了辩论的氛围。在这种情况下就有"赞成"和"反对"两种意见。少年兴趣盎然地去研究矛盾并肯定自己的观点。他不是一个不偏不倚的"知识的吸收者"，而是一个战士。我认为我的教育任务就在于揭示这些事实所包含的最尖锐的方面，问题情境的实质就在于此。有情感色彩的问题性能丰富思维，因为少年对各种事实之间的深远联系及其相互关系并不是漠不关心的。他们会把很久以前发生的事情当作现在的事情来感知和体验；文学作品中的人物成了他们的志同道合的朋友或思想上的敌人。

知道少年的志趣是什么，善于调整他的心声，这是一门伟大的教育艺术，如果你能用自己的心去感受另一个人的心跳，你就能掌握这门艺术。有人以为只要在课堂上或在教育讲座中塑造了一个道德完美的伟大形象，就能控制少年的智慧和心灵，就能促使他去思考自己的命运，去认真地看一看自己到底是个什么样的人，从而在少年的心灵中树立起要求他树立的那些信念。千万不要用这样的希望来安慰自己。为了使人产生思想信念必须对他的智慧和心灵做多方面的工作，而这仅仅是这种工作的一个开端。这犹如您提供给学生思想上的弹药，它暂时还仅仅是弹药，但威力已很大，少年今后的全部精神活动都取决于这种威力。思想能否转化为信念也取决于这种精神弹药的威力，同时也取决于少年做些什么，他的情感指向什么。

不要忘记，少年并非总是在集体之中，您，教育者，也不是总是与他在一起。他常常一个人独处。很重要的是要让少年单独一人时愿意思考、幻想，在自己的想象中描绘一幅表现美和英勇品质的壮丽画卷，想象自己在为善的胜利而进行的复杂的斗争中的表现。没有进行这样的想象的时刻，就不会有人的个性，少年的心也就不会出现追求道德理想的高尚的冲动。这不是自我欣赏，也不是脱离集体的自私行为。这是个人精神活动的一个阶段，这是自我教育、确立自己的信念的一个阶段。我一直很注意给每个少年提供进行个人精神活动的有威力的弹药，这种精神活动就是严格地、高要求地审视自己，用最高的尺度，即共产主义原则的尺度去衡量自己。沃洛佳的母亲的一番话让我很高兴，她说，14岁的沃洛佳经常全神贯注地读书，陷入沉思之中，好像为什么事而激动不安。我劝告这位母亲："不要破坏这种状态。不要对儿子说：'去找同学解解闷。'他这是在进行自我教育，是学校中得到的精神弹药在起作用。"

必须再次提醒大家不要不准确地理解我所说的个人的精神活动。

这不是脱离生活的幻想，也不是不着边际的想入非非。这首先是在思考人应该有怎样的志趣，什么事情让他激动和不安。这是对自己的工作，对已经得到了和必须争取得到的东西的思索和幻想。如果集体中缺乏生气勃勃的、思想丰富的生活和劳动，缺乏高尚的道德关系，那就不可能有旨在进行自我评价和自我教育的真正的个人的精神活动。

教育少年的技艺的一个最精细的方面，就是要使教师点燃的火花即使在学生一人独处时也不会熄灭。我尽量使少年入迷地阅读描述杰出人物的生活和斗争的书籍，在这些人的身上体现了道德的伟大和美。我认为，阅读，反复地阅读一本有力的、激动人心的书，是一个人的精神活动中内容最丰富的时刻。

集体是一种教育力量，劳动是有益于健康的力量，所有这一切都是教育的最起码的真理，但是如果没有促使理想形成的个人内部的精神活动，那么它们就只能停留在起码的真理的水平上。道德理想，这既是一种社会的东西，同时也是一种深藏在人心中的东西：这是政治、道德、审美原则在个人身上的折射。

信念就其本质而言不可能是没有活动的精神财富。只有通过积极的活动信念才能存在、巩固并得到磨炼。只有当人确立了他随时准备为之而奋斗的、在任何情况下都不放弃的原则时，人才会坚信什么。这里又该回到精神斗争这个话题上来了。每个少年都应该通过劳动和集体中的相互关系来证实和捍卫点什么，在磨炼真理的同时磨炼自己的尊严和荣誉。这就是精神斗争。使对道德观念的认识活动充满崇高的精神，一个人的人格升华的意义就在于此，在少年时代如不在精神上提高自己，就不可能有自我肯定。帮助每个少年找到进行精神斗争的领域，我认为这是进行个别教育的一个方面。劳动是精神斗争最经常的一个领域。

如果每个少年都没有经历过自我教育，那就谈不上个人精神面貌的形成。当劳动中体现某些思想时，人才对劳动感兴趣。

但是精神斗争不仅仅反映在劳动中。少年在自己的少年思想家晚会上聚会。在这样的晚会上少年对真理问题展开热烈的辩论，洋溢着渴望了解、确信、揭示真理和肯定某种神圣的、不可违背的东西的高尚愿望的气氛。如果没有在崇高的思想指引下的劳动，少年思想家的辩论就会变成脱离生活的幻想。如果一个人通过劳动，通过克服需要竭尽全部体力和精力才能克服的困难，确立了自己的信念，那么对他来说思想领域也成为进行激烈的斗争和自我肯定的领域。人要以亲身经历去理解为取得劳动和创造的胜利而进行的斗争，只有这样的人才珍惜思想和信念。

少年思想家晚会是由少先队和共青团组织举办的。少先队组织首先是一个进行政治教育的组织。12—14岁的少年是能够理解观念和思想的世界的。少先队员的自主精神不能仅局限于体现在远足、游览、铁木儿队①的活动和收集废铜烂铁的活动中。年龄大一点的少先队员的劳动应该与思想、观念、政治教育以及掌握科学知识和政治知识相联系。从一开始组织少年思想家晚会起，在热烈的集体精

---

① 铁木儿队是苏联卫国战争时期儿童帮助烈军属和残疾军人的组织。——译者注

神生活的气氛中始终搏动着活跃的、求知的思维的脉搏。我与共青团委员会一起认真聆听什么问题使少年激动不安，然后拟定下次辩论的主题。当然，所有这一切是在少年不知不觉中做的。我们，作为传授科学基础知识的教师，对少年精神生活的干预表现为，激发他们的求知欲，参加他们的辩论，使我们的学生感觉到有表达自己的思想、疑问和意见的需求。

少年思想家们有一次辩论这样一个问题："什么可以做，什么不可以做，什么必须做。"实质上这是在辩论一个始终激励着少年和青年的一个问题，即关于人和社会、义务和自由、个人和集体的相互关系的问题。少年从不同的途径去认识真理，热切地想肯定自己是正确的，捍卫自己的观点。他们陈述的思想有正确的，也有错误的；在热烈的辩论中错误被驳倒，真理就变成了自己的、珍贵的思想。我们当教师的，与我们的学生一样，也是这种辩论的热心参加者。在辩论中谁也没在意我们是教师，而我们的年轻的朋友是学生。我们是平等的；我们的某个论点被证明是正确的，主要的不是靠教师的威信，而是由于我们的知识、博学和眼界。然而正是在这样的辩论中，当少年忘掉了我们是教师时，我们作为教师的威信就树立起来了。

从第一次举办少年思想家晚会到现在已过去了许多年。关于世界观问题的辩论已确定不移地进入了少年的精神生活中。经验使我们确信，如果我们想找到通向少年心灵的途径，如果想让少年向我们打开自己的心扉，就应用激励着他的有关真理的辩论去吸引他。少年在辩论初看起来与他个人无关的问题时能毫无顾忌地对您谈论他自己。有两次讨论善和恶的少年思想家晚会，是我终生难忘的。米沙和托利亚激动地谈论人的心灵中普遍的善与恶，但从他们的话语中流露出对自己的联想以及忧心忡忡的疑问：善是否总是能战胜恶？如果就在你的眼前恶取胜了，你怎么办？为什么老一代中的有些人不愿意参与生活中的一些尖锐的，有时是不愉快的、复杂的事情中去？起初他们只是对此做出一些暗示，而后来就坦率地谈出了使我们震惊和不安的一些事实。卡佳、瓦利娅、拉里莎、济娜都从不同的角度谈了自己的想法。她们认为一个人只有为别人做了好事才会幸福。女孩子们谈的实际上是自己家庭的幸福，谈的是主宰着自己的父母之间的关系的友谊和互助。如果少年从生活中接受真理，真理就具有鲜明的感情色彩，从而就是有说服力的。正在探索真与善的米沙和托利亚以及其他少年激动地聆听同学的发言。一个真理的形成过程就在我们的眼前进行。我们教师在参与辩论时只字不提自己，但实际上我们是在谈论自己的生活经验。因此教师的话就显得贴心、诚恳、感情饱满。

少年思想家晚会为我们揭示了一条重要的教育规律：当少年不仅是为了直言不讳地说出自己的想法，而且是为了与同学的错误思想做斗争才进行"交锋"，才坦率地陈述自己的思想的时候，道德真理才能为个人所接受。在对真理的肯定中少年体验到极大的快乐。

不可以把学校说成是人为制造的没有思想病毒的环境。在少年的周围沸腾着复杂的、充满矛盾的生活：他们常常处于各种思想影响的十字路口。没有必要去回避异己的思想影响，而是要接触这种影响，促使他们去积极思考、独立分析生活中的各种各样的现象和情境。为了把知识"转化"为信念，用形象的话说，就必须把少年引向波涛汹涌的河流，教会他游泳并与他一起游过急流。当他登上了坚实的河岸时，年轻的公民就会感到自己是真正的战士。列宁教导我们说：马克思主义的思想不是什么生吞活剥的东西，而是"经过你们深思熟虑的东西"。人类的思想通向真理的道路从来就不是笔直的。我们任何时候都不回避我们的学生提出的尖锐的问题，也不回避有争议的和错误的意见。相反，少年以坦诚的心灵与我们相处，我们是很高兴的。通过真理与错误观点、论点的辩证的斗争，错误得到了纠正。

在少年思想家晚会上，我们的少年讨论这样一些问题："祖国可以没有你，而你，失去了祖国就什么也不是"、"怎样使自己树立坚定的共产主义信念？"、"真理只有为人所用时才是真理"（歌德）、"真理总能获胜，但必须坚定不移地扶持它"（尤利乌斯·伏契克）、"我们从社会得到了什么，我们给了社会什么"、"应该怎样学习才能体验到认知的快乐？"、"现代的人是否有必要了解遥远的过去？"、"如果你们遇到了遥远星球上的一个有理性的生物……你们乐意向他展示地球上的什么东西，而什么东西你们暂时竭力想保密？"、"人类引以为豪的是什么，人类的不幸和耻辱是什么？"、"个人和全人类，怎样才能死后在这个世界上留下好的名声？"、"怎样成为幸福的人，怎样为他人创造幸福？"、"怎样培养自己的勇敢精神？"、"什么是善？什么是恶？"。少年思想家晚会成了把我们学生的周围世界和生活经验与道德观念、道德知识连接起来的桥梁。由于每个少年都在思索和探索，我们就能成功地使他们的精神生活充实、高尚，使对必要知识的掌握成为有趣的、吸引人的事情。在少年思想家晚会和课堂教学之间建立起了紧密的双向联系：在课堂上点燃了求知的最初的火花，激发了获取知识的愿望；关于真理的辩论引导少年深信，知识的世界是多么辽阔。

我想简要地谈一谈对道德教育起着决定性作用的一个很重要的思想。学校最主要的任务是培养对社会主义祖国、对共产主义思想、对劳动人民的理想无限忠诚的爱国主义者。

我们尽力使每个少年形成个人对祖国的态度：有一种愿望，精神上有一种强烈的冲动，要去维护祖国的尊严、伟大、光荣、荣誉和强盛。一个人认识到什么叫祖国，体验到对祖国的热爱和感激的情感，为祖国而兴奋、担忧，关心祖国的现在和将来，与祖国的敌人势不两立，随时准备为了祖国牺牲自己的生命（没有对祖国的无私奉献，就不会有诚实的、高尚的、自由的生活），这样的人在少年时代就已认识了自己，树立起了自己的尊严。

多年的学校教育工作经验使我确信，爱国主义教育的力量和效果取决于个人对祖国的认识的深度，取决于他用爱国主义者的眼光认识世界和自己的清晰程度。培养准备为苏维埃祖国的独立而奉献自己生命的爱国主义者，这就是说要用崇高的情感充实少年的日常生活，这种崇高的情感使这个年龄的人所认识的和所做的一切都变得更美。

在《把整个心灵献给孩子》一书中，我已经叙述了孩子们在祖国的地图上的"旅行"。在少年期这样的旅行仍在继续。随着每一次对祖国的过去和现在的"拜访"，孩子们似乎越来越摆脱具体的事实和形象，而去思考这样一些问题：对于一个人来说，祖国是最亲的、最神圣的；没有了祖国，人就失去了自我。少年们开始把苏维埃祖国看成一个统一的整体，看到了她的辽阔的疆土、丰富的宝藏、伟大的过去和英勇的今天、她的社会主义制度和共产主义建设。

我为每次"旅行"准备了谈话，谈话中贯穿着从过去延伸到当代的线索。我非常注意让少年们对空间和时间有明确的概念，因为这是形成祖国意识的最重要的条件之一，并且能使少年用智慧和心灵去领会祖国的伟大。下面这种做法尤其能达到这一目的。我在一次谈话中要概括在几个世纪中在辽阔的空间发生的历史事件，向学生揭示爱国主义的某一个方面，例如，对侵略者毫不妥协，随时准备为了自由和独立献出自己的生命。

对处于少年期的少年来说，当他用思索的目光环顾世界时，重要的是要使这个世界不是狭隘的，不局限于家庭的小圈子。少年看到的越多，越深远，能刺激他去认识在日常生活中不可能直接接触到的遥远的东西的思想和情感越丰富，那么他用公民的眼光去看自己的村庄、自己的劳动、自己的同学、亲人和亲近的人以及看自己时，就会更细致，更关切，更敏感。如果在高高的帕米尔山脚下的某个地方发生的事情使一个少年很激动，那么他在自己的家乡看到的事情同样也会使他激动。

我高兴地确信，在祖国这一伟大、崇高的观念的鼓舞下，我的学生非常关心在他们眼前发生的一切，发现从前发现不了的东西，因为他们是用爱国主义的眼光去看世界，这不是感动，而是公民的担忧，公民的不安。有一次少年们去森林进行了一次想象中的长途

"旅行"，在回家的路上，看到了他们过去曾熟视无睹地看到过的东西。这就是一条沟壑"吃掉了"好几公顷肥沃的土地。这条沟壑年复一年地使越来越多的黑土地块从肥沃的耕地上流失。"这样下去的话，所有的耕地都会变成沟壑。"万尼亚担忧地说。少年们若有所思地在沟壑旁站住。他们在用爱国主义者的眼光审视家乡的土地：他们不仅看到了好的、繁荣的和强大的一面，也看到了我们的悲哀。义务感恰恰就是从看到周围世界存在问题的方面开始的。

如果一个人在领会、体验祖国的伟大这一观念时，他不怦然心动，那么在自己家乡的村子里，在家乡的城市中他就不可能看到祖国的缩影，他就不会有为了祖国的强盛而做点儿什么的强烈的需求。令我高兴的是我的学生们已经有了这种为祖国而劳动的精神弹药。五年级的学生热情地从事着一项工作，为这项工作他们已花费了不止一年的时间。学生们在这条沟壑的四周栽了树，精心地养护这些树木。当沟壑的四周长起了橡树和白蜡树时，对耕田的侵蚀就停止了。

我们的集体在评价某项工作的教育意义时，首先考虑的是这项劳动活动的公民因素表现在哪里。我们认为道德教育的现实意义就在于，使一个人希望自己的祖国强盛、美丽、幸福的愿望，在整个少年期乃至青年早期，始终都能在具有鲜明的公民倾向性的劳动中表现出来。产生爱国主义使命感的源泉就在于此。只有当一个人有了公民的愿望、爱好和追求时，他才会感觉到自己应该做些什么。公民的愿望在少年期表现得越鲜明，在成年期的一切愿望就会更高尚。

别林斯基说过，人就应该在少年时期探索和了解过去，让过去帮助他去认识现在和展望将来。具有历史知识方面的修养，这是通向自我道德教育道路上的极其重要的一个阶段。一个人只有在思索祖国的命运时，当他在思想上回顾自己的人民所走过的道路时，当他认识并感觉到自己是人民中的一员时，他才能深刻地体验到自己对祖国的义务感。"思想室"中的历史书架，是少年获得知识、进行思考和体验的源泉。

每个少年都是在独立阅读的过程中认识祖国的。我深信，一个人在任何时候都不会像在少年时期和青年早期那样，对人民的伟大而英勇的历史的归属感具有如此强烈的和深切的体验，当想到自己是祖国的儿子时他的心会如此激烈地跳动。任何时候都不会像在少年时期和青年早期那样，祖国人民历史上的阴暗、悲惨的篇章会让他们的心如此痛苦地收紧。我的学生们的少年期和青年早期，是如饥似渴地了解我们的人民在过去的几百年和几十年的经历的时期。我为历史书架配备的一些书的主题是：我现在所看到的；我头脑中的家乡（这不仅是指我生活在其中的环境，还包含着先辈的遗训）。家乡的每一寸土地都浸透着为了人民摆脱剥削和压迫，为了祖国的荣誉、自由和独立而斗争的战士的鲜血。我们的先辈对于他们为之献身的那个将来是什么样子的，可能并不很清楚，但是他们关于善良和正义必然取胜的理想，这就是我们的现代。我首先是一个债务人，是那些为家乡创造了财富、为赢得和捍卫我们今天的幸福而经历了千辛万苦的先辈们的债务人。

正是在对这些思想的思索和体验中，向少年揭示了过去与现在的千丝万缕的联系。义务感，这是良心的召唤，它深刻地反映了个人对自己的社会和人民的态度。我们作为长辈，要给予正在成长中的一代取之不尽用之不竭的物质的和精神的财富，关心他们的幸福。但是一个人只有懂得了并且用心感觉到了为什么他是幸福的，知道并体会到自己幸福的源泉时，他才会成为幸福的。认识并体会到在社会主义社会中的自由劳动的幸福，这是个人道德财富的基础，是在少年期形成的。我看到了在少年意识的深处，在少年的心灵中进行着的复杂的过程：每个少年都是逐渐地、一步一步地按自己的方式，用自己的智慧和心灵去认识自己生活的幸福，这种幸福就是他不用为了明天的一块面包而操心，他在接触人类的精神财富，他能欣赏和享受周围世界的美给予他的快乐，他能向往幸福并自觉地创造幸福。

我向13—15岁的少年翻开我们苏维埃祖国的英勇历史上的最辉煌的篇章。男女孩子们阅读了有关十月革命、国内战争和伟大的卫国战争的书籍。他们感觉到了历史在叹息：母亲眼中的泪水还未干；许多英雄的墓地还未找到；许多蹂躏苏维埃祖国的领土和精神的法西斯罪犯、出卖了祖先的土地并沦落为敌人的走狗的叛徒还没受到惩罚。我注意使每个少年站在我们人民的历史的这个高度上去思索和体验，什么东西曾经威胁过我们，先辈们保卫的是什么，并更深刻地体验义务感。我的学生们在少年期收集了我们的同村人参加伟大的卫国战争的一些材料。孩子们拿来了村里人信任地交给他们的英雄们（他们是我们的邻居、亲人和朋友）的已经发黄了的照片，把它们当作无价珍宝。孩子们为英雄们制作了大幅的肖像，把肖像挂在我们称之为"光荣殿"的一间房间里。在这间房间里保存着有关伟大的卫国战争的所有的材料。在荣誉台上放着在前线牺牲了的我的学生家长的照片。起先是少先队员、后来是共青团员的少年寻访者在收集英雄事迹的过程中受到了鼓舞。有些人参加过把祖国从法西斯侵略者的奴役下解放出来的战斗，孩子们把他们叙述的点点滴滴的材料，都当作宝贵的资料记录并保留下来。

孩子们发展到了能认识并体验到创造性劳动的幸福的阶段，在这一阶段为祖国而劳动对少年的教育特别重要。少年从他们平时所热爱的一些平凡的工作中体验到了深刻的公民意义。他们在一块贫瘠的连草也不长的不毛之地上为人们开辟了一个花园。我们为学校建设新的校舍，保护童年时栽下的树木，培育谷类作物的种子。这些工作需要付出很大的精力和体力。在崇高的目的鼓舞下的劳动，是对少年进行的一种独特的精神锻炼。他们感觉到自己是公民。

少年为了家乡更富强而做得越多，个人付出的精力和体力越多，他们就越敏锐地用爱国主义的眼光去看世界。

个人和集体

当一个少年认识到人身上最细微的特点时，他就开始对人的要求很严格。他希望在别人身上，尤其在自己的父母、同学、亲近的人身上看到深藏在内心中的、一时不易发现的品质。少年敏锐的心灵和爱寻根问底的思想能发现这样的品质，并给予严格的、公正的评价。要培养少年对善的信念和做得更好的愿望，就要使少年周围的人的道德品质符合向少年所揭示的原则、规范和理想，恐怕很难找到比此更重要的。对我们来说，"集体"一词既表示学校集体，也表示家中周围的人和在工作单位与之一起工作的劳动者，即少年与之发生各种各样关系的人。

集体，这不是某种没有个性的群体。集体是作为许许多多个人的集合而存在的。如果教育者希望首先通过有组织的依从关系，通过服从于领导去发挥集体的教育力量，那么他的希望就会落空。集体的教育力量始于每个个别的人所具有的力量，始于每个人所具有怎样的精神财富，始于他给集体带来了什么，他给了别人什么，人们从他那里得到了什么。但是，每一个个人的财富，这仅仅是集体的有价值的、内容丰富的生活的基础。人们进行共同的活动，并且在这种活动中体现出在高尚的道德目标鼓舞下的劳动所具有的崇高的思想性，这时集体才能成为一种教育力量。

少年期的重要意义在于，它不仅在发现人（这也是童年期的特点），还在探索人。在一个好的集体中，集体的活动总是受到高尚的、道德的、社会的目标的鼓舞，在这样的集体中人就像照镜子一样地看到自己，觉察到自己的优点和缺点。一个人没有在集体中受到高尚的劳动的鼓舞，他就不可能坚定地形成要做得更好、要自我完善的愿望。自我教育是一个具有深刻的个人特点的过程，是个人精神生活的一个方面，当一个人感觉到高尚的道德关系对自己的影响，在精神上努力去求得进步，这时才可能进行自我教育。个人越努力，集体的生活就越丰富，精神就越充实，思想就越活跃。

在学校教育实践中为什么往往会出现下面这种情况：一个班级在童年时代是一个好的集体，而到了少年期集体确确实实地瓦解了。这是因为，在童年期孩子在自己的每个同龄人身上发现了所有能够发现的东西，少年现在找不到任何新的东西，看不到他们的心灵急切地、好奇地寻找的东西。找不到新东西的原因是集体的生活没有被有内容丰富的、有思想性的活动所充实。关心集体的教育力量，也就是关心集体的每个成员精神上的充实和成长，关心集体中人们的各种关系。如果少年在集体中能找到有趣的、精神上较成熟的、思想丰富的各式各样的人，这样的集体对少年就有吸引力。我一直努力使每个少年为自己的同学贡献点什么，为丰富集体的生活做点什么。为了使对人生的探索与集体的关系相一致，少年就应该在自己的同学的身上找到他所追求的东西（在正确地进行教育的条件下）：聪明才智、体现崇高精神的劳动、创造性、高尚的道德品质。在少年期，个人精神财富的充实越来越取决于每个少年的精神生活。因此，承担由少年组成的班级的教学工作的教师集体，应该特别注意使每一个教师都有自己的学生：语文教师和历史教师要有自己的学生，生物教师要有自己的学生，数学教师也要有自己的学生。要发现个性，这就意味着我们不仅要使某个人学习某一门学科比学习其他学科更用功，还要努力在少年身上发现他的创造能力。这种创造能力能激发他们对整个知识领域的兴趣，使他们的智力情感灼热，并且表现在各种道德关系中。在这方面尤其起作用的是智力情感。少年在有关自己所热爱的事业的一些想法的鼓舞下，充满着崇高精神，他们渴望把自己的知识、自己的爱好传递给其他人，而这是对集体的精神生活的巨大动力。

在我们的少年的集体中总是洋溢着有趣的丰富多彩的精神生活。从六年级起少年就举行晨会，然后举行科学知识晚会、文学创作晚会、文艺作品朗诵晚会。少年们把自己的知识财富奉献给自己和自己的小同学们，又从大同学那里吸取这样的知识财富。例如，一名共青团员，十年级学生，到六年级学生这里来。他对他们讲述遥远的宇宙星空。他全神贯注于自己的讲述，少年们投入地聆听他的故事。过了几天，来了一个爱好数学的九年级学生，他演算了一些有趣的习题。再后来一个八年级学生来朗诵歌颂祖国自然风光的诗歌……现在该轮到我的学生去给四年级学生做报告了（第一次是在第六学年结束时）。这些报告是关于植物和动物的生长、自然现象、英雄们的功勋的短小的、有趣的故事。

精神财富的相互交流，成为集体生活的特点之一。每个人都为同学做点什么，每个人都好像在秘密地准备出人意料的礼物。当我的学生们在七年级时，女孩子们就给了男孩子们这样一件意外的礼物。她们写了一组故事，描述在"阳光明媚的密林"中度过的夏天的时光。在这些故事中对每个男同学的行为做出了评价。这些故事引起了极大的兴趣。高年级学生邀请这些女孩到他们那里去，给他们朗读自己的故事。

我的许多学生从五年级起就担任一年级学生的小辅导员。我们当教师的怀着极大的兴趣，以激动的心情注视着，这些已经向少年期迈出了一步的孩子们，怎样揭开自己精神发展中的新的一页。一个人不仅感觉到自己是受教育者，还感觉到自己对其他人的命运承担着责任，这时才开始真正的教育。一个人对另一个人的责任心，对于集体生活来说，其作用就好像水泥浆对于用砖建造大楼一样：没有水泥浆就盖不成房子，没有一个人对另一个人的责任心，也就没有集体。所以，一个人对另一个人的责任心，这是具有高度思想性和创造性的劳动的顶峰。五年级学生是"十月儿童"的辅导员、儿童课外活动小组的领导者，还是培养小同学加入"少年列宁"组织的少先队指导员。到了六年级他们为小同学每周举办一次时事报告。

高年级学生和低年级学生之间的个人友谊，揭示了人类的一种高尚的需求，这就是对人的需求。少年在五、六年级学习时就开始在学习上帮助自己的小朋友。这就确立了对人的责任感。在少年与儿童的友谊中显示出人类的真正的高尚性，而在劳动中体现出来的心灵的感动，正是我们当教师的千方百计地想用各种方式去影响他们的心智而引起的那种心灵的感动。希望看到自己的小朋友取得进步，我们认为这种愿望具有特别重要的意义。少年在帮助小朋友学习书写、绘画、阅读、解题时，就把他们的喜怒哀乐全都放在心上。关心别人，这是自我教育的一种最好的方式。一个人希望在别人身上确立善的愿望越深切，他就能越多地看到、认识和感觉到自己身上的好和坏。少年与其他人的友谊要始于奉献自己的精神财富，对人的需求产生于这样一种愿望，即在做出自己的贡献的同时在别人身上找到自己快乐的源泉。我认为这一点对于少年的道德发展是非常重要的。

发展对人的需求的另一条线，是在自己的集体中产生的男孩与女孩之间的友谊。在五年级，尤其在六年级开始形成一种精神上一致的相互关系，这种关系为牢固的友谊打下了基础。在个别情况下共同的兴趣、共同的活动，也能成为精神上一致的基础。科利亚和丹科都酷爱物理学，他们俩在"知识的源泉"和"思想室"中不止一小时地一起摆弄有趣的活动模型和读书。但是与我的愿望相反，共同的对创造的爱好和活动成为友谊的基础的情况很少发生。在大多数情况下爱好不同的创造性活动的少年成了朋友。爱好生物学和植物学的万尼亚和爱好数学和无线电技术的谢尔盖伊卡成了好朋友。拉里莎和托利亚在自己的爱好和创造性活动方面似乎志趣很不相投（女孩喜欢艺术创作、绘画和写诗；而所有的人都认为男孩是"枯燥无味的数学家"），但他们俩成了好朋友。

我坚信，在少年期，尤其在十三四岁时，友谊的基础往往是精神上的兴趣和需求，而不是对某一种劳动的爱好。思想上的、智力情感上的、审美需求上的微妙的、常常是我们教师难以捕捉到的一致性，更经常地成为友谊的基础。无数的事实让我确信，人们之间关系的情感—审美方面在少年期起着多么巨大的作用：对共同的感受的需要使一个人爱慕另一个人。集体的精神生活越丰富，越充实，把少年连接起来的友谊的纽带就越精致，越牢固。

令我十分高兴的是在绝大多数情况下，对书籍和对一般有智力和审美价值的东西的爱好，成为少年在精神上的一致的基础。这有助于少年彼此深入地了解相互的内心世界。随着相互之间对精神财富的兴趣的逐渐深入和发展，就逐渐确立起了爱另一个人的情感。几十年从事少年工作的经验使我确信，要培养对人的爱，培养相互的尊重，培养体察另一个人的细腻的精神活动的能力，其中的一个重要方面就是培养友谊。

在少年逐渐成长为男人和女人这样一个创造的时期，友谊的高尚基础就尤其重要。令我们教师十分高兴的是男孩们和女孩们成了朋友，在他们相互之间的好感的深处蕴含着性的吸引力，细腻的、高尚的志趣使相互之间的好感充满着崇高的精神。

少年与成人之间的友谊，在确立对人的崇高需求方面起着重要的作用。在绝大多数情况下父亲和母亲能够成为男孩和女孩们的朋友。为了迎接孩子精神发展上的这一个时期家长必须进行多年的准备。我是这样建议家长们的："要机智地对待并要尊重少年的个性，他们正在成长为男人或女人；你们与少年的相互关系应该渗透着平等的精神，同时也要渗透着对长者的生活阅历的尊重；要珍视少年对独立的追求，不得用不信任和怀疑让孩子受到委屈，同时又要了解自己孩子的一切，但不是通过纠缠不休的监视和监督去了解。要教导他们使他们的意见和行为渐趋成熟，使他们确立起对自己行为的责任感，这是表明成熟在道德方面的一个重要特点。"

绝大多数的母亲和父亲都与自己处于少年期的孩子形成了良好的友谊关系。但托利亚、季娜和科利亚没把自己的母亲看作朋友。萨什科是在没有父亲和母亲的情况下长大的。然而一个正在成长为公民，同时成长为一个男人或女人的人，如果与富有生活经验的长辈没有精神上的亲近，就不可能生活。少年需要成人的友谊，这首先是因为这种友谊是确立自尊感的本源。我了解一些少年，他们不幸福是因为他们是孤独的；成人的世界对他们来说是望尘莫及的，是不可理解的；关于成人的概念，他们仅仅是在与过分严厉的、苛求的、吹毛求疵的教育者打交道的基础上形成的。把少年正确地引进成人的世界，这需要有很高的教育机智。有的少年失去了父母的智慧所能给予的幸福，我们当教师的就成了他们的朋友。

季娜和科利亚在低年级时就成了我的朋友。与他们两人的友谊为我揭示了少年的神奇世界中的许多东西。我懂得了，如果您能珍惜地、细致地、慈爱地去触摸少年的心，如果您能珍重他心中的隐秘，他就会向您敞开心扉。我越关心我的朋友的喜怒哀乐，他们就越信任地向我袒露自己的秘密，就越经常地找我出主意。但是必须善于保守少年的秘密，不要对他们的秘密表现出过分的兴趣，不要去"掏"别人的心灵。把少年的心"兜底地翻出来"，力图寻根刨底地追问连他自己都羞于承认的事情，干预完全属于他个性深处的东西，这种做法明显地表明缺乏教育修养。这种做法在少年和教师之间砌起了一堵高墙。少年信任地向您，教师，吐露的秘密越多，您越机智地保守这种秘密，您拨动您的学生的敏感的心弦的技艺就越高，您的学生对您的人格的信任就越深切，对您越忠实，他就越渴望成为您眼中的好学生。

与季娜和科利亚的友谊使我确信，一个人在这一年龄期常常会非常强烈地感受到对人的需求感，这时如果没有别人的支持、共感、安慰、帮助和同情，这就有可能导致不幸。有时候对人的这种强烈的需求是有具体原因的，但常常也会有这样的情况，似乎一个人莫名其妙地突然感到自己很孤独，很想与能理解他、能体察他的感受的人待在一起。不止一次出现下面这种情况：课后或星期日科利亚或季娜突然来找我。从他们不安的目光，根据其他不易察觉的迹象我感觉到他们感到自己很孤独。在这种场合就不可以询问他们为什么来找我。我们一起去花园，去田野，这是排解慌乱、悲哀的最好的地方……我对他们说些有趣的事，我的话尽量不与少年的情绪联系起来。常常是少年根本就没听进去我在说些什么，一般说来他并不需要听我说话，他需要的只是与另一个人在一起，就只有这点需要。科利亚和季娜常常向我吐露心底的秘密。

与少年的友谊帮助我理解了他们的独特的道德观的许多细节。少年鄙视告密行为，但有时把同学希望别人改正错误的真诚的愿望也看作是告密。在教育工作中必须考虑到所有这一切。我们总是这样诉诸少年的自尊感：谁干了不体面的事，就让他自己鼓起勇气去告诉老师或集体所有的一切。藏在同学们的背后，就意味着是胆小鬼和叛徒。我们教育孩子们从小就要做光明磊落和襟怀坦白的人。谁在承认错误和保持沉默之间举棋不定，他就会感觉到同学们的鄙视，而这是最可怕的惩罚。

与少年的友谊也帮助我们教师明白，要杜绝抄袭、提示和作弊行为，不能依靠严厉的禁止和惩罚，而要通过诉诸少年的自尊感。要让少年认识到坐享同学的劳动成果是可耻的。

在少年期出现的许多困难，其实质在于相互之间的不理解和不信任：成人不理解少年的精神世界，而少年也不理解成人，对成人抱有戒心和成见，认为成人的一举一动都是为了限制他们的自主性。我认为很重要的一项教育任务，就是要让少年正确地理解自己的自主性，是与自己对别人的义务完全一致的。没有成年朋友，少年就不可能懂得这样一个真理，即少年期的独立性是有合理的限度的，而没有义务和责任的自由是不可想象的。我永远也忘不了与科利亚和季娜的多次谈话：我毫不宽容地、毫不迁就地与他们谈论生活的错综复杂和矛盾，就像与成人谈话一样。这些谈话的实质是谈论人的命运、成人与成人之间以及成人与孩子之间的微妙的、充满矛盾的关系。当我的学生意识到了世界上最宝贵的就是人，是这个人的幸福，是这个人的快乐和他周围的人们的快乐的和谐统一时，他们的心跳加速了。我深信，处于这样一个充满激情的、不轻松的时期的每一个人，都很需要这种揭示人生真谛的谈话。

把我们连接在一起并使我们相互亲近的还有书本的世界。我常常讲述一些在人类的精神生活中留下了永不磨灭的影响的书籍，常常讲到深夜。这些故事激励少年想更多地了解斯巴达克和泰尔·乌连什皮格尔、威廉·退尔和拉赫美托夫、堂吉诃德和皮丘林、保尔·柯察金和格里戈里·麦列霍夫、牛虻和卓娅·科斯莫捷米扬斯卡娅。我的个人藏书成了科利亚和季娜的精神生活财富的源泉。在节日时，在生日时他们都能收到一份礼物——一本好书。这是他们生活中最幸福的时刻。

如果与成人之间没有受到崇高理想鼓舞的充满乐趣的友谊，就不可能有甚至不可能设想有精神丰富的少年和青年时代。如果在你们的学生中有人失去了家庭中人情的温暖和快乐，只有与成人之间的友谊才有助于把他们培养成真正的人。但要成为少年的朋友，就必须深入地了解他的内心世界，用心去感觉和响应他的细腻的思想、愿望和忧虑。

恋 爱

"任何时代、任何民族的教师都痛恨爱情。"马卡连柯在一次与教师的谈话中这样说过。在这句玩笑话中含有真理的成分：有的教师不明白，年龄大一点的少年已是男人或女人了，两性之间的爱慕是符合规律的现象。他们没有考虑到少年的性爱的情感色彩与成人的完全不一样。在丰富的、有意义的精神生活的氛围中男孩和女孩之间关系的隐秘的本质，被理想的、纯洁的、高尚的动机和相互接近的愿望所掩盖。他们相互吸引的客观基础是性的本能，但如果直言不讳地对他们说到这一点，他们会感到震惊。

成人干预少年的不容侵犯的情感领域，对此少年特别强烈地感到不能容忍。掌握尊重和理解少年的爱情（这是两个人在一起的利己主义）的艺术，是使成人（教育者）和少年（受教育者）的精神世界和谐的很重要的前提条件。

理解和尊重主要体现在哪里呢？我认为，在学校中必须杜绝不知分寸地、毫无必要地谈论学生之间的恋爱。关于谁爱上了谁这样的话只字也不要说。不要有任何一点蛛丝马迹使一个15岁的少年感到有人"戴着铁手套在触摸人心"。爱情在人的一生中应该永远是最灿烂的、最隐秘的、最不受侵犯的。在我们的教师和我们的学生之间有一种默契：我们都知道少年已了解男人和女人之间的隐秘的关系，但我们装出不知道的样子；少年也知道我们成人了解他们在这方面的知识，但也装作对此一无所知。这是对应该渗透到成人与少年的关系中的正派作风的基本要求。这不是玩弄保密游戏，而是对人性的深切的敬重。关于什么是爱情、男女之间天然的隐秘关系会有什么结果之类的不必要的谈话，我们尽量避免，但同时我们认为有必要使男女孩子们怀着深深的责任感去对待他们相互之间的关系。恋爱自由需要最严厉的、最不容忍轻率行为的纪律和自我约束。只有善于把握住自己的人，善于用理智控制本能的人，才能得到人类最大的幸福。只有在这样的条件下才谈得上恋爱自由。

没有卓越的、高尚的情感的自由，没有理智的、美好的、有约束的和不容忍淫荡的自由，发展人的自尊就是不可想象的，让少年抵御侮辱人格的低级情感也是不可想象的。少年爱情的纯洁和崇高，当然取决于对他们的教诲、临别赠言和充满哲理的话语，但更主要的是取决于少年的生活志趣，取决于他们在精神上的兴趣、需求，取决于我们社会的最重要的道德观念（人是最宝贵的财富）在学校集体中的发展情况。

在男孩把自己的朋友当作女性来爱恋之前，他应该首先对在她身上发现了的或正在发现的东西满怀着赞美和惊异的情感。少年的爱情，用形象的语言来说，就是一扇明亮的窗子，进入生活的人穿过这扇窗子看到周围世界最重要的本质——人。我们得知了一个男孩和一个女孩在花朵盛开的苹果树下坐到深夜，我们不担心也不害怕。我们相信他们之间的一切都是纯洁的、高尚的，因为他们两人都需要相互发现点什么。

通过几十年来对少年的教育工作，我发现了一个具有哲理的真理：建立在兴趣、需求这样一些精神财富基础上的少年的爱情，能在人的相互关系中培养起细腻的情感、优雅的举止、彬彬有礼的作风。爱美的人，若能感觉到并理解人的美，他就能更善解人意。对少年的隐秘的内心世界的尊重，是正确实施情感教育的一个极其重要的条件。（遗憾的是，这同时也是教育方面的一片几乎尚未开垦的处女地。）干预别人的爱情，这好像是在给人的心脏动手术。在进入这个禁区时我总是有一种巨大的责任感，觉得自己是一个"正在打开人的胸腔，进入他的心脏"的外科医生。我总是担心，在一个人的心还不理解什么是生活的时候就粗鲁地、不知深浅地、笨拙地去触摸他内心最隐秘的角落，这就可能永远地摧毁了这个人的感情，使他对人与人之间关系的纯洁性产生怀疑。哪里关于人与人之间关系的美好的、崇高的观念遭到摧毁、歪曲、玷污，哪里往往就会出现害人的罪犯。

如果您希望您的学生能理解并能体会到崇高的道德、政治思想的美（对祖国的忠诚、义务感、为共产主义而奋斗），您就要努力使他理解并珍爱隐藏在内心深处的情感的美。没有纯洁的内心情感，纯洁的公民情感就是不可思议的。

少先队员和共青团员的浪漫主义精神

共产主义的思想性，这并不表现为背诵共产主义的真理，而首先是高尚热情的激发。如果没有鲜明的情感生活，少先队组织就可能变得软弱无能、消极懒散。当一种思想表现为精神的振奋，表现为斗争精神，表现在对待困难的态度和克服困难的过程中时，这种思想才能变成鼓舞少先队集体奋发图强的因素。鲜明的情感使崇高的思想更高尚，少先队员和共青团员的浪漫主义精神实际上就在于此。遗憾的是，人们有时把这种浪漫主义精神看作是一种与政治思想教育无关的东西。思想生活的丰富多彩，这就是浪漫主义精神。

当少年列宁主义者有了"成人的"志趣和追求，并把自己当作成人来对待时，浪漫主义精神就产生了。教育孩子上课不要迟到，要认认真真地完成家庭作业，等等，这就好像是用"饱含乳汁的思想"去"喂养"少年，这样做是绝对不允许的。做这些事情是学生的重要职责，但是思想联系的财富不是建立在这些职责的基础上的，它们也起不了鼓舞的作用；这些职责对于鼓励学生去奋斗和克服困难、形成理想信念，其范围过于狭窄。为了形成这样的信念，必须有思想联系的财富。如果在童年期和青年早期，学生对学习不负责任，这表明在他的生活中没有火花去照亮他的日常劳动，没有为真正的，少年们常说的那种"成人的"事业而奋斗。

在教育集体时我们努力使少先队员感觉到，在为伟大的、崇高事业的奋斗中，他们是志同道合的伙伴。伟大而高尚，这是共产主义思想的实质。"成人的"思想，这首先是为社会而劳动，是对积极地参加为人类创造物质的和精神的财富的一种体验。在我的学生还在上小学时我就给他们讲有关列宁的思想的故事，开始把他们引进成人的世界中。我讲了列宁的生平，以及他为创建共产党而进行的斗争，讲了革命，讲了经济崩溃和国内战争的艰苦岁月，讲了社会主义建设和苏联人民反法西斯侵略者的伟大的卫国战争。我郑重地号召学生："成为像列宁那样的人！"为了使知识转化成信念，必须调动巨大的精神力量。应该怎样生活和斗争？我的理想应该是怎样的？对于这类问题孩子们越多地进行独立的探索，道德思想的高尚性就越深刻。我力图通过讲述关于列宁和列宁思想的故事，首先用为人民服务的思想去激励少年。个人的最大幸福，就是为比个人利益更有意义的某种东西而奋斗。一些揭示列宁思想的实质的光辉事例使孩子们得出了这样一个结论。

少先队员和共青团员的浪漫主义精神的实质，我认为就在于要让男女孩子们在做某件社会所需要的事情时感到自己是幸福的。这是教育工作中最复杂的一件事情。这里埋伏着许多像漠不关心和高谈阔论这样的"暗礁"。我非常谨慎地对待职责和为达到既定目标而做出的保证。要做出承诺，道德修养的水平就必须达到一定的高度，即要善于为了履行职责而生活。集体中已有了高尚的思想、精神面貌，从内心做好了为人民劳动的准备，能体会到劳动的幸福，这时集体中的这个人才能承担起义务。只有在这样的条件下，每个少年才能从与自己对他人和对自己的良心所承担的义务相联系的工作中产生自豪感，当他想到不仅是为自己活着时这种自豪感就会油然而生，成为他的精神财富。

在从事这项复杂工作的教育技术中，重要的是要使为人民服务这一崇高的列宁主义思想，成为个人的动力和动机。要让少年少说些他为了什么而劳动并克服困难，什么鼓舞了他。所有这一切要让他在心灵的深处完成。

在我们面前是一片光秃秃的、阳光灼烤的坡地。"这里将有一个'休闲园'。"少年列宁主义者们这样决定了。我们在坡地上挖了坑，栽下了苹果树。开始了长期的、不轻松的工作，这项工作构成了少年精神生活中的整整一个时期。夏天和秋天要给树木浇水,否则的话它们会枯死的。每次浇水都必须提来上千桶水。冬天要做防雪处理,保护树木免遭野兔的侵害。如果我们在困难面前退缩了,如果扔下已开始了的工作,那么空虚和虚伪就会占据少年的心。

在开始了这项工作后的一年,少先队中队又开始了另一件事情:我们开辟了一个葡萄园。又开垦了一块被人们遗忘了的杂草丛生的小山丘,掘松了土壤,挖了很深的坑,栽下了细小的树苗,并保护土壤免受侵蚀。种植葡萄比种植苹果需要花费更多的劳动,付出更多的关心。少年在每棵葡萄藤下培上了不少沃土。这不单纯是劳动,我们还进行斗争,感到我们自己是志同道合的战士。虽然很少有人提到集体的荣誉这样的词,然而恰恰是集体的荣誉感激励着我们去克服困难。每个人都感觉到自己对集体的责任。团结一致的精神,这大概是可以用来描述每个少年对集体事业的态度的最准确的词。绿色的幼苗令我们高兴,对我们来说绿色的幼苗是集体品格的物质体现。

两年后我的学生们已读完了六年级,一场自然灾害——干旱袭击了"休闲园"和葡萄园。大自然似乎在考验我们,土地被骄阳烤得龟裂了。"难道我们退缩吗?"这句话是在6月的一个炎热的一天,当我们来到花园里看到在酷热下正在枯萎的嫩叶时说的。"不,决不退缩!"少年列宁主义者许下了自己的诺言。在晚上少年们决定用一个响亮的、含有深意的名词命名自己的集体,把集体命名为"不可战胜者"。这是一种独特的浪漫主义的誓言:"任何时候都不向对手——大自然的狂暴力量屈服,也不向自己的懒惰、不愿劳动的毛病让步。"

就在那里，在 6 月明朗的星空下，只字未提思想上的坚定性。这并不是因为在我们每个人内心的深处认为自己不配说这样崇高的词，而是因为少先队员的浪漫主义精神表现为更细腻、更复杂的情感和体验；不管取得了什么样的成就，理想总是在我们的前面，我们正在通向理想的道路上。这鼓舞着我们去克服困难，这就是这种崇高精神的实质，没有这种崇高精神就谈不上少先队员的浪漫主义精神。孩子们的心灵对精神的振奋和进步总是很敏感的。如果您希望这种崇高精神的火苗在孩子们的眼中永不熄灭，那么任何时候都不可以安于现状、姑息迁就，说什么我们已经达到目的了，可以休息休息了。想在思想生活中喘口气，就如同所有的战士想在战场上睡一觉一样是不可想象的。

几个星期后少年们为自己的不可战胜者中队拟定了座右铭："永远战斗，永不退缩！"这条座右铭号召、鼓舞并激励每个人去审视自己，用集体的眼光去认识自己。除座右铭外，不可战胜者中队还有一个标志，那就是一幅画，那幅画以鲜明的形象体现我们的工作的内容和目的：在蓝天骄阳灼烤下的一串葡萄和一片绿叶。它的意思是：无论如何我们都要让生命获胜，要开花，要美！我们要给人们带来幸福。

在坡地上的花园里，也就是在离我们的"幻想角"所在的沟壑不远的地方，我们搭了一个草棚。每天有两名少先队员在那里执勤。傍晚和晚上，有时候在清晨给树木和葡萄藤浇水。我讲述的一些关于具有崇高的道德美的人的故事，使少年灵感的火花保持不灭。我不敢采取单刀直入的方式，觉得这种方式不适合于少年所进行的这种精神斗争。如果在每次紧张的劳动之前都要讲几句专门为了鼓舞士气的话，这会贬低高尚的思想，也是对少年心灵的不信任。少年会去琢磨单刀直入地说出来的那些话，并把它理解为对自己的不信任。我讲的话在一定程度上与劳动是无关的。我越是能巧妙地找到这种无关的形式，就越能使少年的精神生活与劳动建立起有机的联系。这种联系是在心灵的深处：每个人都以自己的方式向往道德美，为之而激动。但由于崇高的思想鼓舞着所有的人，整个集体都感受到精神振奋的状态，所以少先队员们感到彼此是思想上的志同道合者。

两年之后我们看到了自己劳动的最初的成果：葡萄藤开始结果了。所有的人都为自己的成果欢欣鼓舞。我们把自己的劳动果实分送给学龄前孩子、老人和病人。我们把第一批葡萄送给了在伟大的卫国战争前线牺牲了的烈士的母亲们，还送给了一生在这块土地上劳作的、受到全村人尊重的老爷爷和老奶奶们。我深信，对少先队员进行思想教育的全部逻辑和哲学在于一个英明的真理：一个人在为他人的劳动中付出越多，他在这样的劳动中表现得越出色，那么他心中要求进步的愿望就更深沉，他的愿望、追求和热情就越纯洁，越高尚。少先队员的浪漫主义精神的实质，就在于对人的内在精神力量的物质体现中，在于对这种精神力量的肯定：一个人可以在集体创造的成果中看到自己的美、同学的美、集体的美。

在与葡萄园同时开辟的苗圃中长出了几百棵葡萄幼苗，我们把它们分送给了人们。村子里出现了几十个葡萄园。在秋天和冬天的夜晚，少先队员到集体农庄庄员的家里去串门，人们聚集在那里听我们讲大自然和科学、人和社会、远方的国家和人民反对剥削和战争的斗争。我们向集体农庄庄员们证明，如果我们认认真真地工作，那么在我们的土地上可以得到多好几倍的收成。我们希望使葡萄在我们村子里成为像面包一样普通的食品。要知道谁吃了葡萄，谁就能活得更长久。

我们越为我们用双手创造出的好东西而高兴，就越能发现不好的方面。我们发现，在甜菜种植场工作的集体农庄庄员们，中午只能在灼热的阳光下休息。于是我们在地里开出了三片丁香园。成人也来帮助我们，两年后人们就可以在树荫下休息了，而在春天到这里来欣赏鲜花。斗争的天地随时随地为我们敞开着。庄稼地里有一条不易察觉的小沟：这是土壤流失的可怕征兆，发展下去会变成一条沟壑。我们投入了战斗，栽下了树，建起了防止土壤流失的防护林。

劳动是与游戏结合在一起的。这种游戏的本质是，在争取美、人性、友谊的斗争中的审美的和情感的表现，是对精神上的一致性所带来的欢乐的体验。没有游戏就没有少先队员的浪漫主义精神。我们的校舍中有一栋是有阳台的。少年们不知怎么发现了阳台上长着一株菊花。于是就冒出了一个念头：再在这里设一个角——美丽角。他们想保守这个秘密。于是到了晚上孩子们来到了学校里，把有腐殖质的土壤送到阳台上。春天他们移栽了一丛玫瑰，背着其他同学给花浇水。玫瑰开花了。在静谧的夏日的夜晚少年们聚集在这里，读着有趣的书，幻想着未知事物的奥秘。

少年们对童话的兴趣尚未消失。许多游戏是根据童话编排的。

在结束五年级、六年级、七年级时,我们的集体都要出去旅行几天。这是引人入胜的去童话世界的旅行。在第聂伯河纵横交错的支流中我们发现了一块似乎从未留下过人类足迹的地方。那里有一个静静的,仿佛还在沉睡的湖泊,有树木丛生的小岛,在岛上生活着野猪,在树林中我们看到了驼鹿。少年们把这里称作"神秘的世界"。我们发誓要保护好这块地方。每个夏天我们都要在树林里安排两个住处:一个在第聂伯河岸上,是给男孩子们的,另一个在岛的深处,是给女孩子们的。我们想出了一些有趣的游戏,例如夜渡湖泊,扎木筏。男孩子最感兴趣的游戏是"走游击队员的小路"。我们准备了一些干草,这是为山羊和驼鹿过冬准备的。为了保护自己的神秘世界不遭到"好奇的"猎人的破坏,在通向小岛的路上我们设置了一些障碍物,堆放了许多树桩、石块,可靠地挡住了外人的视线,使他们发现不了冬天通向小岛的路。

假期中我们悄悄地来到了神秘世界。我们找到了一个山洞,建起了一个冬天用的厨房,在那里做饭,在火炉旁取暖,从雪下掏出干草。驼鹿在冬天变得特别驯顺。有一次我们在岛上遇到了暴风雪。谛听着风的呼啸我们捕捉到了某种神秘的音节。在那里我们阅读了杰克·伦敦的《北方故事》和游击队的首领科夫帕克写的关于从普季夫尔到喀尔巴阡山的英勇远征的书。在那些难忘的日子里我们做了军事游戏:进攻敌人的防御工事,强攻难以攀登的高峰。

在一次夏天的旅行中我们发现了一条长着灌木的沟壑。在沟壑的深处我们找到了一个小湖,湖水清澈,能见到鱼。这些鱼是怎么到湖里来的?可能是春天的洪水把它们带来的?但在最大的春汛时湖水也流不到这里来。于是，小湖中的鱼依然是个谜。在离湖不远处有一棵椴树，它很挺拔，很美丽，在它的下面长着二十几棵小椴树。深秋时我们来到了这条沟壑边，把小椴树挖了出来。现在七年级临近结束了。还在五年级时孩子们就栽下了友谊树。每一棵树都由一对朋友来栽种。栽树的地方是保密的，因为友谊完完全全是个人之间的事。我的愿望就是要形成精神上的一致性，这种一致性是神圣不可侵犯的，要当作某种最珍贵的、最隐秘的东西保存下来。如果您希望集体的精神是丰富多彩的、有价值的，您就应该创造充满纯洁的、高尚的情感的个人生活，这种生活能给人带来幸福，不受任何人的干扰。这是教育工作中非常精细的一个方面。

朋友们找到了只有他们两人知道的一个角落，栽下了从沟壑中挖出来的小椴树。很难找到比高尚友谊的浪漫主义精神更能使年轻的心灵变得高尚的力量。不体验友谊的美，不体验人的忠诚的美，少年的心灵就会对忠于职守、忠于祖国这样一些崇高的道德观念置若罔闻。没有人对人的崇高的需求，也就没有对思想的忠诚。我尽力使友谊的浪漫主义精神在童年和少年期就扎下根。有了对人的需求感，少年的心中就产生了忠于人民的崇高的思想。有了友谊感的体验，孩子们就认识了人民的美，认识了人民的理想、劳动和创造的美。

在我的学生上五年级时，我们的学校与戈麦尔州科尔米扬斯克中学结成了友好学校。每年我们的少先队员都要到朋友那里去做客，而客人们也从白俄罗斯到我们这里来。在白俄罗斯和我们这里的树林中举行篝火晚会已成了传统。

在白俄罗斯客人第一次来做客时，我们开辟了一个友谊园。我们和白俄罗斯的少先队员们在这里栽下了苹果树、樱桃树、李子树、杏树。每个新来的尊贵的客人都要在友谊园中增添一些树木。在少年们的生活中任何时候也没有过别的劳动，能像照料友谊园中的树木那样鲜明地体现出既是高尚的公民情感，又是深切的亲密的情感。每个少年都把自己心灵中的最真诚的热情注入这种劳动中。我们当教师的都深信，与其他兄弟民族孩子们的友情，是能使少年的心灵高尚起来的一种强大的精神力量。在这种情感的控制下少年的心灵确实起了深刻的变化：麻木的和不关心人的人会变得敏感和关心人，自私自利的人产生了对其他人的义务感。

托利亚、彼得里克、科利亚和季娜的家庭环境，使他们的心变得冷漠无情，他们到白俄罗斯朋友那里做了几次客。我永远也不会忘记，托利亚在与成了他的终生兄弟的同龄人告别时哭了，而且并不是为自己的眼泪感到害臊。这是他生活中的第一次流泪，也是第一次由于体验到了一种崇高的需求（即对人的需求）的美而心情激动。我高兴地发现托利亚的性格逐渐地发生了变化：这个男孩对别人的话开始敏感起来了，也容易接受了。过去似乎根本听不进去的话，现在能使他激动、担心，促使他去参与到周围生活中发生的各种事情中去。

在从白俄罗斯朋友那里回来后，托利亚突然看到在离他家不远处住着一个残疾的学龄前孩子彼得里克。被困在床上的这个小男孩的悲痛震撼了托利亚的心。有一天彼得里克对托利亚说："你是多么幸福，你可以在地上走，可以走到池塘边的柳树旁……"这席话深深地铭刻进 12 岁少年的心灵中。他到我这里来,对我描述自己的这个小朋友的眼神。在彼得里克的眼神中他看到了乞求:"带我到树林去吧,到田野去吧,哪怕一次也好!"他与这个小孩的友谊就是这样开始的。这种友谊对培养托利亚的情感起了巨大的作用。

有一次白俄罗斯朋友带来了云杉树和花楸树的树苗,这些树在我们这个地区是很少见的。我们开辟了一条友谊林荫道。我们给白俄罗斯朋友带去了苹果树苗。在白俄罗斯的土地上也出现了一个绿色的友谊园。少年们挖掘起我们乌克兰的普通的泥土,把它装进箱子运到白俄罗斯去,铺在苹果树下,让这些苹果树长得更健壮,在这样一个独特的、不易再现的时刻少年们体验到一种深切的细腻的情感。而当在白俄罗斯的土地上打开这些箱子、种下了苹果树时,我在托利亚、彼得里克、科利亚和季娜的眼睛中看到了闪耀着人类高尚情操的光辉。在这样的时刻人正在攀登道德美的顶峰,他会感到自己在精神上是充实的,体验到实现人民神圣理想的情感。我向自己保证:我要引导自己的每个学生经历这个过程,要与他们每个人一起登上道德美的顶峰。生活使我相信,思想教育就是形成用理智和心灵去认识世界的非常精细的能力。

少年的道德和审美情感变得越细腻,他们就能越敏锐地领会教师的话,我的话所创造的形象和画面对他们意识的影响就越微妙。处于与白俄罗斯朋友的会面给少年们所留下的深刻的印象之中,他们对我所讲述的列宁的思想特别敏感。细腻的感受,用心地深入到其他人的精神世界中去,对人的深刻的需求,所有这一切都能培养少年对革命的浪漫主义的敏感性,这种浪漫主义就是为了人民、为了红旗、为了少先队员的红领巾去建立功勋。在对少年列宁主义者讲述对少先队誓言的忠诚时，在讲述为了革命的红旗的荣誉而献出了生命的英雄们的功勋时，我看到了在少年的眼神中是如何燃起了崇高情感的火花。在这样的时刻我想起了许多学校的教师们是怎样抱怨的："为什么少先队员有时候对红领巾无动于衷？为什么有时候他们甚至不好意思戴红领巾？"这是因为思想教育常常缺乏牢固的情感基础。只有当思想与美感，与人的高尚的情操不可分割地联系在一起时，这种思想才能变成个人的收获，变成心灵的财富。如果一个人珍爱道德美，他就不能抛弃这种思想，就像不能扔掉自己的心一样。

八年级时我们班里建立了共青团组织。少年们怀着激动的心情筹备这件事。少先队中队的全部精神生活，实际上就是为加入共青团组织做准备，少年把共青团组织看作是成年人的组织。主要的是要使每个人以自己的方式进入共青团组织，使每个人的个人的成熟把他引进这个组织中。不可以认为，只要我们对还是少先队员的八年级学生说"现在你们是共青团员了"，并且在一个庄严的场合下授予他们团员证，从而我们就使他们变成成年人了。教师如果天真地相信团员证有魔力，那么他们就会遭到报复：如果少年感到在庄严的仪式之后他被忘却了，他就会变得冷漠。他甚至会想：所谈论的一切高尚的、崇高的东西，都是虚伪的。

我们很注意使每个少年在公民的、社会的、政治的方面达到了内在的成熟的基础上加入共青团。在这方面个人的社会工作经验起着很大的作用。我尽量使我的班级中的每个少年都感觉到别人需要他，体验到个人为集体劳动的快乐。人不仅应该认真地完成托付给他的工作，他还应该成为重要的社会工作的组织者和倡导者；只有在这样的条件下他才为加入共青团做好了准备。每个人都必须找到一件自己喜欢的事。

万尼亚在七年级时就已经是少先队探索大自然小组的领导人。他有自己的培养对象——三、四年级的学生。暑假期间万尼亚带孩子们一起去旅行：少年育种家们去寻找最耐寒的麦种。他很关心自己的小同学，把他们的成功和失败都放在心上。我们所有的教师最关心的是使每个少年的社会活动，都贯穿着与小同学的细腻的、形形色色的关系。

尤尔科在六年级时就已是一名机械师了，学校里的一切技术设备（拖拉机、汽车以及修理机械）都由机械师们管理。在他的周围逐渐形成了一个研究内燃机的发动机的少年机械师小组，其成员是三至五年级的少先队员。这样的社会活动的教育力量在于，少年首先看到的不是机器和机械，而是活生生的人。

许多少年在七年级时就走出了学校的围墙，村庄和集体农庄成了他们开展社会活动的天地。有一些孩子喜欢在居民中传播科学知识，觉得这是一件很有趣的工作。村子里成立了爱书者协会，少年们也参加了协会的工作。在村子的边缘，在秋天和冬天的夜晚，彼得里克、塔尼娅、柳达和柳芭为集体农庄庄员们朗读文艺作品。他们有了成人朋友。

我经常劝告少年们："好好想一想，衡量一下自己的力量，检查一下自己是否已做好了加入青年共产主义者组织的准备。不应该匆匆忙忙，但也不可以浪费时间，哪怕一小时也不行。"我们希望少年的精神生活充满许许多多的思想、情感和体验。我们尽力创造有利于这个年龄期的少年单独一人去读书和思考的环境和条件。在这个时期为了恰到好处地向每个少年推荐合适的图书，需要有高明的教育机智，师生之间需要有共同的兴趣。

瓦利娅、拉里莎、科斯佳、加利娅、柳芭和万尼亚是最早提出入团申请的。伟大的十月社会主义革命和伟大的卫国战争的参加者出席了吸收他们入团的大会。我们村里的第一个党员，国内战争的参加者瓦西里·穆西耶维奇对新团员做指示。在此之前为培养少年的社会积极性所做的一切，实际上都是为接受老一辈指示的精神所做的准备。我们赋予指示的内容和形式很重要的意义。请共产党员做指示成了共青团的传统之一。

道德的坚定性

季娜的遭遇是不幸的。她的母亲不想生下季娜。她想尽一切办法使自己早产，或者使孩子生下来就是死的。女孩生下来很健康，但容貌有缺陷——前额扁平……孩子出生后母亲还想摆脱她：把她一个人扔在房间里，长时间地不给她喂奶。幸亏一次偶然的侥幸救了女孩的命。在这之后母亲对女儿的爱心苏醒了。她感到自己给孩子带来了灾难，这种思想折磨着她。母亲常常趴在孩子身上哭，为她的健康担忧；而小姑娘长得很健壮。

季娜上学后很少有人注意到她的扁平的前额。女孩戴了头巾这个缺陷就不易发现了。"蓝蓝的眼睛，淡色的小辫，长大后一定是个真正的美人。"我们当老师的都这样想。

季娜是个聪明、好学的小姑娘。她心地善良、有同情心，容易相信别人，她的这些特点在集体中是很突出的。她把同学的快乐和不幸都放在心上。不管谁生病没来上学，她都要担心、难过，并要去看望病人。情感上的敏感性和强烈的感受性，这样的心理特点既可能使教育工作容易一些，也可能加大教育工作的难度。道德真理一旦被理解了，就会在她的敏感的心灵中留下深深的痕迹，思想很快就变成了敏感的心灵的信念。然而，敏感的和感受性强烈的心灵，对真理的感受非常强烈，而要理解这些真理必须有一定的生活经验。季娜10岁时她的敏感的心灵第一次向她提示自己童年时的不幸……一天清晨，离上课时间还很早，季娜的母亲来找我，她很惊慌，哭哭啼啼的。

"怎么办？季娜一个晚上没睡。从晚上起她就满腹心事。好久好久她都眼睛睁得大大地躺在床上。我已经睡着了，女孩的哭声把我惊醒了。很长时间她不想告诉我是怎么回事，后来说了：'妈妈，难道我们都会死吗？您，我，和所有的，所有的人？……'我该对她说什么呢？我尽量地安慰她，而她还是一个劲地哭。后来稍微安静一点了，但一分钟也没睡着。"

根据经验我知道，关于人不可避免要死去的想法，使这颗在感情上是敏感的、感受性强烈的心灵受到了震撼。但是我以前从未遇到过像季娜这样深刻的感受。女孩变得沉默寡言，落落寡合。她周围发生的一切似乎都与她无关，她被封闭进自己的思想中去了。常常有这样的情况：在听老师讲课时，开始她好像在注意地思考所学的东西，然后她的目光就会凝视空间的某个地方，眼睛里充盈着泪水。如果对她说话，她会吓一跳，好像从熟睡中惊醒。

高尔基曾说：对死亡的恐惧会把人驱赶进宗教的监狱。[①] 这种恐惧束缚人的精神力量并可能终生对人的道德面貌和思想留下痕迹。我们花了很大的力气，希望季娜能够感受并亲身体验到生活的快乐，使乐观主义的世界观成为一面三棱镜，使女孩能借助这面镜子去看大自然，看人们，看自己。幸福，这首先是一种乐观主义，是对光明的未来的信心，是创造性的劳动，是对人的最高需求，即对人的需求的满足而体验到的快乐。少年还不善于想象未来。他的幸福就是欢乐的今天，就是精神生活的充实，就是为创造人们今天的快乐奉献出身体的和精神的力量。我努力使季娜的生活充满今天的幸福。对死亡的忧虑逐渐在她的意识中消失了。季娜又像以前一样朝气蓬勃了。

但是又出现了我一直担心但又是意料中的新的危机。女性意识觉醒的时期来临了。小姑娘感觉到了自己的美是残缺的……这个想法使她很痛苦。对自己容貌的残缺感震撼了季娜的心。母亲已感觉到了女儿的心事，但她害怕加深女儿的痛苦，所以一句话也不说。季娜对同学们的每一句话都很敏感，感受性极其强烈，在女同学的窃窃私语中她捕捉到了有关她的容貌的话。这加深了她的痛苦。怎

---

① 高尔基在《责任》一文中写道："死亡的危害在于，出于对死亡的恐惧人们的想象创造出了神、'阴间'和天堂、地狱之类的庸俗的谎言。"载《高尔基全集》第25卷，莫斯科，1953年，第74页。

样治愈这颗敏感心灵的创伤呢？直截了当地与季娜谈论引起她痛苦的原因，这是绝对不可以的，这会使她更孤僻。不管怎样回避这些伤人的话，但这些话总有一天在与小姑娘的谈话中是要说出来的。只有当小姑娘自己对此已做好了思想准备的时候，即自己愿意诉说痛苦时，才可以这样做。需要耐心地等待这种坦率，还必须做点什么去激发这种坦率。

正当我在考虑所有这一切的时候发生了一件意外的事。在温暖的春天的傍晚，季娜常常来到河边，坐在一块石头上，默默地看着河水。有一天，天已黑了，女孩感觉到在自己的背后站着一个什么人。她回过头去看到了一位美丽的、穿着节日盛装的中年妇女。那位妇女慈爱地、亲切地看着她，她的目光让季娜感到很愉快。季娜认出来了，在她面前站着的是玛丽亚，她是基督教福音会——浸礼会教派的一个传教士的妻子。

在这次会见后所发生的一切，我是在季娜面临巨大的危险时才知道的。我不逐字转达她所说的话，因为这足可以写一部小说了。我只简要地说一说事情和季娜所体验到的精神上的恐慌。所有这一切对我们教师来说是个严肃的教训：个人的幸福，个人幸福的充实的精神内涵，这就是那种最珍贵的宝石，表现出共产主义理想的所有的东西——科学唯物主义的真理、伟大的社会目标、社会的安宁和繁荣富强，在这种宝石的光辉照耀下都成为人的最宝贵的东西。没有个人的幸福，没有真正的个人的欢乐，就不可能有完整的世界观。幸福、理想、世界观，这些都是重大的哲学问题。这不是书本上研究的哲学，而是心脏的充满生机的搏动，是生气勃勃的人的火一样的热情。

……第二天傍晚季娜又来到河边，此时玛丽亚又来了。现在她走近小姑娘的身边，在她的旁边坐下，用手抚摸着她的肩膀，又像昨天那样慈爱地看着季娜的眼睛。

"我看出来了，你很不幸，"玛丽亚说，"你的不幸是那么巨大，使得你想离开这个世界……"

季娜想表示反对，但玛丽亚继续轻声细语地说：

"什么也不必说。上帝已经知道了你想说什么：'这不关你的事，阿姨。'你错了，姑娘。这是我的事。我们大家都是上帝的孩子，大家都是兄弟姐妹。所有的人都会死去，我们所有的人在这个世界上仅仅是匆匆过往的旅客，而我们永久的家是在那里，在天上。但是上帝不允许我们在他召唤之前去他那里。上帝知道什么时候你的时刻到了，他就召唤你，召唤我，召唤每一个在这个世界上过往的人。小姑娘，在那里有永恒的生命。你的灵魂是纯洁的，就像那朵白云一样。你的灵魂是美丽的。而躯体，仅仅是罪恶的贪欲和诱惑的暂时的栖身处。不要让关于美的思想困扰你，美只不过是昙花一现。到我们这里来吧。我们是真正的人。来听一听我们都谈些什么，我们也喜爱歌唱和音乐。在我们这里你可以找到你期望的东西，找到真正的善良、真理和安宁。"

季娜听着，思考着她的每一句话。她不止一次地听说过，也读过一些关于宗教的故事全都是欺骗的论述，但现在这一切她全都忘了。在她的面前是一个活生生的人，这个人的眼睛里燃烧着虔诚的信仰的火花。这位妇女大概是幸福的，她幸福大概是因为她相信她所说的那个真理。难道一个真诚地、全身心地希望你好的人会是坏人吗？

玛丽亚的话能打动季娜还因为这些话回答了她的疑问，而这个回答恰恰是她所需要的，是她的心灵深处所期待的。是的，她真的想结束自己的生命。她想象不出还有什么比想到自己有缺陷的容貌更可怕的思想了，于是她就想到死。从这个女人的嘴里她听到了永生的、美丽的灵魂，这时她不再觉得这些话是宗教故事。在灵魂深处的什么地方可能隐隐地想到这是一种欺骗，但在绝望的时刻她只希望这是真的。人在困难的时刻会自己制造关于真理的幻想，他愿意相信自己的想象所编造出来的东西。可能人就是这样地在自己的想象中创造了上帝。

季娜到"真正的人们"那里去了。那一天教徒们集合在一起做祷告，庆贺他们教团的一件喜事：庆贺一个20岁的少女嫁给一个40岁的鳏夫。一系列印象涌向季娜，使她震惊。教徒们有一个出色的合唱团，这使她深感惊奇。更让她吃惊的是，"圣歌"是用季娜很熟悉的乌克兰民歌的"尘世的"曲调演唱的。亲切的旋律使她激动，抓住了她的心灵，赋予这些歌词某种特殊的意义。

玛丽亚送季娜回家时提醒她，两天后便是礼拜六的祷告。星期六季娜又去了"神圣的教堂"（教徒们是这样称呼一所普通的房子的）。这一次她认真地聆听了神甫的布道。他用平静的、柔和的父亲般的语调教诲大家："我们大家都受上帝支配，我们谁也不知道明天将怎样，一分钟后会发生什么事。只有上帝知道，所以相信上帝的万能吧。"

神甫说，现在由他们的教堂的骄傲——传教士讲话。他的话很吸引季娜。他的话里充满着崇高的灵感和真诚的信仰，使小姑娘感到心跳加快了。但然后在她的意识的深处不由地产生了一个疑问：为什么玛丽亚、传教士和神甫都强调一件事：要不假思索地去信仰，要用心，而不是用理智去信仰，不要对心灵告诉你们的东西进行理性的评判；上帝是看不见的，也不能用思维去理解和认识他；凡人只能用心去感觉上帝，去信仰……这仍然是玛丽亚说过的那些老一套的思想：我们在自己周围看到的一切仅仅是场梦，我们是这个世界上的客人，我们真正的位置在那里，在永生的法官身边。你工作，吃饭，睡觉，感受阳光的快乐，生儿育女，但你每时每刻都要准备着结束你在这个世界上的短暂的漫游。上帝越早召唤你，你就越幸福。

季娜感到自己的身体麻木了，头脑发晕。难道她寻找的是这个吗？在她的眼前，像一道耀眼的闪电一样，在一瞬间闪耀出关于灵魂的永恒的美的思想，而结果是不能去思考，也不能在自己的想象中描绘一下什么是永恒的美，什么是灵魂。关于这些疑问她小声地询问玛丽亚，而玛丽亚用严厉的、愤怒的目光看着她，这使小姑娘很吃惊：难道这就是那个美丽的、慈爱的妇女吗？而玛丽亚推了她一下，生气地小声说："要用心去信仰，用心，不要用思想去评判。除天堂之外还有地狱的苦难。上帝要惩罚自作聪明的人。"季娜后来说："在那一时刻似乎所有的一切在我的眼前黯然失色。我差点昏过去。玛丽亚把我带出了房间，送我回家，对我说了点什么，但我什么也不记得了。"

小姑娘大病了一场。忧心忡忡的母亲来到学校里。她说了所知道的一切：关于与玛丽亚的谈话，关于女儿去做祷告。"现在她在说胡话……在胡话中她在呼唤您。请来吧。"在病人的床边我们见到了玛丽亚。在季娜恢复知觉的一刹那间她看到了玛丽亚，就大叫起来："滚！滚！……"

过了三天女孩的病情好了一点。她诉说了一切。教徒们提出的不要思考任何问题的要求，使她深感惊愕。怎么可以这样呢？而灵魂又是什么呢？什么是灵魂的美呢？难道可以不假思索地去相信什么吗？这一切深深地震撼了小姑娘。

小姑娘还坦率地诉说了自己的痛苦，说了她为什么要到教徒们那里去，在这之前她想些什么和心情怎样，说了她怎样想用自杀来结束自己的生命。现在，季娜敞开了自己的心扉，这时就可以谨慎地触及她内心的创伤。"姑娘，你很美，"我对季娜说，"不仅心灵美，外表也美。你有美丽的眼睛和辫子，美丽的面容和身材。你的美还在于你的自尊，在于你能感受到自己的尊严。你会找到自己的幸福的。你已经确信真正的幸福不在于做一个毫无怨言的、俯首听命的上帝的羔羊，而在于相信理智的力量，在于自己去创造幸福。赶快恢复健康吧，朋友们正等着你。而对那些虚伪的人要尽量离远一点……"

我还没来得及说完季娜就打断了我的话：

"不，我还要去那里。我要对他们说……"

她又到他们那里去了一次，对他们说了一些实实在在的、热情的话。当传教士又一次开始说必须用心，而不是用理智去信仰时，季娜站立起来，大声地问：

"那么理智难道就不是灵魂吗？"

吃了一惊的传教士猜不透小姑娘在想些什么，他回答说：

"是的，理智也是灵魂。只有人有理智。"

"如果像您教诲的那样不可以去思考，那么灵魂还剩下些什么呢？我想知道究竟什么是永恒，而关于永恒您已经说了很多。我想知道天堂究竟是什么样的。我还想搞明白，为什么我应该时刻准备着去死。我倒是想相信所有这一切。但让我吃惊的是为什么不允许思考所有这一切。怎么能相信不允许去思考的东西呢？"

传教士不说话了。一个14岁女孩的简单的、充满哲理的论证把他搞糊涂了。后来他又开始激动地重复同样的那些话：

"必须用心去信仰，因为上帝是这样要求的。"

"但人的心，这也是理智，"季娜说，"没有理智就没有人的心。动物也有心，但没有理智这样的心就不能成为灵魂。关于灵魂您已经说了很多，而您自己又给灵魂套上了枷锁。您把灵魂变成了奴隶。您掏出了人的生动活泼的灵魂，把灵魂变成了木乃伊。而我想活着。我想看到的不是死亡，而是蓝天和鲜花。"

读者也许会难以相信，一个14岁的女孩居然能够表达这么深刻的思想。如果这颗美丽的心灵没有进入我的生活，她说的关于生活、真理、美丽、幸福、理想的话中所包含的鲜明性、哲理性和灵感，如果没有多次深深地打动我的心灵，我也不会相信的。我没有夸大季娜对教徒们的影响：在听了季娜的愤怒的，但是公正的话之后他们并没有变成无神论者。但这席话使他们多少受到震动，她的话里所包含的真理、真诚、对恶行和强加于人的暴虐的不妥协精神,尤其震撼了年轻人。

在遇到异己的思想影响时,季娜为了自己的精神的自由投入了战斗并成为胜利者。如果在那些日子里,当人难免一死的想法困惑她的时候,后来又被自己的容貌有缺陷和不可能得到真正的幸福的念头困扰的时候,没人去帮助她;如果在学校中季娜周围的全部生活不是渗透着乐观主义的世界观,她就可能屈从宗教世界观的影响。反对异己的思想影响的坚定性,是由集体精神生活的整个体系来形成的;当一个人面对思想上的敌人时,这种品质表现得最鲜明。

* * *

个人的道德财富的特点就是思想、情感、体验和活动的统一。

在规划一年的、几年的、整个少年期的教育工作时首先应该设法确定,这一时期的少年对周围世界和对自己将知道些什么,认识过程是如何反映在精神生活中的,尤其是如何反映在活动中的。就其本质而言,少年期所要求的积极性应能使少年通过与他人的道德关系,去深刻地思索、理解和体验那些必须成为人的财富的思想。要注意使对激励着我国人民和全人类的思想和真理的认识,不要脱离人在这个时候所做的事情。

很重要的是使少年的思想、情感和体验的领域不断地扩大,把眼光从自己的村子、城市、州扩大到自己的祖国,扩大到当代和将来。如果少年考虑涉及祖国命运的问题,他十分关心的事情就会越出对日常需求的满足。要尽量使那些似乎并不涉及个人利益的具体的事情,成为少年的具有深刻的个性的事情。当个人利益的范围扩大了,包括进许多其他人的利益时,这个人就开始成为公民了。

少年个人与他人的道德关系最好表现为,其他人的利益也成为少年个人的利益。在这里我们进入到个性教育的细腻而复杂的领域,进入了情感教育和审美教育的领域。

情感教育和审美教育

情感教育与道德教育的统一

用毫无热情的、漠不关心的态度去解释和理解世界，就不可能认识周围的世界。在人的活动过程中缺乏高尚的情感修养，情感缺乏崇高的思想性和方向性，那么，对共产主义理想的信念和忠诚是不可想象的。

我国的社会、政治发展，我们社会的每个成员所面临的任务，扩大着创造世界的领域。对前辈人所创造的物质财富和精神财富的公民义务感和公民责任感，是培养道德富有的、全面发展的、思想积极的人的重要的源泉之一。个人对我国人民所创造的一切承担着责任，这种观念只有当在少年的心灵中根深蒂固地确立了对这一观念的正确的个人态度时，才能成为每个少年的道德财富；而缺乏对社会的极其细腻的义务感，就不可能形成这种态度。

在我们这个时代，当一个人还在学校学习的时候，他的脑子里就已充满着对大自然的、社会发展的和自己个人精神生活的复杂规律的思考。个人和社会、个人和祖国、个人和集体、人和自然、人和未来等问题越来越成为关注的对象。

一个人的劳动态度和在日常生活中的行为，越来越多地反映在其他人的命运中。一个人的平安、幸福，取决于每个人是怎样感觉自己周围的人，他怎样使自己的行为与集体和社会的利益相一致。集体主义、友谊、善良、对其他人的内心世界的尊重之类的情感的培养和发展，其社会意义的分量越来越重。在对他人的态度方面缺乏情感修养，就会导致利己主义，而利己主义是漠不关心、违反社会利益的行动和反社会的犯罪行为的主要根源。有些人不知道什么叫人剥削人，他们的不道德行为的根源就在于他们在情感和道德方面非常无知，而这种无知又是与他们的精神世界的普遍贫乏紧密地联系在一起的。年轻人可以支配的从前辈那里得到的物质的和精神的财富越多，他们个人对社会的义务感就应该越强烈，越深刻。我要强调指出：不仅要懂得，为了我们每个人的幸福社会是毫不吝啬的，而恰恰是要从感情上和态度上去正确对待我们国家社会关系中的这一个因素。在少年的教育中让少年体验个人对长辈的义务感具有特别重要的意义。要极其庄严地向少年揭示这样一种思想：人高于一切，我们社会中的一切都是为了人的幸福。如果对这一真理的认识不伴随着高尚的情感修养，那么旨在培养人的自尊的宏伟思想就不可能取得预期的结果。有些少年体验不到对自己的行动、行为和对他人的关系的道德美的向往，恰恰就是仰人鼻息的心理的结果。

个性的自由，也包括情感的自由，是我们的社会给予我们的巨大的幸福。但是这也可能变成坏事，如果人们之间的相互关系没有渗透一种最纯洁的、最崇高的情感——人的情感，没有感觉到在我身边的人们的利益和兴趣也许与我不一致。只有当情感的自由来自强大的内心情感的自我约束，情感的自由才能带来普遍的幸福。必须发展一个人对其他人的责任感，这在任何精神生活领域中都是十分重要的。必须通过情感的约束，通过自我教育和自我制约去引导少年理解"情感的自由"。

要把道德情感、智力情感和审美情感紧密地联系起来加以培养，在实践上具有明确的方向性，就是要教年轻人学会控制自己的欲望，自觉地限制自己的欲望，成为欲望的主宰者，培养自己具有高尚的人的需求。

巴甫洛夫把情感称为模糊的力量。情感的生理基础隐藏在使人与动物相近似的本能中。但人上升到动物世界之上恰恰是因为特殊的修养、人的认识、劳动和社会关系，使人的情感变得高尚。为了制造生产工具而出现的手的最初的自觉的行为，人类思想的最初的火花，都是在发现美的世界的道路上迈出的第一步。当人看到了晚霞和蓝天上飘浮的白云的美，当他听到了夜莺的歌声并赞叹空间的美，这时人才成为人。从那时起思想和美同时发展，但要培养高尚的情感需要花费巨大的教育力量。

情感教育与审美教育的统一在少年期具有特殊意义。一个崭新的思维阶段促使人用思想和情感去认识和掌握的已不仅仅是事物、事实和现象，还有观念和原则。个人对社会观念的情感—审美态度越明确，道德情感就越深刻。在少年时期人对观念和周围世界的情感、审美评价特别鲜明，这是因为人似乎是通过观念和原则去发现并第一次看到世界。崭新的世界观、对许多新东西的发现，促使少年对观念和原则产生个人的态度；使少年表现出高尚的精神，他赞美善而憎恨恶。这是道德情感形成过程中的一个重要方面。少年的道德修养在很大程度上取决于，在深刻理解复杂的社会生活现象的本质和人们相互关系的本质时，他体验到的高尚的、崇高的情感的程度。

一个人对他人和对集体的态度，对他人的苦和乐的态度，是否细腻、热情、真诚，这取决于在少年期他所认识到的观念和原则的情感色彩的鲜明程度，取决于这个人的思维视野的宽阔程度，取决于他对周围世界的情感的和道德的评价有机地融合、结合在一起的程度，也取决于这个人所认识到的观念反映在他个人的活动和斗争中的深刻程度。要在认识过程中鼓励少年去为了崇高的理想而奋斗，使他感觉到自己是一些人的志同道合者，这些人由于自己思想上的勇气其形象进入了人类的精神宝库，高水平的教育技艺就反映在这上面。

必须对少年进行细致的、理智的情感教育。它取决于知识、教学和智力发展在少年的精神生活中的作用。世界上没有比童年期、少年期和青年早期的教学更困难、更紧张的劳动。只有当人在认识和掌握知识的同时也获得了很高的情感修养时，这种劳动才能达到预期的目的并丰富精神世界。没有可靠的情感基础，不仅不可能进行有成效的教学，连正常的教学也不能开展。情感教育与对世界的认识之间的不统一，是导致对知识的冷淡态度并最终导致不愿学习的最顽固的、最危险的根源之一。智力劳动的情感修养，掌握知识的过程，一般来说是学校智力财富的一个重要方面。

感觉修养和知觉修养

情感教育和审美教育是从发展感觉修养和知觉修养开始的。为了培养劳动技能就必须长时间地操练手，手的操练能发展智力和智能，同样，要培养精神的、道德的、情感的和审美的修养，就需要长期地操练感觉器官，首先是视觉和听觉器官。情感、体验、对周围世界以及对自己的情感——审美态度的细腻性，取决于感觉和知觉的修养。感觉和知觉越细腻，人在周围世界中看到的色彩、听到的纯音和半音越多，对事实、对象、现象和事件的个人的情感评价越深刻，那么，代表这个人的精神修养的情感领域就越宽阔。

对观念、原则的情感——审美评价，是思想教育的一个极重要的因素，它取决于在认识周围世界的同时，人们体验高兴、赞美、惊奇、悲伤、忧愁、羞愧、气恼、愤慨、腼腆、良心谴责等情感的深刻程度。我努力使少年在童年期就得益于细腻的感觉，在认识大自然的景象和现象的过程中始终伴随着这样的情感及其形形色色的情感色彩。在少年期这种教育的目的性更加强了。每个男孩，每个女孩，都应经过长期的感觉和知觉训练，这种训练能使每个人具有广阔的情感范围，而且这种情感始终伴随着认识过程，并在认识过程中产生和发展。

我们选择可以揭示知觉财富的时间和地点去自然界旅行。春天来临时我们每天都要到村子的四周走走，登上草原上的山冈，从那里瞭望辽阔的盆地，遥远的草地一览无余。每次我们都能看到明媚春光的新的色彩。我们发现树木从冬天灰暗的颜色到绿色盛装的细微的变化；灌木丛生的坡地呈现出嫩绿的棕色。这种色彩每天都在变化。随着天气的变化，尤其是随着春天的太阳的游戏（少年们是这样说的），绿色的色彩在不断地变化：从像宝石一样明亮的碧绿色变成淡紫罗兰色，从湖绿色变成雪青色。我们发现了春天的绿色有二十多种色彩。绿色草地上的色调的闪变尤其色彩纷呈。

少年体验到了欢乐、欣喜和惊讶的情感。知觉的细腻孕育了情感的细腻，发展了去体验这种情感的人的高尚的需求。

当秋天展现自己焕发的容光时我们去树林里旅行，这是培养感觉和知觉的奇妙的课堂。很难用语言去表达在初秋宁静的阳光明媚的日子里树叶的五彩缤纷的色彩，尤其在雨过天晴或夜露初霁的清晨，沁人心脾的空气似乎展开了树林、花园、草原的新的秋色。有些少年发现了七十多种色彩的变幻，从红色变成黄色，从黄色变成绿色，从绿色变成蓝色；另一些少年发现了八十多种色彩的变幻。瓦利娅和柳达说她们在一片槭树叶子上找到了九种色彩的变幻。米什卡、柳芭、科斯佳看到了冬小麦的绿色有六种色彩。在阳光绚丽的日子里少年们都喜欢在课后到田野、树林、池塘边去发现，去欣喜。

在我们面前展现出周围世界的令人惊讶的新的美色——空间的美。我们开始观察、端详并发现，清晨和傍晚时分色彩的变化正是由于空间起了变化。初秋的一个星期日我们到田野上进行如少年们所说的对遥远的草原的观察。当太阳高挂在天穹的最高点时，我们登上了古斯基泰人的高高的陵墓。在我们的眼前展现出一派令人惊讶的景色，少年们不由地欣喜和激动地观看着。我们久久地默默不语，好像害怕破坏了这幅迷人的景色和在这一时刻所体验到的现实的幸福。我们的面前田野像风平浪静的大海，树林就像绿色的岛屿。鳞次栉比的盆地、绵亘不断的丘陵、此起彼伏的波涛、错落有致的树林，所有这一切都在向远方延伸，就像是神秘的海洋王国的迷人的海底世界，而辽阔的空间、田野上空微微颤动的雾气，就像是阳光照耀下的一汪清澈见底的水面。我们看到了空间怎样把几十种色彩涂抹到农田和草原上，涂抹到丘陵和小树林上，涂抹到散布在山谷中、似乎在和煦的阳光下打盹的村子上，涂抹到深绿色的樱桃园上和绿色的柳树怀抱的静穆的蔚蓝色的池塘上（少年们说："这是在地上的几小块蓝天。"）。我们欣赏着颜色的细微的变化——从明亮的碧绿色到暗紫罗兰色，从嫩绿色到深蓝色。空间把它的颜色和色彩展现在我们面前。远方，笼罩在地平线上的林带的雪青色的雾霭令我们神往。下个星期日我们要到那里去，新的远方将展现在我们的面前：第聂伯河、村庄和农田、第聂伯河两岸一排排挺拔的杨树和枝叶纷披的柳树。

　　对周围世界的美的观察和感受，是理解和体验现实生活的快乐，生活的美的最主要的源泉之一，使我们产生了一种思想，即世界、大自然和美的生命是永恒的，而我只能生活在大自然指定给我的一段时间内，这种思想的不可逆转性和唯一性的重要源泉也在于对周围世界的美的观察和感受。重要的是要使每个人在少年期就考虑应该怎样度过自己的一生。我们应该教会人去珍惜生命，教会他去珍惜人，爱护人，保护生命。

我永远也不会忘记，在夏日的静悄悄的清晨我们怎样在林边欣赏白天的诞生和旭日东升。男孩子们和女孩子们像着了魔似的站在那里，目不转睛地盯着朝霞色彩的变化：天空中色彩的变化，池塘的镜子一般的水面映出清晨的美色和色彩的变化，把他们吸引住了。在宁静的、温柔的秋日我们学会了区分万里无云的晴空的14种色彩。塔尼娅用"冷淡的、不安的天空"来描述其中的一些色彩；丹科把其中的一种色彩称作"平静的天空"；费佳找到了"深沉而凝滞的"这样的词来形容天空的色彩。

去大自然旅行也丰富了我们的听觉和知觉。在少年时代和在童年时代一样，聆听大自然的音乐给了我们许多欢乐、赞叹和惊讶。春天草地奏出的音乐在我的学生的心灵中留下了终生难忘的印象。他们从童年起就熟悉这种音乐，但现在更细腻地接受和感受它。在阳光明媚的春日，当草地刚铺上一层嫩绿，树枝上爆出嫩绿的幼芽，我们来到池塘边，坐在老柳树下，聆听远处传来的春天草地的细语（这一艺术形象是少年们创造的）。世界为我们奏出了极微妙的音色的变化。在欢乐的、喧闹的天空中（这是卡佳的话）从温暖的地区飞回来的鸟儿在鸣叫；细浪拍打着河岸，柔嫩的树枝在头顶上颤动，在远方草地的什么地方不时传来轻柔的音响，就像蓝色的苍穹在叮当作响。这种音乐能在心灵中激发出愉快地感知世界的细腻的情感。人体验到与自然交往的快乐，他就想成为更美的，更好的。着了迷的莉达说:"生活有多美好啊!……"

我们去听树林的喧闹。在宁静、炎热的夏日和在愉快的晴朗的清晨,然后就该是阳光明媚的白天(舒拉的话)和警觉的傍晚(托利亚的话),当通红的霞光预示着将有一个有风的、凉快的日子时,少年们捕捉到了森林音乐(加利娅的话)的最细微的音调。

夏日田野的音乐给了我们莫大的享受。中午我们来到田野上,躺在麦穗下面,看着滚烫的天空(拉里莎的话),细听偶尔能捕捉到的麦穗的细语、受惊的鹌鹑的双翅的扑簌声、云雀的银铃般的歌声。云雀的歌声是这支交响乐的主旋律。我们的诗人瓦利娅说:"好像全世界都在发出银铃般的声音。"

在灌木丛生的沟壑中我们又发现了(科利亚的话)大自然的另一个令人陶醉的旋律——林中小溪的音乐。小溪的涓涓细流从泉眼中涌出,唱着歌(诗人柳达的话),潺潺细语。

在寒冷的冬日我们来到了自己的"幻想角",在神秘的山洞里我们点燃了火。在暴风雪顽皮捣蛋(米沙的话)或寒风敲我们的门(斯拉瓦的话)的那些日子里,我们体会到了真正的幸福。

我的学生们从童年起就记得他们在离村子不远的草原上度过的欢乐的时刻:我们观察白天的消逝和夜晚的降临,聆听夜晚田野的音乐,到少年时期这样的时刻变得特别愉快和动人。我们坐在高高的白蜡树下,观赏着暮色如何裹罩(谢廖扎的话)田野和村庄,聆听白天的喧闹声如何沉寂下去,新的音乐——夏天夜晚的音乐如何奏响。

在对周围世界的细微色彩的感知的影响下产生的情感,使观察变得更细致，使心灵变得更敏感，感受性更强烈。每次当我们从树林、田野、池塘边回来，我都看到，（用形象的语言说）男孩们和女孩们不仅对自然的美，还对整个人类睁大了眼睛。他们不仅更关心彼此的精神状态，而且也关心其他"不相干的"人。在聆听了林中小溪的音乐后回家时，我们看到了路旁有一棵被汽车撞断的小树。男孩和女孩们走近这棵小树，他们若有所思地、哀伤地、久久地站在那里。虽然一句话也没说，但可以感觉到，此时在少年的精神生活中正在出现一些复杂的现象。

在这些年里孩子们栽培了"人民花园"和"人民葡萄园"。不轻松的劳动成了孩子们的精神需求。培养感觉修养和知觉修养，对少年，尤其对家庭环境中隐藏着使心灵变得冷酷的危险的那些少年，具有特别重要的意义。科利亚和托利亚只要在家里待上两三天，不与学校集体来往，他们的心就好像套上了一层铁石的盔甲，他们变得粗暴，容易发脾气，尤其是托利亚（产生这样的缺点，常常是由于少年家人的粗暴、冷漠、冷酷）。通过激发对自然界的美、对观念和原则的美的感受性，激发对其他人的精神世界的感受性，是可以除掉这层盔甲的。我把激动的、戒备的、警觉的托利亚带到花园或草地。我努力使人在这种环境下感觉到自己周围的美，设法在他面前展现人道的、诚挚的新的境界。在少年激动、戒备、发怒的时刻，他从教师那里领会到的东西是很重要的，多次的实践使我对此深信不疑。我给托利亚讲述了那些为其他人创造美和快乐的人们的事情。在有的人的心中，恶已播下了冷漠、凶狠、冷酷的种子，十分重要的是要让这样的人看到、感到某种人道的东西。我看到了少年心中的冰块正在一点点地融化,他的眼神逐渐变得温和。我们深入到树林的深处或去远方的草地,在我们的面前是风光绮丽的世界。我使少年在这样的时刻接受了美的微妙的色彩。这对培养少年的心灵对语言的敏感性是尤为必要的。

语言和人的情感修养

现在我们开始探讨教育的一个神秘的领域——对这个领域研究得还很不够。为什么一位教师的话语能成为强有力的教育手段,而另一位教师的话语对学生来说却是难以忍受的折磨?

对于"不能用语言去教育人"这样的论点,我是无论如何也不能同意的。关于"用语言进行教育是一种片面的教育"的"理论",已经带来并还将带来许多危害。有的教师确信,语言作为一种教育手段,必须尽可能少地运用;制度、劳动和监督,才是最主要的。

这些观点和论点反映出对教育过程的肤浅的认识。在教育中没有一种唯一的、万能的手段可用来影响人的精神世界。劳动是一种强大的教育力量,这是一条最基本的真理。但是如果不能用对人的教育中的最精细的工具——语言去触及人的心灵的最敏感的角落,那么这种教育力量将是沉睡的壮士。不重视语言,不相信语言的力量,会导致教师缺乏教育修养和教育上的简单化。"如果在'语言教育'这个概念中包含了某种不体面的东西,"有些教师想,"那么有什么必要在这方面再去进行创造和探索呢?"

我把许多学校中教师与学生之间的精神联系称为教育上的笨嘴

拙舌。糟糕的是教师不善于从语言的宝库中选择恰恰需要的词汇，从而找到通向人的心灵（心灵是独一无二的，每个人都不一样）的道路。不经意地想起的几句话毫不起作用地被学生的意识弹了回去。教师的话学生一个字也听不进去，他的心灵对这些话语就像聋子一样。

在一定的意义上语言是唯一的教育手段。这特别适用于少年期，少年期是认识观念、原则、概括性真理的年龄期。希望掌握复杂的现象和关系的愿望，要求对语言及其色彩十分敏感。不发展少年对人的思想和情感色彩的感觉能力，对少年进行情感的和审美的教育则是不可想象的。一个人理解并感觉到语言的变化，即理解并感觉到它的丰富的内在含义和情感色彩，对于语言的这种敏感性也就培养起来了。

培养对语言及其色彩的敏感性，是人的和谐发展的前提条件之一。从语言修养到情感修养，从情感修养到道德情感和道德关系修养，这就是通向知识和道德和谐的道路。我认为语言教师和班主任在工作中的相互配合，是形成这种和谐的有利条件。高度的感觉修养和知觉修养，是培养对语言的情感色彩和词语变化的敏感性的手段。在上文中我不是随随便便地举出一些定语作为例子，在这些定语中少年使语调和语音有了色彩。少年在祖国语言宝库中找到的每一个词，都要求他在智力和情感上付出很大的努力。语言反映了少年在自我培养情感方面内心所做的大量的工作。人的智力要认识周围世界，需要有很高的情感修养，而情感修养的物质载体只能是语言。

为了使教师的语言能起到教育作用，这种语言就应该能在学生的心灵中生存。我对学生讲述共产主义思想观念的美，讲述为了祖国的自由和独立而斗争，讲述人的精神的力量。如果我不能在学生的心灵中引起对语言的细腻的敏感，如果我说的每一句话没能在他们的心中激发出内心的情感响应，那么我所说的一切只不过是空话连篇。为了用语言进行教育，就必须在少年的心灵中创造语言的精神财富。如果没有这种财富，教育上的笨嘴拙舌就开始了。

我坚信：少年教育中的许多困难就在于，在从智力上去认识世界的同时，教师没有进行细致的工作去发展学生的情感——审美修养及对语言的敏感性。

在少年期我们继续去思想和语言的源头旅行，但我们的目的不再仅仅是积极地积累新的词汇和揭示这些词汇的情感——审美色彩；在少年的个人创作中，在他们相互的精神联系中表现出自己的情感修养，也成了我们旅行的目的。去思想和语言的源头的旅行揭示了语言的微妙及其情感——审美色彩，我努力使这样的语言在少年的心头开始自己的生命。

瞧，我们在欣赏正在扬花的荞麦田；我们在聆听犹如竖琴演奏的蜜蜂的独特的嗡嗡声，潜入语言的细腻中。在低年级时在这种场合下会立即开始集体创作：孩子们写作文，写诗。现在由美激发的灵感更具有个人的特点。男孩子们和女孩子们似乎不好意思在集体面前表达自己的情感，于是开始了个人的创作。每个人都写下了自己歌颂大自然的小故事和小诗。在少年期的确所有的孩子都很喜欢诗歌。这是形成情感——审美修养的一个重要阶段。我们经常举行诗歌创作晚会。男孩子们和女孩子们都愿意把自己在灵感萌生时创作的东西拿出来与同学分享。他们牢牢地记住了这些诗，这就证明了语言已在学生们的精神世界中扎下了根。

几乎所有的诗歌都是自由体。这在一定程度上反映了我对他们的影响：我就常常写这样的诗；孩子们不仅沿用了我的风格，也接受了我的思维特点以及我感知周围世界的特点。我抄录了几十首我的孩子们写的诗。下面就是我们的女诗人瓦利娅的一首诗。

云雀之歌

黎明的雨水洗涤了蓝天。

苍穹一片蔚蓝，

就像一首嘹亮而又欢乐的歌。

晶莹的水珠挂麦穗，

颗颗水珠映出一个小太阳。

草原上静悄悄，静悄悄。

麦穗和雨滴向着大地探下身。

我漫步在草地上，

生怕惊扰了田野的宁静。

我来到古斯基泰人的陵墓，

高高举起双手，

呼吸着暴风雨的气息。

我站着，屏息聆听这寂静。

突然从太阳那边，

从被黎明的雨水洗涤过的蓝天的深处，

飘来平静而又温柔的音响，

就好像从蓝色的玻璃中传出的响亮的铃声。

好像有人把金色的谷种，

撒向明澈的大钟——蔚蓝色的苍穹。

大钟颤动着，摇曳着，歌唱着。

我眺望蔚蓝色的天空，

看见一小点灰色在跳动。

这是云雀在迎接晨曦。

有一个关于春鸟的美丽的传说：

太阳的火花，

溅落到黑色的沃土上，

大地上万物生机萌发，

鸟儿飞向天空……

云雀在歌唱母亲——亲爱的大地，

歌唱明媚的太阳，

歌唱自己的孩子们，

在某一片麦田的小窝中，

小鸟们在甜甜的、香香的睡梦中。

  热爱语言美的人对自己周围现实中的审美的、道德的方面变得更敏感，要求更严格。他们对语言，对语言色彩的丰富性的感受越细腻，年轻的心灵对道德说教的领会就越深刻，对影响少年精神世界的最精细的手段——教师的语言和整个人类的美的感受也就越深切。对于培养这种感受性具有重大意义的是去观念世界旅行：讨论精神的力量、思想勇气、对邪恶的毫不妥协、克服困难中的不屈不挠的精神、人对崇高思想的忠诚所表现出的伟大和美。这样的讨论的一个突出的特点就是似乎避开了具体的事实、事件和现象，而去追求概括化的真理和原则。少年非常需要这样的讨论，因为他们很希望进行推理。认识观念世界，是少年期的特点。但是，要使观念产生教育作用，少年就应该感觉到，体验到它的美。这能使人得到升华，使人变得高尚。

我从叙述能揭示人的精神生活的现象、事件着手开始去观念世界的旅行。在宁静的冬季的夜晚，少年来到了"故事室"，我给他们讲亚历山大·乌里扬诺夫的故事。他的勇敢精神和对信念的忠诚所表现出的美，吸引住了孩子们。当我讲到亚历山大·乌里扬诺夫如何愤怒地驳斥了律师要他请求人民的刽子手的饶恕的建议时，我的学生的眼睛中燃烧着一团火，他们为真正的人而骄傲。于是开始了激动人心的讨论。孩子们好像远离了具体的历史事件和具体的功勋，对于思想的坚定性、信念的忠诚、荣誉等问题他们陈述了自己的想法。这些概念的真正含义在我们面前展开了。少年坚信：做一个真正的人，就要珍惜自己的荣誉，终生不渝地忠诚于崇高的理想。比起为人要正派这样一个基本要求，这无可比拟地高尚得多。通过讲述谢尔盖·拉佐的英雄业绩，列夫·托尔斯泰、康斯坦丁·齐奥尔科夫斯基、伊利亚·列宾和伊戈尔·库尔恰托夫的宏伟的劳动成果，我努力使这一信念更深入人心。我努力使"荣誉""功勋""勇敢精神""英雄气概"这样一些崇高的词语的真正的含义，不在少年的意识和心灵中消失，不让他们轻率地对待下面这样的格言："生活中处处可以建立功勋","人人都可以建立功勋"。少年深信，在高尚的行为与功勋之间，在基本的正派作风与共产主义信念之间，在执行纪律的要求与勇敢精神之间，在日常生活中的诚实与崇高的公民荣誉之间，存在着巨大的差别。

对思想的认识

在懂得了真理之后，人的全部精神力量都集中到熟记、背诵、了解、回答、向教师"和盘托出"自己的知识。这时心灵对理智所思考的东西仍漠不关心。有的教师在课堂上阐明道德的、政治的、社会的、审美的真理的意义时过多地采用智力劳动的手段，让学生熟记一些事实并对之进行逻辑分类，等等，从而降低了这些真理的教育力量。我认识一位历史老师，他热衷于采用各种各样的表格和图片。他向少年们阐述我们的人民在1812年卫国战争中的丰功伟绩。孩子们屏息凝神地听着全体人民反侵略者的斗争的故事。突然，这位老师匆匆忙忙地结束了自己的故事，要求学生画出一张逻辑图，"逐条列出"促使我们取胜的各种原因。于是崇高的激情消失了，"对事实的解剖"把生动的思想变成了一张死的图表。思想好像在意识的表面一掠而过，没有触动心灵。

对思想的真正认识（用理智和心灵去认识，形成个人对道德真理和道德原则的态度），是在您诉诸自己学生的内心精神世界时开始的。如果学生已经理解了教材，您不必急急忙忙转入下一章或下一个专题。您要找到一些能激发孩子们去思索和深入理解的词语。要让少年有机会用自己的眼睛去观察事物，使之似乎成为事件的参与者和评判员，这在少年期是很重要的。实质上，情感—审美认识就是从这里开始的，信念也是这样形成的。

少年对善良和邪恶、正义和非正义、荣誉和耻辱是非常敏感的。所以对社会生活和人的精神世界的规律的认识，对他们来说应该同时也是对善和恶的情感—审美认识。您要找到一些能诉诸自己学生的理智、心灵和良心的词汇，要使他们不仅懂得善和恶的本质，还要明确地确定自己的道德、思想立场。要找到一些词汇去促使学生体验对社会邪恶的毫不妥协的情感。与思想上的敌人针锋相对的情感体验，这是一种很重要的精神状态，没有这种体验道德信念的形成是不可想象的。当我讲述布鲁诺时，孩子们的眼中就迸发出对宗教裁判者们的仇恨的火花，因为他们残酷地迫害那些让人们睁开眼睛看世界的最优秀的人物。在阐述理智与愚昧、自由思想与宗教的斗争的思想时，我眼前看到的不是只会对我所说的东西进行"加工"的抽象的学生，而是一个个有着敏感的心灵的活生生的人，他们是托利亚和科利亚、斯拉瓦和尼娜……学生们相信善必胜，相信正义，相信一切光明和诚实的东西，这种信念取决于他们将怎样对待善与恶的现实载体。我认为我的教育工作的一大成功，是让一些英雄人物的形象深深地铭刻在孩子们的心坎上，这些英雄把拒绝真理看作奇耻大辱，把为宣传真理而死看作莫大的荣幸，使孩子们在自己周围的生活中不仅看到善，也看到恶。

在谈到法西斯侵略者在我们苏维埃土地上的兽行时，谈到马伊达内克集中营中的焚尸炉时，我尽力在少年的心中树立起斗争的精神,敢于与在当代还准备燃起世界大战烽火的反动力量进行斗争。

在文学和历史课上,在孩子们的意识和心灵面前展现的是一部道德发展的历史。

我向孩子们指出,基本的道德修养规范是如何在人类社会中形成的,劳动者是怎样珍爱为了幸福的生活而用共同的劳动和斗争获得的和创造的所有最优秀的东西,并把它们代代相传。

祖国观念和情感的形成,在道德史的讨论中占有特殊的地位。对这一观念的情感态度决定着公民的道德面貌。在人的生活中应该有某种最主要的东西,它高于所有日常的琐事、日常的忧虑和激情。两个人可以彼此没有好感,但当事情涉及一件伟大的、神圣的事情时,即涉及祖国时,他们就成了志同道合者,成了战友和朋友。把祖国看作是最神圣的、最宝贵的,这种态度使人类的全部情感高尚起来,使人们互相接近,互相亲近,荡涤心灵中一切贬损其尊严的东西。

要在每个年轻的公民心中确立一个神圣的、不可侵犯的观念,就必须细致地、审慎地去研究人类的历史。我在前面已经说过,祖国的情感如何使人变得高尚,如何鼓舞人去完成英雄的业绩。人的真正的不朽,就在于对祖国的无限的爱。我好几次对孩子们讲述了我们的同乡,苏联英雄,黑海舰队水兵阿列克谢·卡柳日内的不朽的功勋,他在保卫塞瓦斯托波尔的战斗中受了致命伤,在临死前他给自己的父母、青年和后代们写了一封信。我读着这封镌刻在英雄墓碑上的信,激发孩子们去思考自己的命运和祖国的命运。这个故事一直能激发起浓厚的兴趣和交流思想的愿望。孩子们也是怀着这样浓厚的兴趣去听关于亚历山大·马特洛索夫、尼古拉·加斯捷洛和其他创造了丰功伟绩的人们的故事。我永远不会忘记，在我讲述了关于亚历山大·马特洛索夫的功勋的故事后托利亚说："没有祖国，真正的人是一天也活不下去的。祖国使我们每个人成为真正的人。"

"为什么会这样？"万尼亚问。"我们怎么常常忘记最宝贵的东西。在我们面前是广阔的田野，麦子正在成熟。我们想的是：将是个丰收年。不知为什么我们忘记了这就是我们的祖国。这大概是因为当人有眼睛的时候他常常会忘记自己的眼睛，有手的时候也常常会忘记手。我听到过一个卫国战争中的残疾人的故事。他被法西斯匪徒俘虏了。他的口袋里不知怎么保存着一块灰色的小石头，这块小石头是他在被法西斯匪徒驱赶战俘去西方的路上捡的。这块小石头温暖着他的心灵，让他想起祖国，坚定了他对胜利的信心，因为小石头提醒他，祖国的土地还在。"

科利亚说："我望着草原上高高的陵墓，心想：在那里，在我们的土地上，我们的很早很早以前的祖先打败了鞑靼入侵者。当瑞典人从波尔塔瓦逃往土耳其时还打败了瑞典人。他们还打败了白卫军和法西斯匪徒。这已经是我们的爷爷和父辈们的事了。这条路就是解放者、苏联红军到我们村子里来走过的路。这就是祖国。"

这些话似乎是很普通的，说过不知多少次了。但是对少年来说不是这样，这些话对于他们是一种启示。在这些话中包含着祖国的观念，因为祖国在他们的心中。

少年精神生活中的情感刺激

我在学校工作期间，关于情感状态与思想、道德、智力发展及信念的形成之间的相互关系和依从关系的问题，一直让我不安。对同一些学生的精神生活、劳动和学习的长期观察，直接参加集体的精神生活和劳动，与一些学生多年的友谊，所有这一切使我有可能得出涉及个人生命活动的所有方面的和谐的结论。用形象的语言说，情感状态是乐队的指挥，随着他的神奇的指挥棒的挥舞，各种各样散乱的声音变成具有美妙旋律的和声。如果在童年时代情感能很快地控制人的精神世界，而且情感变化很快，那么到了少年时代情感的稳定状态就占据优势。理智与情感、情感与道德意识、对周围世界的情感态度与现实这三者之间的关系，就变得更细腻，更敏感。

少年思维的内容、性质和倾向性，都深刻地反映在他的情感状态中，不仅孕育智力情感，还给他的全部精神生活打上烙印，并形成一种情感，我称之为丰满的精神生活的情感。教师的任务是要使智力劳动（在少年的生活中智力劳动起着决定性的作用）成为一种活动，表现出心灵的积极的力量，成为人的自我肯定和自我认识。教师真正的本领表现在，少年在他的指导下在教学过程中表现自己。少年在复杂的、多侧面的周围世界中对自己的态度和对自我的认识，对少年情感状态起着决定性的作用。表现自己，是教育和自我教育中的一个很复杂和困难的领域。它不局限于课堂上。教学，获得知识，这是多方面的智力活动，是对社会有益的劳动。我们尽量使这种活动与少年的复杂的、多种多样的智力生活，与他在劳动和思想方面的自我肯定，发生千丝万缕的联系。

少年越深入到知识和劳动的世界中，他就越感觉到自己是个人，是个有创造性的人。我们注意使知识的获得与创造性地运用知识联系起来，使知识不致成为一堆死的东西。完成这项教育任务，更适合于学习困难的少年。彼得里克、尼娜、斯拉瓦的勤奋学习和爱好劳动，就维系在情感刺激这根纤弱的细线上：只要这根细线一断，就什么也没有了，他们的学习就变成了沉重的、不胜负担的劳役。使这根细线结实可靠，使人不受失望的威胁，这是多么重要啊！

我们得出一个结论：一个少年，不管他的能力的一般水平是多么平庸，他都应该在某一个方面取得并能体验到一定的成就，感到自己在某个方面是真正的创造者，是知识的主宰。而这恰恰就是把人与学校，与智力生活的世界，一般说来与人类的文明联系起来的牢固的基础。斯拉瓦在理解历史学的规律方面非常吃力。他对理解概括化了的真理感到很困难。在数学方面这个男孩很难"抓住"从现实的东西和事实向抽象规律的转化：代数公式和定理对他来说是百思不得其解的秘密。必须在智力劳动中，在智力生活中找到能使这个少年感到自己是真正的创造者的那个领域。我们找到了两个领域。第一个领域是阅读关于世界各国和各族人民的科普书籍。斯拉瓦对这样的书很入迷，逐渐地他收集了一大批这样的书，在集体中他成了地理学和人种学的行家。他可以连续几小时地给同学们讲述印度尼西亚的各个民族、印度洋和非洲的各个岛屿，讲述他们的文化、日常生活和习俗。第二个领域是制作几何模型。教师教斯拉瓦利用塑料和玻璃制作的模型来表达与定理相联系的体积概念和空间概念。他对这项工作入迷之后就开始理解抽象真理的实质。通过顽强的劳动和钻研教科书，几何成了他喜爱的一门学科。把斯拉瓦与智力劳动，与学校联系起来的这根线变得越来越牢固了。他感觉到了自己是一个合格的人，在困难面前没有不知所措。

彼得里克在理解语法规则方面困难很大，常常犯重大的语法错误。长期以来文学课上的写作让他头痛。我和他多次去田野，去池塘边、去树林，一起观察颜色和色彩，聆听大自然的乐声。这个男孩开始逐渐发现语言的微妙之处。迷茫的表情在男孩的眼中消失了，这对我来说是一件大喜事。他对创作的兴趣觉醒了。我读了一些在大自然中构思的小作文；他产生了强烈的愿望要用自己的语言描述使我产生灵感的景象和现象；我的灵感传给了他。

知识反映到情感中，这是知识转化为信念的重要条件，是形成信念和世界观的条件。情感状态对少年的智慧和全部智力活动的影响，具有巨大的反馈力量。在少年期智慧对情感状态特别敏感。无数的事实使我确信，乐观愉快地感知世界，对事物、现象和真理的支配感，对自己力量的信心，是刺激记忆、思维和灵敏性的新的源泉。

精神生活的充实，这是一个宽泛的、多侧面的概念。创造性劳动把手的技艺与知识有机地融合在一起，它是使少年的精神生活丰富的一个很有效的源泉，但遗憾的是，对它的研究还很不够。在"活动"这一概念中，我们正是包含了智慧的创造和手的创造的融合，精神生活的丰富就来自这种融合。我们尽量使每个少年都有自己喜爱的、感兴趣的、令他兴奋的工作；使在工作中产生的情感迁移到学习中，迁移到集体中的道德关系上。完成这种迁移的条件，不一定是工作与现在正在课堂上学习的理论材料的直接联系。工作能丰富智力生活并强化对学习的兴趣，这和工作与教学大纲及教学过程的联系情况如何无关。相反，使手的创造性工作促进认识范围的扩大倒是很重要的。

对有世界观意义的和道德的观念、原则、真理的情感感受性

高尔基在谈到自己苦难的童年和卡希林外祖父爱打人的手时写道："从那时起在我的身上出现了对人的不安的关注，就好像从我的心上剥去了一层皮，对自己的和别人的委屈和痛苦的这种令人不安的关注变得极其敏感。"培养对人的不安的关注和不可忍受的敏感，是学校的最重要的任务之一。在残酷的时代，在残酷的环境中，被"剥去了一层皮"的心变得富有情感的感受性，这是很大的幸福。在绝大多数情况下常常是另外一种情况：委屈和残酷使人心变得粗鲁、残酷。但是培养情感感受性完全不是要人去经历委屈和屈辱的考验。

情感感受性对形成人的所有品质具有特别重要的作用，而教师的话语和学生活动的统一则是培养情感感受性的极其重要的手段。对具有世界观意义的真理、观念、原则、规律的情感敏感性，形象地说，就是一颗小小的火星儿，它点燃起信念、原则性和人对自己的信念的忠诚的火焰。只有当人体验过、经历过并感觉到了观念、原则、真理的深刻性时，他才会把它们当作神圣的、不可动摇的东

西去珍惜。共产主义信念的形成是由于对具有世界观意义的观念的逻辑认识与情感认识的统一：学生在认识具有世界观意义的真理和观念的本质时，体验到一种欣喜、惊奇的情感，并为人的伟大、智慧和美而感到骄傲。

要达到这一步并不需要采用什么特殊的方式，也不需要说大话或做出慷慨激昂的样子，而是要对真理、观念、原则做出深刻的唯物主义的解释，这种解释强调人的理智、他的创造性的威力，强调在思想上对邪恶和黑暗的毫不妥协精神的威力。情感认识不要求少年采用什么特殊的手段去表达情感。情感认识应反映在心灵的深处，它的力量恰恰就在于此。

对具有世界观意义的观念、真理、原则的感受性，始于对它们的伟大、智慧和美的体验。在少年期积极地表达自己的观点和信念，在人的精神生活中起着特别重要的作用。为了有充实的精神生活，为了朝气蓬勃地感知世界、乐观地认识世界并形成对自己力量的信心，重要的是要使少年感觉到自己的观点和信念似乎与某种对立的观点发生冲突。

这种对抗犹如激发新的情感的燃料，激发个人对真理、正义和具有世界观意义的真理的伟大和美做出鲜明的评价。我们一直关注少年的劳动所具有的世界观意义的性质，力图使劳动对少年不仅是一种义务，还是表达、确立对真理的观点和态度的形式和手段。为了表现自己而需要克服的困难和障碍，就是一种反作用力。例如，少年知道，可以在一年内把板结的黏土变成能结果实的沃土，为此就必须创造一种有利于有益的微生物的生命活动的环境。他在完成这项工作时不是单纯地相信科学知识的真理性，而且还确认了自己对科学、对人的认识能力、对自己的自豪感。这就是锻炼人的道德力量的那种精神斗争。没有情感的培养就不可能有真正的道德教育。

道德观念和政治观念对成千上万的现象、事件、人的激情进行概括。就其本质而言道德观念和政治观念具有强壮的情感的根，在受到适当教育的条件下这个根会长出诸如人的活动、关怀和忧虑这样一些生机勃勃的枝条。但这种根需要有一定的环境。为了使这种根生机勃勃并长出幼芽，就必须体验、感受观念，而这就是说要与自己做对比。如果在少年的生活中他对人有个人的态度，也就是说，为了懂得道德，就必须去爱人，同时还应该会仇恨损害人的尊严的一切东西，少年才可能对观念产生、巩固并发展纯粹个人的情感态度。

少年在认识世界时把自己当作积极的、主动的因素进入世界，这时对道德真理、观念和原则的情感感受才能成为现实。用智慧和心灵去认识周围世界，这就是说，要在道德真理、观念和原则的现实的、具体的表现中，即在与活生生的人们的关系中，在癖好、行动中和在观点与命运的冲突中去理解它们。

少年期道德面貌的形成主要取决于一种观念：有利于为共产主义而奋斗的所有的一切都是道德的。要把这一伟大的道德的，同时又是政治的观念灌输到少年的心灵中，这就意味着要把少年引导进公民生活的世界中，使他们对为祖国和社会服务产生一种公民的愉悦感。我们始终认为学校的崇高的教育使命就在于，使公民的情感（喜悦、自豪感和责任感）成为少年精神生活中起主导作用的、最强烈的情感。这些情感和谐地融合在一起，少年就能在自己的活动中看到公民的目的性。

我们也很重视对另一个观念的认识。这个观念就是：要为人们做好事，要感觉得到并懂得与你生活在一起的人的欢乐和痛苦，要把自己的心灵的一部分给予他，绝不容忍冷漠无情，要痛恨损害人的尊严的一切行为，这样你就将是一个真正的人。培养对这一观念的情感感受性，这并不意味着要没完没了地反复地陈述这一观念，从而使它根深蒂固地保留在意识和记忆中。一个人甚至可能并不知道这个作为逻辑判断的观念，但如果他为其他人做好事并同时体验到崇高的情感，那么他就是在用智慧和心灵去认识道德观念。一个很重要的特点在少年身上表现得很突出。这个特点就是：他越把周围发生的一切放在心上，他对周围世界的现象就越关心，他的心灵对教师的话语、对道德教诲、对道德观念的词语表达的敏感性和感受性就越细腻。用智慧和心灵去感知周围世界，是形成道德修养的极其重要的前提条件。道德上的冷漠，其根源在于情感的冷漠。

培养情感，这并不是说要去谈论情感或者教学生去体验情感。斯坦尼斯拉夫斯基多次说过"情感是不能命令的"。如果说在教育工作中一般是不允许矫揉造作和故意制造点什么，那么，矫揉造作和故意制造点什么对于培养情感修养是尤其有害的。有一种公式：我对你讲什么，你就去理解什么，我想在你的心灵中确立什么，你就去感觉什么，于是你就成为一个好人。如果教师相信这个公式是切实可行的，相信它的教育力量，这就会导致崇高的话语在少年的意识中可能会一钱不值。情感需要引导，培养道德和情感修养所必需的情感需要激发，而这一切都必须有情感情境。

利用人们之间关系的无限丰富的生活情境，有意识地创造培养情感修养的情境，这是最细腻的教育技艺领域，是教育修养的本质。如果一个人不能对周围世界进行细致的情感、审美观察，他就不能当教师。在儿童、少年和男女青年身边发生的许多事情，对于道德教育和情感教育来说是无可挽回的损失，而造成损失的原因是教师自己没有养成和发展对世界进行情感—审美的观察的能力。这种能力不是什么天赋的精神品质。只有通过生活才能获得、理解、养成、完善这种能力并更聪明地运用这种能力。如果谈到教育经验，谈到取得经验所需要的工作年限，那么我首先是把对世界，尤其是对人进行情感—审美观察的细致性包含在这个概念中。教师成为儿童和青年的导师，是因为他能用智慧和心灵细腻地、敏感地认识世界。这一品质对于少年的教育具有特殊意义。少年的视野在无限地开阔，他的智慧在不断获得认识概括的真理并对之进行逻辑分析的能力；这个年龄的人能看到在远离他们的地方发生的事情，却常常不注意发生在身边的事情。教师不仅要发展和深化少年期的本质和少年的社会地位所要求的能力，同时还要发展少年用智慧和心灵去观察就在离他两步远的地方出现的事情和现象的能力。

情感和公民的尊严

培养个人的公民尊严感，这是影响少年精神世界的最细腻的领域之一。教师应全力以赴地使学生感觉到自己身上有能影响社会发展的积极力量。公民感，这是心灵最崇高的、最高尚的运动，它们推崇人，在人的心中确立起社会意识、荣誉感和自豪感。道德纯洁的主要源泉是公民感。一个具有高度发展的、深刻的公民尊严感的人，他对世界具有自己的观点，他从社会意义的角度去认识在他周围发生的一切：似乎与他个人无关的东西，也被他当作个人的事情进入他的心灵。

公民的荣誉感和自豪感，始于对崇高的道德行为的审美享受。在童年时代人就有了这种情感，而在少年期由于意识并认识到道德的高尚性的思想实质，使这种情感大放光彩。对道德美的审美体验，是认识人的伟大的社会意义的重要条件。对少年精神世界影响的细腻性，就在于把对道德美的审美享受与对人的认识融合在一起。在谈到高尚的道德行为时，我总是尽量直接诉诸少年的精神世界。少年恰恰对我的这种做法很敏感，向教师敞开心扉：他的心灵中最隐秘的角落也变得敏感了，感受性增强了。

我对少年们讲述人类崇高精神的顶峰——伟大的卫国战争英雄们的功绩，他们为了祖国的自由和独立奉献出自己的生命，表达了对敌人的愤怒的蔑视，他们饱受可怕的痛苦折磨仍保持了公民的自豪，感觉到自己在道德上、精神上压倒了敌人。少年在认识公民的功勋的美和伟大时，就会联想到自己并去思考一个问题："我能做什么？"

纳尔契克市的一个13岁的少先队员萨沙·科瓦廖夫的功勋使我的学生们激动不已。他用炸药包把法西斯匪徒撤退时要通过的一座桥炸飞了，而在爆炸时他自己也受了伤。他被押解到了法西斯的城防司令部。司令官说:"是谁教你这样做的,招出来,就放你回家。"萨沙回答:"谁也没教我。"司令官把一块巧克力扔给了少先队员。"去你的,法西斯恶棍!"少先队员怒吼了一声,踩碎了巧克力。司令官揪住男孩的头往墙上撞。敌人把他押到橡树林中枪杀了。纳粹匪徒不敢看男孩的眼睛,朝他的后背开了枪。

我还讲过一位无名英雄的故事,这位英雄是一名苏联士兵,被关押在布亨瓦尔德集中营,他拒绝解下腰带,因为腰带的扣环上闪耀着一颗我们的苏联红星。当纳粹匪徒向他走来时,他把他们打死了一个,打伤了一个。我永远也不会忘记我的学生们是如何专注地听我讲我们的老乡,共青团员薇拉·帕夫莎的英雄功绩。她与自己的女伴们一起写反法西斯传单,把从俘虏营中逃出来的苏联士兵藏起来。法西斯匪徒逮捕了薇拉,拷问她。一个法西斯匪徒挖出了她的一只眼睛。"如果你说出自己同伙的名字,"盖世太保说,"你就能活。不招供,就挖掉你第二只眼睛。你将祈求赶快去死。"薇拉鄙视地朝着法西斯匪徒的眼睛啐了口唾沫,她忍受着惨无人道的折磨说:"坏蛋,你要死在绞刑架下。"

每个少年在沉思英雄们的壮丽的、崇高的功勋时,他的思想升华到英雄的境界。在他的想象中描绘出一幅幅人民的骄傲、人民精神的力量、情感的美的壮丽画面。在这样的时刻少年怀着崇高的情感用智慧和心灵去理解这样一个思想:在人类的生活中有任何东西都不能与之比拟的、与之相提并论的东西,这就是祖国的自由和独立,祖国的荣誉、强盛和尊严。

情感情境的一般特点

作为一种教育手段的情感情境的本质,在于人是用心去感觉另一个人的心灵细微的运动,并用自己心灵的运动去回答它们。

情感情境的特点是在心灵的冲动中表现出来的一种活动,这种活动似乎是自发的,任何的策划都激发不起这样的活动,以前获得的道德价值观对它起着影响。不是事先规定好的,也不是有准备的这种活动,是在环境的影响下出现的,它同时表现出一定的情感——道德修养,是进一步发展、深化崇高的人类的激情的手段。

母亲决定打发托利亚住到舅舅家去。男孩心情沉重地与集体告别,但在他心灵深处的什么地方隐藏着一个希望,希望到了那边,在另一个环境中他的生活也许会轻松一些。集体感觉到了托利亚的这种心情。所有的人都很难过,离别时大家的心情都很沉重。在他动身前的几天少年们给男孩送了礼物。他们买了纪念册,每个人都在指定给他的那一页上画了或写了点什么。动身的那一天到了。大家说定,五个人,其中三个男孩,两个女孩,去火车站送行(车站离学校有两公里)。开车时间是在上第三节课的时候。在上第一节课的时候事情就已很清楚了:孩子们都没心思上课。我明白,他们都想去为同学送行。但我担心的只有一点:难道他们没有足够的决心提出不上课的请求?他们都走了,派了一名代表来说:"难道在这样的日子可以扔下同学不管吗?课可以在放学后补……"对我来说这是真正的幸福,因为孩子们所做的,正是他们的崇高的情感提示他们做的事。好就好在这一情感没有受到痛苦的思索的考验:"怎么办？可以这样做吗？会不会发生什么不愉快的事？"

在这一类行动中获得了巨大的精神财富：人确定了自己的崇高情感。内心世界的鲜明的情感表现增强了人际关系的纯洁性：一个人对另一个人的义务感更深化了，心灵变得更加敏感。在托利亚的生活中集体的态度起了重大的作用。

当在教育工作中实现了情感影响与道德影响的统一时，儿童与少年用心灵生活的能力，把自己的心灵献给人们的能力就特别强。这种毫无自私自利之心的能力使生活变得更光辉，更快乐。没有把自己的心灵献给人们、献给一切有生命的生物和事物，献给一切体现着我们的现实美的东西的细腻的需求，而儿童和少年却有丰富的精神生活则是不可思议的。大家都清晰地知道儿童具有与周围的人和物亲近的精神需要，他们献出自己的心灵，使自己周围的一切都充满崇高精神并生机勃勃。玩具娃娃对儿童来说是活的生命，他赋予玩具娃娃智慧、情感和性格。这种精神需要并不是什么天生的东西。它是人们给予这个来到世界上并努力成长为人的小生命的第一件人性的东西。希望互相亲近、表现出崇高的精神、奉献出自己的心灵，这是一种崇高的人的需求，这种需求指出了一条教育的道路，在培养对道德真理、观念和原则的情感敏感性和感受性时必须走这条路。儿童的心应该给予某个人，某样东西。如果小孩不把自己的一部分心思放在玩具娃娃、小马、毛绒小熊、小鸟、娇嫩的花朵、小树、心爱的图书上，他就不可能理解人与人之间的友谊、信任、忠诚和眷恋这样一些深沉的情感。

我认为自己的教育任务，是要使在奉献自己的心灵方面童年期和少年期之间不存在界限，要使在童年期获得的心灵的财富不随着时间的流逝而消失。少年教育中出现困难的原因之一，就在于丧失了童年期获得的情感—道德财富，还常常在于童年期的情感—审美世界狭隘和贫乏。形式主义对教育工作带来的危害是极大的：儿童和少年所做的许多事情并未触及他们的心灵，而只是在他们意识的表层一掠而过。（例如，有时候甚至连帮助残疾人和病人这样的工作，也慢慢变成轮流值班的"措施"，成了用打分去进行评价的对象……很难找到有比这种做法更扭曲儿童心灵的其他做法了。）

我很关注让少年在友谊和美的世界中过有着丰富情感的生活，使每个少年都能对某一种东西感到无限的珍贵和亲切，使在童年时代进入他们的精神世界中的活生生的人物和事物，能尽可能多地在整个少年期在他们的情感世界中保留自己的迷人的吸引力。

无论是在童年期的劳动还是在少年期的劳动，实际上都要服从于事物、植物和动物所体现出的崇高精神。具有决定性意义的不是每个儿童种了多少棵树，而是他种的树（哪怕只有一棵小树）在他心目中的地位如何，这棵小树是如何进入他的心灵的。充满崇高精神的劳动把童年期的情感修养与少年期的情感修养连接起来。童年期创造的一个个美丽的角落，成为最可爱的地方永远保存在我的学生的精神生活中。在告别了朋友和老师之后又过去了许多年，已成了成年人，成熟的人的他们，还常常向往着到这些地方来走一走，看一看。

情感记忆在培养少年的心灵对周围世界敏感性方面，起了巨大的作用。因此我尽力用鲜明的印象和体验去丰富一个人在童年期和少年期的情感世界，使他们对周围世界的情感态度不是过眼云烟，而在他们的心灵中留下自己的痕迹，激发起纯洁的思想和动机。

情感教育与审美教育的统一就在于发展和丰富情感记忆。在我们的学生的童年时代在他们面前展现了一些令人赞叹不已的美丽的角落。这就是池塘边的垂柳、柞树林中静悄悄的黄昏、沟壑中的老樱桃树、丁香花园。这些角落的美景在孩子们的心灵中激发起一种惊叹的情感。他们更把眼睛睁得大大的看着这个世界，体验着欣赏美景的幸福。对与大自然的美景相联系的童年的回忆，使他们对周围世界的敏感性、感受性更敏锐。少年看到了自然的美，因为他们在童年时就发现了这种美，自然的美深深地铭刻在他们的情感记忆中。

音乐是丰富情感记忆的源泉。我尽量使童年时代对音乐旋律的感知，与纯洁的、高尚的、崇高的情感与动机联系起来，其中与动机的联系尤其重要。在大自然的环境中聆听柴可夫斯基、格里格、贝多芬、巴赫的作品，孩子们在自己的想象中描绘出善良与邪恶斗争的场面，他们全心全意地站在真、善、美一边。正是在这样的时刻，在儿童的心灵中激发起了要做点什么好事的愿望。音乐的这种使人变得高尚的力量，能持续到少年时期。我们经常举行音乐晚会和晨会。其主要方式就是听音乐。

最重要的情感情境

1. 我们应该在一个活生生的、能思考的、能体验的但尚未真正长大成人的人的身上培养起个性的精神美，而这种精神美的培养取决于教师是否善于教会自己的学生用心灵去感觉别人的内心世界。用高尚的情感和体验使儿童和少年变得高尚的艺术，就是引起共同的感受的艺术。我在一个人的童年时代就使他能用心灵去理解和感觉其他人的细微的心灵活动。

我给自己的学生讲了一个关于残疾幼童彼得里克的事，重病把彼得里克困在床上，剥夺了他童年的欢乐。我希望每个男孩和每个女孩都能设身处地地为这个有病的孩子想一想。共同的感受就是从这里开始的。我们常到这个男孩家里去，给他带去了书和玩具。彼得里克是个感受性很强的孩子，他对周围世界的感知很敏锐。开始时他怀有戒心，对我们有点不信任，但是少年们的真诚和善良融化了孩子心头的冰块。他等着少年们到来，对他们讲自己童年的欢乐和秘密，讲在他的小窗上方筑巢的燕子、给他带来许多快乐的有插图的小人书、清晨照在他头上的阳光。孩子的幻想和创造的世界使我的学生感到亲近和亲切，他们很快就全身心地感觉到了彼得里克的种种忧虑和不安。诚挚的友谊建立起来了。我们送给彼得里克一本大纪念册，我们每个人都在纪念册上为彼得里克画了一张画。我们与彼得里克一起为这些图画编写故事。

与这个病孩的心灵的交流，成了进行情感教育的独特的学校。与彼得里克的最初几次见面就在年轻的心灵中激发起深切的同情：少年们感受到，对每个健康的人来说是很平常的许多事情，却是这个孩子所不能想象的。当塔尼娅叙述森林中黄昏的景色时，彼得里克提出了许许多多的问题："啄木鸟是什么样的？森林怎样喧闹？阳光怎样在草地上闪烁？森林中的凉爽的气息是怎样的？猫头鹰在哪里度过白天？小溪的潺潺声是怎样的？"孩子们很激动。他们的整个心灵都体验到一种悲哀，因为彼得里克不能去森林，不能亲眼看到森林的美，不能亲耳听到森林的宁静和音乐。

"我们带你去森林。"托利亚说。彼得里克着急地期待着预定去树林旅行的那一天。少年们找到了一辆橡胶轮的小车，让小男孩坐在车上，推他到森林里去。在这样的时刻所有的少年的心中都怀着要做好事的愿望。在这个风光无限奇妙和美丽的世界中每个孩子都想对彼得里克介绍点什么。大家把他带到了阳光明媚的林中空地。小男孩看到了啄木鸟，第一次听到了森林的喧闹，感觉到了森林凉爽的气息。

一、二年级的课程彼得里克是在家里完成的。我们所有的人都成了他的老师。夏天，少年们帮助彼得里克治病。令人兴奋的一天终于来临了，孩子年轻机体的活力战胜了疾病，彼得里克站起来了。他跨出的每一步都在我的学生的心头产生反响。现在去森林里没有一次彼得里克不同行。他自己走一段路，我们用车推着他走一段路。当要到彼得里克力不胜任的远的地方去时，总有一个少年会陪他留在家里。

情感上的敏感性似乎开阔了孩子们看世界的视野。共同的感受教会他们从眼睛中流露出的极不易察觉到的细细的一丝悲伤、沉思、惊慌的神色中，感觉到其他人的痛苦。由于我的学生在童年时代，在少年时代和青年早期经历过了情感敏感性的训练，他们能发现成年人和孩子的孤独感，对他们满怀同情，成为他们的朋友。就这样他们发现了已退休的彼得·帕纳索维奇医生感到很孤独。他的妻子去世了，他安葬了她后就迁居到我们村子里，每个星期他都要捧着鲜花去邻村他妻子的墓地。在一次去森林的旅行中孩子们知道了这一切，看到了老人忧伤的眼神。这个人要走30公里路，就为了把一束玫瑰或矢车菊放在亲人的墓上。老人的这种深沉的情感震撼了少年们的心。他们与彼得·帕纳索维奇交上了朋友。他们帮助他种花，瞒着他把鲜花送到他妻子的墓上，为的是给彼得·帕纳索维奇带来欣慰。

与这位老人的多年的友谊，在少年的思想和情感上留下了痕迹。他们对人与人之间的诚挚的关系的敏感性和感受性变得更强烈了。他们知道了三年级一个女生家里发生了不幸。女孩的父亲和母亲离婚了。女孩留在奶奶——她父亲的母亲身边，而她的刚满2岁的弟弟住在另一个奶奶——她母亲的母亲身边。女孩很痛苦：她想与弟弟在一起。有一天她去看望弟弟，而弟弟已不像以前那样高高兴兴地迎接亲爱的姐姐，而是恐慌地、警惕地看着她。"尤尔科已不记得我了。"她对女友们说。这话使女孩子们感到震惊。

当我们去森林旅行坐下休息时瓦利娅问："为什么人们要互相制造痛苦，要给别人带来不幸和委屈？他们为什么要把拉娅和尤尔科分开？为什么常有这样狠心的父亲和母亲？"如果少年没有感觉到其他人的痛苦，没有把其他人的痛苦这样关切地挂在自己的心上，他们是不会提出这样的问题的。

共同感受的范围是逐步扩大的，从少年在自己周围所看到的扩大到住得很远的人。如果在我们的日常生活中没有经历过共同感受的训练，少年就会对世界上发生的事情漠不关心。教师语言的力量、语言对学生精神世界的影响、"用动词去点燃心灵"的技巧，取决于共同感受培养的是怎样的情感修养。

向学生揭示的科学真理和规律越多，他的智力财富所具有的意义越大，对人的精神世界的认识、人的崇高情感的确立就越重要。少年对文艺作品的感知，也取决于他在生活中的情感训练，取决于对其他人的欢乐和痛苦的共同感受的深度。只有当情感和道德修养的种子已播进少年的心灵并滋生细腻的情感—道德关系时，文艺作品才能培养情感和道德修养。这是对少年正确地进行教育的极其重要的条件。

2. 善良情感的物质表现。每个少年应长期地把自己的善良的情感倾注到劳动中，并用高尚的动机使劳动富有人性。按我的设想，劳动完成时应达到一种境界，这种境界能使人更细腻、更敏锐地去感觉其他人的精神世界。

我们每年在1月份的第一个星期庆祝姑娘节，有一个男孩在节日前好几个月就到树林里去挖了一棵铃兰的根，把它保存在很冷的土中，然后把它移到温室中，等它开花……体验良好的情感，这本身就可以成为劳动的目的和动机。一个人为了瞬间的幸福而劳动好几个月，在这里面蕴含着劳动的巨大的教育力量。这一时刻似乎使一个人升华到情感和道德发展的一个新的高度。这一瞬间在人的心灵中留下了深深的痕迹。每个少年都体验到这一瞬间是最美好的境界，在这一境界中一个人深入到了另一个人的内心的精神世界中。在姑娘节的前夕这个男孩久久不能入睡。他梦见了女孩子的由于喜悦而神采飞扬的眼睛。在男孩把花献给女孩的这一难忘的瞬间，两颗心都向对方敞开了。用形象的语言说，人的心灵挺直了腰杆，充满了自豪感，随时准备着去创造善。

当地平线呈现在少年的眼前时，当少年注意着"世界问题"而忽略了身边的问题时，使人性，即为了他人的快乐而劳动成为少年期个性的基础，这有多么重要啊！我注意使每个少年在劳动中寻找个人情感和审美生活中的丰富的、快乐的领域。每个人在童年时代就已在父母的宅旁园地中建设了自己的玫瑰园。用形象的语言说，这一小块地就是一扇小窗户，通过它展现出人的情感—审美世界。如果没有几十扇这样的小窗户，孩子们就会生活在黑暗中，而当他们长大进入生活时在情感、审美和道德方面他们将是粗鲁的、冷漠的、无知的。我不能想象没有鲜花的所谓真正的道德教育。每个男孩、每个女孩在玫瑰园中的劳动，对于我来说是重要的教育手段。栽一丛玫瑰，体验看到第一朵花时的欢快，把花送给别人，体验这一时刻的激动人心的幸福，这一切对于培养新人是十分重要的；耕耘土地，种植庄稼，体验劳动的紧张、汗水、老茧和欢乐也同样如此。

体察别人时的细致，情感上的感染性、感受性、敏锐性、敏感性，共同感受的能力、对其他人的精神世界的洞察，所有这一切首先是在家庭中，在与亲人的相互关系中出现。在这里必须找到人心中高尚的精神需求在情感—审美方面的根。对孩子来说母亲是世界上最亲的、最宝贵的、最美的人，人道主义的教育就是从这里开始的。但是善良情感的获得要以付出大量的精力作为代价。少年应该通过劳动来获得善良的情感，并把这种情感体现在物质财富中。

在二、三年级（有时还在一年级），每个男孩、每个女孩就在自家的宅旁园地上栽种了"母亲苹果树""父亲苹果树""奶奶苹果树""爷爷苹果树"。促使他们进行这项劳动需要把握分寸，并且要求十分敏感，因为并非所有的人都有父亲和母亲……当然，如果不提醒的话孩子也可能会忘记种下的树。

岁月流逝，孩子们长大了。小树也长大了，该结果实的时候越来越临近了。那一幸福的时刻来临了，为了这一时刻孩子们付出了多年的劳动。还在春天，当树上开始结果的时候，孩子们就已激动地告诉我母亲树上将结多少苹果。大概没有其他劳动能让孩子们如此激动地等待它的果实，因为他们在这种劳动中看到了自己。

在 7 月的一个黎明时分，斯拉瓦到我这里来。"我们一起去看看苹果熟了吗，"他说。我们到了他的小花园。母亲树上的苹果已经红了。它们可能还没完全成熟，但这个男孩已不能再等待下去了。他走进屋子，拿出一只大碗，小心地摘下了几个苹果。他把苹果送给了母亲。我从来没有看到这个男孩是如此的幸福。在这一瞬间我在想："如果你的学生体验到为他人做了好事的幸福，你，作为教师，就是幸福的创造者。"

3. 世界上发生的所有的一切都与我有关。在儿童的生活中常常有不少难以捉摸的情感情境，即周围世界的事物和现象可能会震撼他们的心灵，但也可能完全不为他们所察觉，这完全取决于孩子是用什么样的眼光看世界的。要给予他们观察世界的敏锐视力，要教会他们体验对观察到的东西的欢乐和忧虑，这是情感、审美和道德教育中最细腻的东西。我尽量使每个人都能珍惜点什么，保护点什么，关心点什么。培养崇高的精神和人道主义，是与美，与美感和崇高感不可分割地联系在一起的。但是，如果孩子不用自己的双手去为自己和其他人的快乐创造任何东西，那么，专门为了他们的欢乐和享受而准备的现成的东西你们给得越多，他们看到的东西就会越少，他们对生动的、美好的东西就越冷漠。

当我的孩子们第一次在校园里漫步时，我要他们注意一棵小橡树，这棵小树不知怎么长在了小路边。我们停下了脚步。"孩子们，看那棵长在路边的枝叶繁茂的橡树，"我说，"这棵小橡树本来也可以长成一棵强壮的大树，但它不走运。看到了吗，不知什么人的脚踩了它的娇嫩的树枝，但它毕竟挺了过来。这棵小橡树还有救。"孩子们以前看到过这棵小树，但无动于衷地从它旁边走过。现在受到鼓舞和希望亲近的需求被激发起来了。拉里莎温柔地抚摸着落上了灰尘的叶片说："小橡树，你疼吗？……怎么救它呢？"孩子们问。他们用担忧的、恳求的目光看着我。现在这棵小橡树对他们来说已不是在阳光底下可能长出的成千上万棵橡树中的一棵，而是他们的在世界上唯一的一棵小橡树。我们拿来了铲子，挖出了一大团土，连根带土把娇嫩的小树移了出来。我们在一个僻静的角落挖了一个坑。把带着土团的小树栽进了坑里，就这样我们的小橡树没有危险了。孩子们回家了，心里想着这是我们珍贵的、唯一的小树。第二天一到学校马上就跑去看自己的小橡树。

人并非天生就能用人道主义的观点去看世界，这是通过劳动和人与人之间的关系获得的。这是投入心灵的劳动，心灵不投入其中的劳动是起不了教育作用的。

我的每个学生都在寻找某种世界上唯一的、宝贵的、独特的东西。每个人都关心一切生动的和美好的东西。使男女孩子们受到鼓舞、感到亲近的事物和生物越多，他们就越敏锐地感知周围世界的现象。我们每年都要在一块不大的土地上播种小麦。收割小麦成了一个劳动的节日进入了我们的精神生活中。男女孩子们小心翼翼地割下麦穗，生怕一颗麦粒掉到地上。这种操心暂时还不是公民感。对孩子们来说一颗麦粒还不是社会财富，而是一个生命。公民感和公民的世界观是随着时间，随着他看世界的视野的开阔而逐渐确立的。但是，如果一个人在童年时代没有任何他感到最珍贵的东西，那么，他也不可能成长为真正的公民。

我努力不让少年对本应使敏感的人激动不已的事情无动于衷，努力发展他们对邪恶毫不妥协的情感和对善的追求。如果不设法使一个人在少年期对那些似乎与他个人无关的事情表现出个人的关切，那么，高尚情感的培养和公民的造就都是不可想象的。如果少年看到冷漠无情、疏忽大意、有损人的尊严的现象时他的心没有痛得发颤，如果对邪恶的崇高的愤慨没能鼓舞他去做出诚实的、高尚的行为，那么，要进行名副其实的道德教育也是不可想象的。要引导每个少年为正义和善良的胜利而斗争，这是进行道德教育、情感教育、审美教育的一条很重要的法则。

我们的少年建立了少年自然保护小组。他们留心观察：是否有人把手伸向绿色的朋友，是否出现了树林和花园的破坏者，在禁渔期是否有偷猎者潜入捕鱼，是否响起过枪声，野鸭或鹌鹑的血是否在草地上流淌。这种保护大自然的活动有时完成得很有成效：少先队员们气愤地去找他们的高年级同学，但又是非常高兴和兴奋，因为他们成功地制止了某件不好的事，或者，在最坏的情况下他们搞清了真相。在这样的情况下就形成了非常有价值的情感情境。

4. 高尚的情感冲动。在一个寂静的秋夜，少年自然保护小组的成员科利亚、维佳、谢尔盖、万尼亚来到了教师休息室。万尼亚气喘吁吁地说："他们坐着汽车来了……已锯倒了一棵橡树。"从他的条理不清的叙述中我明白了下面的情况。几天前少年自然保护小组的成员们发现森林里有一棵橡树，它下面的树皮被剥掉了窄窄的一圈，几乎察觉不到。这棵橡树已枯死了。后来另外两棵橡树也是被用这种方式杀死了（这是科利亚的话）。这个事件使所有的少先队员都很激动。事情很清楚：有人在摧残树木，让它们枯死，然后就可以很容易地把它们锯倒并运走。少先队"不可战胜者"中队庄严宣誓无论如何要找到这些罪犯。今天，在光天化日之下一辆汽车开进了森林里。两个人在锯树，第三个人到别的什么地方去了。男孩子们震惊了：他们认出了在毁树者中间有一个是畜牧场场长。他们不止一次地从他那里听到关于爱国主义和公民义务的漂亮言辞。这是怎么回事呢？现在还怎么能相信这个人呢？偷伐者还未锯倒第一棵树就放下了锯和斧，走到林间空地坐下吃饭了。到别的什么地方去的第三个人——司机回来了。三个人在那里又吃又喝。然后就躺在草地上，大概睡着了。男孩子们轻手轻脚地从自己隐蔽的地方走了出来。他们拿起了锯和斧，在车厢里找到了绳子。他们把所有这些东西捆到一起，扔进了沟壑中，还在上面盖上了一层土。而在车厢上他们写了两个字"窃贼"。

孩子们以自己的方式惩罚了罪犯之后现在担心起来了：这些人会不会控告他们淘气胡闹，甚至以流氓行为为名来控告他们。在他们的眼睛中我看到了对邪恶的义愤的火花，同时也看到了信心的不足。男孩子们好像在问："我们做得对不对？"我勉强抑制住自己喜悦的心情说："好样的，孩子们！任何时候，只要发现犯罪、欺骗、虚伪，就按照良心对你们的提示和指示去做。良心是永远不会背叛的。要成为捍卫正义的真正的战士。罪犯将遭到惩罚。除此之外，他们每毁一棵树就要自己亲手栽10棵树并照料它们几年。"

在我的表扬下振作起来的孩子们，交出了汽车的钥匙，罪犯很快就被抓住了……

孩子们照良心的吩咐去做了，而良心，这就是乘以真理意识的情感。孩子们的这种行为毫无疑问将终生在他们的心灵中留下痕迹。再有一些类似的行动，通过这些行动少年在道德上将变得成熟、刚强，针锋相对地与邪恶斗争。

我总是担心冷落了年轻人的激情，生怕播下冷漠的种子，害怕熄灭他们心中义愤的火花。对年轻的心灵中迸发出的真诚的激情，任何时候都不可以嗤之以鼻，任何时候都不可以动摇他们对世界上最宝贵的东西的信念，这种信念就像指路的明星一样照耀着他们生活的道路，这就是对共产主义理想的信念，对最公正的真理必胜（柳达的话）的信念。对于生活的地平线已展现在面前的这个人来说，他的道德面貌取决于他是怎样面对邪恶的。

有一次"不可战胜者"中队的孩子们在遭遇邪恶时，他们干得就更果断了。在还禁止猎杀候鸟的早春时节,他们发现了两个打了许多野禽的猎人。精疲力竭的偷猎者为自己安排好了休息的地方就睡着了。男孩子们拿起了猎枪、子弹,还有一袋很重的什么东西(后来知道了这是炸鱼用的炸药),把所有这些东西都沉入了河中。在离睡着了的偷猎者100米远的地方孩子们用芦苇点起了篝火,还把十几发猎枪子弹扔进了篝火中。可以对孩子们的淘气行为感到气愤,也可以向他们提出这样的要求:"不要这样做。比方说,可以去村苏维埃,至少可以去学校控告犯法者。"但是在这一要求中包含着假仁假义。它是在教导少年:"看到了邪恶,就要好好地看着,记住它,也可以写下来,去告诉大人,让大人去处理……"如果少年遵照这种要求做了10次、20次,长大后他们就会冷酷地、麻木不仁地、无动于衷地对待人类的一切。他的一切所作所为都将遵循漠然处之、不偏不倚、谨小慎微的原则。他将考虑:"如果在我眼前发生了违法行为,应不应该愤慨?"他可能将学会从对自己有利和合适的角度出发去控制自己的感情。这样的人是可怕的、危险的,因为这样的人能干出背叛和背信弃义的事情,在复杂的环境中是不可以指望他们的,对他们来说没有任何宝贵的、神圣的东西可言。

在生活中常常有良心的感召,有最高尚、最理智的情感,也有被愤怒和义愤强化了的正义感。培养和训练我的学生去敏锐地感知一些现象,这些现象就其本质而言能首先对情感产生特殊影响,我认为这就是教育的一项重要任务。这些现象中包括:一个人给另一个人带来的痛苦和苦难,对学生认为是神圣不可侵犯的道德规范的破坏。从成人的眼光看,学生所遇到的邪恶是无关紧要、微不足道的，但是儿童和少年有自己的衡量善恶的尺度和范围。必须不仅看到儿童的兴趣世界，而且必须深刻地洞察儿童、少年的思想，体验他们的情感，与他们共忧虑。共同的感受，这是您在您的学生心目中的道德面貌的情感基础。少年根据您怎样对待他对邪恶的义愤感得出您是怎样的一个人的结论。形象地说，如果您在熊熊的篝火上浇了一桶冷水，那么心灵的火热的声音将喑哑，取而代之的是胆怯的思想所发出的冷漠的、谨小慎微的声音："是否值得注意它？反正我的干预也是无济于事的，我一个人能做什么呢？"

解除了情感上的武装就会在道德上产生危险的恶习，即产生自卑感，认为自己无所作为。我觉得，在人的情感世界中最可怕的正是这种情感：一个人认为自己是渺小的一粒尘埃。这种道德沮丧的根源就在于缺乏情感（广义的情感）修养。

审美情感的源泉

审美情感修养要求学校生活在总体上达到很高的修养水平，尤其在道德修养方面，即把人看作是最高的价值。在日常的相互关系中笼罩着粗鲁、冷漠和不拘小节的地方，审美价值就处于软弱无力的境地。

培养集体成员之间的丰富的情感内涵——敏感、真诚、温馨，由此就开始了审美教育。在人周围的美与人本身的美的和谐的结合中，人与人之间的相互关系的美起着主导的作用。儿童还不能从思想和意识上去理解这种美的本质，但他在用心灵去感受这种美：对他来说，美包含在公正之中。公正使儿童的心灵变得高尚，而不公正则使他变得粗鲁和冷酷。人的内心世界与他周围世界的和谐，是从体验公正带来的欢乐开始的。公正具有一种奇妙的特性，能拨开儿童的眼睛去看美，能打开儿童的心扉去接受美。不公正就像是用冰冷的盔甲裹住年轻的心灵，于是心灵就变得对美置若罔闻。儿童的精神状态、他的内心世界与生活在他周围的人和进入他生活中的人的相互关系，取决于在家庭和学校中起主宰作用的是什么，是公正还是不公正。精神状态，这是对行为的深刻的、个人的情感评价，这种行为在一定程度上反映儿童的个性。公正孕育的内心的精神世界的特点可用这样的话来描述：一个敏感的、打开了心扉的人，他能对另一个人的精神生活的最细微的运动做出反应。对于这样的心灵来说，周围世界的美是形成对善的信念的不竭源泉。不公正则导致情感的冷漠和审美的迟钝。

不公正对少年的精神生活的危害尤其大。对人与人之间关系的美，少年已能进行初步的逻辑分析。概括能力往往引导少年得出错误的结论，认为人道和人的尊严，不是在某些个别的场合下，而是随时随地地受到损害。

审美情感的源泉是审美知觉的修养。对不公正的体验，会使高度的审美修养所特有的敏感性变得迟钝。不公正使少年的神经系统受到震惊，引起兴奋状态，然后变得精神压抑、消沉。处于这种精神状态下人就不能正常地感知事物和现象，感知它们的色彩和品质，也不能正常地思考。他感觉不到自己周围的人们身上蕴含的美，从而也不去追求自身的美，不去追求人道主义的理想和善行。

人与人的关系中的真正的美——真诚,远非总是令人愉快的。真理常常是苦涩的、忧心的,真理中包含着对邪恶的谴责和不妥协。但最苦涩的真理会在一个人的心中确立起对做好人的向往,因为真理就其本质而言永远也不会贬低人的尊严。

学校中公正的精神首先体现在对儿童和少年做出的努力的评价上。这种努力的表现往往是很细微的,难以捉摸的,常常是没有结果的,即没有表现为深刻地掌握了知识和牢固的实际技能。付出了智力劳动,付出了努力,但没有结果;而教师只评价结果——知识。儿童把这种片面的评价视作莫大的不公正。要设法使智力劳动总能产生积极的成果,这就是在学校中体现人道和公正的艺术所在。

对学生付出的劳动所作评价的公正性,能使学生形成一个信念:他们和他们的老师,是从事共同劳动的同志,是志同道合的人。由于有了这种情感体验,教师和学生就能彼此敞开心扉坦诚相见:他们的心灵是相通的,人性中最好的东西就不会被偶然的、伪装的、次要的东西所掩盖。在受到高尚动机所鼓舞的同志关系和友谊的气氛中,儿童、少年的心灵就会对一切善良的东西很敏感。一个人感觉到其他人身上的美,这种美就在他的心中确立起对善的信念。孩子像接受自己的朋友、同志、志同道合者的忠告那样去接受教师的意志,而如果少年也这样地去接受教师的意志,这对学校工作是非常有利的。我坚定地认为,这是培养自觉纪律的基石之一。学生沉浸在同志式的共同劳动中,充分地展示自己的道德力量和意志力量。他的个人意志不会削弱,相反,他会运用自己全部的精神力量去达到目的。体现真正的教育的这条重要的规律在实际工作中表现为教师很少禁止学生做什么，而几乎总是用自己的榜样去激励和吸引学生。培养坚强的意志的技巧的全部"秘密"就在于此。一个好教师很少采用禁止的办法，不是因为他对恶熟视无睹，而是因为学生在专心致志地做好事，努力成为一个好人。

如果每个人都努力成为一个好人，那么每个人的个性就会在集体中鲜明地表现出来。这里说的不仅仅是每个人都表现出自己的力量和能力。这里还展现了知觉的个别性，以及教师对行动和行为的评价所引起的内心的情感反应的个别性。这种反应是人与人之间关系的美的重要因素。由于有了想成为好人的愿望，学生甚至不把教师的愤怒、火暴、痛苦、悲哀看作是不公正。相反，教师内心的这些活动在学生身上激发起要做得更好的愿望，促使他们去体验教师的公正。

如果您想成为一个真正的教育者，请您向年轻的心灵展现人的美，首先展现您自身的美，这是很重要的。这里谈的不仅仅是作为一种巨大的教育力量的教师个人的榜样。儿童、少年应该理解并感觉到在自己的老师的日常工作中表现出的人性的美：细腻的情感的美和情感修养的美。真正的教育者，是一个情感领域宽阔的人，他能深刻地体验快乐和悲伤、痛苦和忧愁、愤怒和气愤。他很少提高了嗓门大声呵斥。孩子们能从自己老师的普通的话语中捕捉到担忧、伤心、惊奇、痛苦、愤怒（和任何有情感修养的、有教养的人一样，教师也有权愤怒）等情感以及几十种具有类似色彩的情感。为了能让孩子们感受到这些情感，真正的具有人道主义精神的教师不必进行什么演说训练。我认识一位优秀教师，他即使在愤怒时说话也几乎是轻声细语的，而全班学生都屏息静听他的每一句话。这不是对嗓音进行什么特别的"调节"。他的话语是出自内心的，出自情感内在的博大的修养。如果一个教育者想让他的学生感觉到在他身上体现出的人性的美，他就应该努力使他们在日常生活中感觉到教师对他们的行动和行为做出的细腻的情感—审美反应。这种反应也就是用人道主义精神，用人类美的公正去进行教育的强大的力量，学校中如果没有这种力量则是不可想象的。在教师的这种反应中，在教师的丰富的心灵活动中，学生感觉到了他的个性。

在有些学校中，孩子们不理解也感觉不到教师身上的人的个别性，他们不同情也不理解教师工作中的困难。孩子们常常用自己的各种各样的淘气行为和花花点子让疲惫不堪的、神经紧张的教师感到厌烦：教师"发火了"，他们大叫大嚷……这确定无疑是人际关系修养水平低的标志。哪里出现呵斥，哪里就出现粗鲁和情感迟钝。在呵斥中反映出来的是最简单的本能的反应，每个教师的心灵中都具有的情感修养的种子在这种本能的反应中失去。在呵斥下受教育的孩子也会失去感觉其他人的最细腻的情感色彩的能力，失去了对善的敏感性，这是尤其令人担忧的。孩子被呵斥，在家里还要遭到拳打脚踢、敲后脑勺、咒骂等粗暴待遇，在这种状况下受教育的孩子看不到，也感觉不到自己周围的美，他冷漠无情，毫无怜悯心，在他的行为中有时候可以发现人身上最可怕的东西——残忍。

人的情感修养的源泉，是教师用心灵去感觉儿童、少年、小伙子、大姑娘的内心精神世界的能力。孩子常常有自己的恐惧、欢乐、忧虑和痛苦。有高度情感修养的教师能根据孩子眼神中流露出的思想、情感、体验去感受他的内心世界。一个敏感的教师在明白了学生并非一切顺遂后，他不会立即去询问或安慰，他会让孩子感觉到老师已猜测到了他心中的恐惧、悲哀、忧虑和痛苦。当确信孩子需要帮助后教师就与他单独交谈。善于进行这样的谈话，是情感修养的一个很重要的特点。

培养用心去感觉的能力，是完善教师的教育技艺的一个最重要的方面。要努力去察觉在人的话语中所隐含的情感的潜台词。话语和眼睛一样，是心灵的镜子。我学会了从学生的话语中抓住最细腻的情感色彩：压抑、恐惧、悲伤、孤独、痛苦、懊恼、不满、慌乱。米沙的家里常常大吵大闹。这个少年深刻地感受到父亲的冷酷给母亲带来的痛苦。我学会了根据米沙言辞中最细微的色彩猜测到现在他家里发生了什么事。这个男孩常常谈论一本让他激动的书，而我就知道了他现在是高兴还是惊恐，也就是说，现在他家里是相安无事，或者相反，他的母亲正处于绝望之中。

学生对美的反应能帮助教师理解男孩或女孩的内心活动。一个人的心正因痛苦、委屈、愤怒和气愤而发热、颤抖，他就会从自己的心境出发去接受教师关于善良和公正的谈话，对艺术和大自然的美做出自己的反应。慌乱、痛苦、失望、委屈，这样的情感似乎堵塞了美通向人的心灵的道路。如果一个人的心灵不能接受美，如果不公正使人的心灵受到了打击、伤害和侮辱，那么美所培育的那个真理就会变成漂亮的辞藻。在把美作为治病的药方前，必须调节好人的敏感的心弦，使美的韵律能在他的心中激起反响。一个处于慌乱、压抑、失望中的人，只想说与他个人有关的事。学校集体中的气氛应该是，所有的人都能与每一个人有共同的感受，对每个人表现出同情心和诚挚的关怀。这种气氛的形成不是一蹴而就的，也不是用什么特别的手段形成的。它的幼芽就在教师和学生的普遍的情感修养之中，尤其当教师理解并感觉到儿童智力劳动的全部复杂性、全部困难，正确地评价学生做出的每一个努力时，就会产生这种气氛的萌芽。如果教师根据学生的情绪来"调音"，对学生的一切都大度包容、过分迁就，不严格要求，也不讲究纪律，这与同情心是风马牛不相及的。对无所事事、懒惰和任性采取放纵态度，这是不公正的另一面。在有道德方面的祸根的地方，不公正就会渗透到精神的相互关系的最细小的毛孔中，产生欺骗、虚伪和道德上的不轨行为。

大自然和美

大自然的美在培养高尚的精神方面起的作用很大。它在少年的心灵中培养感觉、感知事物、现象和人的心灵活动的各种细微的表现和差异的能力。

大自然是善的源泉。当年轻的心灵在人的崇高的美（善良、正义、人道、同情心、疾恶如仇）的感染下变得高尚时，大自然的美才能影响人的精神世界。多年的经验证明，有的儿童和少年，心灵中的善良感迟钝、没有想变得更好的真诚的愿望，就会对动物冷酷地、残忍地"开膛破肚"，对大自然的美肆意破坏。人的尊严感的迟钝会使一个人看不到大自然的美。作为进行情感教育、审美教育和道德教育的一种手段，大自然的美只有在对人的个性施加精神影响的所有手段的普遍和谐的情况下才能起作用。对于少年来说，大自然的美首先是培养审美知觉修养的学校。大自然的美能培养细腻的情感，帮助感觉到人的美。我认为自己的教育任务，就是要使在童年时代在与大自然交往的过程中获得的情感——审美财富，到少年时代作为人的一种最深刻的需求进入少年的精神生活，使少年对大自然的美的认识比童年时代更深刻，促使少年去认识自己身上的美的、崇高的东西，促使他去肯定人的尊严。在认识大自然的绚丽多彩的美时男孩和女孩们体验到充满了生命活力的精神力量，渴望去认识日新月异的审美财富的源泉。

人在少年期，比在自己的道德、智力、情感和审美发展的任何一个时期，都更需要细腻地、深刻地、在情感——审美方面更清晰地感知周围世界。对科学真理和规律性的逻辑认识，需要思想在情感的感染下变得更崇高。使思想变得崇高的源泉之一是大自然的美，因为对少年来说思想、认识和发现真理的源泉也是自然界。在少年时代，对世界的审美品质的感知是与深刻的逻辑认识、对事物和现象的本质的深入思考融合在一起的。逻辑认识越深刻、越细微，与逻辑认识相联系的智力情感越鲜明，大自然的审美品质对少年的精神世界的影响就越大。逻辑认识和审美认识的统一，智力情感和审美情感的融合，是少年专注地、仔细地观察人，看清人，感觉到人的内心世界的源泉。

在少年面前揭示着这样一些科学真理，如物质的永恒性、宇宙的无限性、能量从一种形态转化为另一种形态、生物和非生物的统一。洞察这些真理的本质，对少年来说是多么鲜明的、多么出乎意料的发现，对这一大堆知识和印象少年不仅必须深刻地思考，还必须进行体验。如果没有这种思考和体验，逻辑认识的过程就失去了灵魂——对理智的威力的惊奇感，而这种惊奇感，正是渴望知识的源泉。必须让少年去体验、感悟这些真理，是为了使他们不被知识的巨大容量所惊倒，使他们面对知识的洪流时不至于惊慌失措。

体验这些极其重要的具有世界观意义的真理的环境、背景，是大自然的美。当向少年的意识揭示了真理和规律性的逻辑方面，我就带他们去树林、花园，去池塘边，去田野，用普希金的话说，到"冷漠的大自然闪耀着永恒的美"的地方去。少年在认识过程中产生的激动人心的思想的影响下，从情感—审美方面对世界的观察变得更敏锐了。第一次向少年的意识揭示物质永恒和物质不灭的思想，我有意识地放在大自然刚开始从冬眠中苏醒的那些日子里。这一思想的伟大使我们激动和惊奇，我们就怀着这样的心情走向草原。孩子们以新的眼光看到了春天的美。在少年的智力和情感世界中，生活的美与关于物质永恒和不灭的思想结合在一起。我看到了普通的、熟悉的东西使孩子们产生了新的、意料不到的印象。

我永远也忘不了，托利亚、丹科、科利亚怎样惊奇地睁大了双眼欣赏夕阳照耀下的柳树。红柳树丛披上了初春的彩装，色彩在阳光的照耀下变幻无穷。"我们周围的生活在沸腾。"丹科说。在他的这句话中我感觉到了一种新的，完全不是童年时代的那种对美的惊奇。这是思想的一种新的、情感—审美色彩。

在生命复苏时期（早春），在鲜花怒放、生机盎然的时期（盛夏）和静止时期（秋季）去会见大自然，成了少年们的一种审美需求。关于生命是无限多样丰富的思想，深化了他们的审美感知。男孩子们和女孩子们用一种新的眼光去看树林的绚烂秋装的不同层次的色彩，发现了秋天丽日的新的色彩。他们第一次感觉到并感受到光秃秃的树林的独特的美。似乎通过关于物质永恒和物质不灭的思想，关于生命是无限丰富多样的思想，少年们在冰冷的、凝固的（这是女孩们在赞叹秋天色彩的变幻时说的话）池塘中，在覆盖着树挂的田野上，在发蔫的柳树和杨树中，看到了生命。与大自然进行审美交往的需求，即使在生命似乎完全停止的冬天，也在召唤孩子们去树林，去草地，去田野。即使在1月的酷寒中孩子们仍然能感觉到、看到树林中的生命。

我有意在晴朗的秋天去引导孩子们接受宇宙是无限的这一观念，这时候的星空特别生机勃勃，因为在八、九月份我们这颗行星会在自己的轨道上与大量的陨石相撞，在这一时期"流星"会映照夜空。没有别的观念能像宇宙是无限的这一观念那样强烈地震撼孩子们的思想。在9月底，夜空中繁星闪烁，孩子们坐在散发出芳香的草堆上，眼望着深邃的夜空，遐想着无限的宇宙。孩子们对朝霞和晚霞色彩的美，对蓝色的苍穹的美的感受变得更细腻、更敏感了。在阴沉的秋日，天空布满了灰色的乌云，孩子们高兴地、着迷地遥望着天空，期待着在什么地方露出一小块蔚蓝色的天空。

现在孩子们用新的眼光去感知太阳的美。如果说在童年期太阳对他们来说是童话中的一个生命，它藏在地平线的后面，走进自己的仙境般的花园中，躺下睡觉，而神话中的铁匠巨人正在为明天的工作做准备;现在则完全按另一种方式展示太阳的美。在少年的惊异的、充满着求知欲的目光下,太阳就像是一个正在进行着各种各样的神秘活动的威力无穷的世界出现在他们的面前,这个世界就是地球上的所有生命的源泉。这个发现用鲜明的审美情感渲染了关于周围世界的新思想。孩子们注视着晚霞和朝霞的变幻、绚丽的彩虹、在平静似镜的池塘的水面上倒映出的苍穹柔和的色彩。美激发了智力,使求知欲更强烈。在宁静的夏天的夜晚,当孩子们欣赏着晚霞、聆听着大自然奏出的美妙的音乐时,他们提出了多少复杂而又出乎意外的问题啊!

在童年期自然界首先是以鲜明的、激动人心的童话的形式反映在人的意识中:幻想的翅膀把儿童的好奇心带向遥远的世界。当孩子们看到雪花莲娇嫩的花朵从去年的寒冷的落叶下钻出来时,花朵的诞生——大自然的这种奇异的、雄伟的现象,在他们的意识中反映成美丽的童话:太阳融化了树上的积雪,温暖的水滴掉到了地上,化开了冰的盔甲,温暖了土地,于是在水滴掉下的地方就长出了一朵花,花儿看到了太阳,看到了晴朗的天空,惊异地环顾着四周说:"多美的世界啊!"

童年时期就是这样的。现在童话的时代还没有完全过去,但幻想的翅膀已把他们带到了另一个世界:创造关于美和丑、善和恶的童话。孩子们幻想着遥远的星球、宇宙飞行、人类还不知道的新的生命形式和能思考的生物。而对大自然和大自然的美的认识,现在不是通过童话,而是通过思维的智慧而大放光彩。下面是莉达的一篇作文。

朝 霞

我喜欢迎接太阳。在日出前很久它就在宣告自己的苏醒。它用自己的光芒在苍穹的夜幕上抹上色彩,星星熄灭了。天空的彩色变幻着,颤动着。大地上有一条窄窄的深红色带子。过了一会儿,这条带子变成了橙红色,再以后,成了玫瑰色、淡蓝色、淡紫色、天蓝色。这样的美景是在哪里,在太阳深处的什么地方孕育出来的?在那里发生了什么?地球上的生命的火花是怎样点燃的?太阳会永远照耀下去吗?如果太阳熄灭了,等待着地球的将是什么呢?

看,太阳从树林后面冉冉升起。彩色的光带熄灭了,天空一片玫瑰色,就像刚沐浴了雨水的一朵鲜花。太阳的光芒已给树冠披上了金装,但还看不到太阳。看,从地平线的后面现出了一颗火星,火星在一点一点地扩大,已经是熊熊燃烧的篝火了。东方的天空在燃烧,草地上的露珠中闪烁着火星。万物苏醒了,所有的一切都在迎接太阳。强壮的百年老橡树,这是太阳创造的。雨水浇灌着它,春风抚摸着它。而雨水,也是太阳创造的。那风,那柔嫩的草茎,还有那像石头一样的煤,那温热的牛奶,所有的这一切都是太阳创造的。

在这里最重要的是求知欲。少年的审美知觉越深刻,他的思想的飞跃就越有力,他就越渴望通过自己的思想去看到更多的东西。

少年时期的范围广泛的精神生活,要求自然界不是成为智力兴趣的某种附属品和背景,而是生活环境的本质。少年必须经常接触大自然,生活在大自然中。智力世界、劳动和大自然的有机统一是特别重要的。少年期的审美认识和对大自然的理解,比童年期复杂得多。如果说儿童只是单纯地欣赏周围环境的美,那么,少年在赞叹美的同时已不能不去思考,不能不去追根刨底地探索这种美的源泉。我认为教育的任务就是要使少年在与大自然的交往中发展自己的智力。在与大自然的交往中的创造性,在少年的真正的精神生活中是很重要的。必须让少年用自己的双手创造些什么,但问题还不仅在于此。大自然应该成为投入精力的场所。每个夏季都有几天,我们从早到晚地生活在"阳光下的柞树林"中,这是一个神奇的角落,用形象的语言说,在这里,年轻的心灵与美的每一次接触,都会萌生求知、求认识、求思考的愿望。在少年期与大自然的日常接触,要求有越来越多的新发现。我尽力使我的学生们这样地与大自然交往,从而使他们经常不断地发现生命的神秘源泉,提高审美敏感度,激发起对智慧、科学和思想的自豪感。

在审美教育和情感教育中,不允许采用教训的方法,也不允许装出被大自然的美所感动的样子。教师只有真诚地爱上了大自然的美,他才可能在少年的心灵中点燃审美情感的火花。但是只有当学生自己善于与自然的美单独相处时,与大自然的交往才能展开其全部的审美教育的可能性。我尽量使每个孩子在大自然中都有自己个人的精神生活的领域。为了使少年热爱与大自然的交往,必须付出巨大的努力。每个少年都在家里布置了一个自己的"美丽角"。我教男孩和女孩们在这个角落里读书、思考。逐渐地我成功地使每个少年在大自然中找到了自己喜爱的某种东西:加利娅喜爱水井旁的枝叶茂密的柳树,萨什科喜欢攀缘着野葡萄的亭子,济娜爱上了樱桃树环抱中的一块绿色的空地,柳达喜欢梨树下的有两箱蜜蜂的养蜂场，柳芭和莉达喜欢葡萄园。

艺 术

艺术，这是体现人的心灵美的时间和空间。正像体操能使人的躯体挺拔一样，艺术能舒展人的心灵。人在认识艺术的价值的同时也在认识人身上的人性，提高自己以达到完美，并体验快乐。人的心灵生活，这是我们的共产主义教育学的最高培养目标。知识、技巧、劳动、创造，所有这一切仅仅是达到最高目标的手段。斯坦尼斯拉夫斯基说："现在你们问我，人间的幸福是什么？幸福就是认识，就是艺术和劳动，就是对艺术的理解。在认识自身的艺术时你也就在认识大自然，认识人世的生活、生活的意义，认识心灵——禀赋。没有比这更高的幸福。"[①]

如果把学校和教育看作是共产主义建设的一部分，那么在创造新世界的精神财富方面的最重要的任务就是确立人的幸福。教育学是一种人类学，而这种人类学的基础，实质上就是创造幸福。在幸福的创造中艺术起着巨大的作用。

艺术对于在少年时期塑造人具有特殊的意义。少年在认识的过程中应该感觉到自己是个幸福的人，体验到自己充满着创造力。如果少年的认识范围中囊括了所有美好的东西，就有可能产生以上的感觉。艺术认识，这是一个广泛的、多侧面的概念。不可以把这种

---

① А.Б.塔拉诺夫：《К.С.斯坦尼斯拉夫斯基》，莫斯科，1965年，第172页。

认识归结为获得和积累知识,以便去回答教师的提问和得到分数。当人们认识美好的东西是为了自己,为了充实自己的精神生活,当人生活在艺术的世界中,体验到对研究美好东西的渴望,这时才开始对艺术的真正的认识。我认为教育的一项复杂而又细致的任务,就是要使艺术珍品成为少年的精神需求,促使他们尽量用最幸福的、最充满生机的心灵的劳动——对美好东西的理解,去充实自己的课余时间。

艺术进入少年的精神世界中是从认识语言的美开始的。最普通的,同时又是最有力量的艺术,就是文艺作品。认识语言的美,是走向美的世界的第一步,也是最重要的一步。语言是锤炼、培养细腻的情感的一种很有力的手段。最重要的一项教育任务,就是要在童年期使语言连同它的多侧面的、令人愉快的、使人变得高尚的美一起,成为认识美好的东西的永不枯竭的源泉和手段,成为内在的精神财富,同时还成为表现这种财富的手段。如果我相信教育的强大的力量,那么产生这种信念的最重要的源泉之一就是诗歌的美,诗歌的语言反映着经过数百年的锤炼才达到的人类语言智慧的深度。

我带孩子们到形成祖国语言的源头去旅行。我们去看朝霞,去听云雀的歌声和蜜蜂的嗡嗡,目的就是要深入到最丰富的,也是人最容易接近的世界——语言的世界中去。在少年期这样的旅行获得了更深刻的意义。不去祖国语言的源头旅行,却能对少年进行真正的审美教育、情感教育和道德教育,对这样的教育我是无法想象的。对语言美的认识,在少年的心灵中孕育着高尚的自豪感、人的尊严感。少年在认识语言美的同时开始体验到对一切丑陋的、邪恶的东西的憎恨。语言的美也能培养对邪恶的毫不妥协、毫不容情的情感。我认为,引导少年去祖国语言美的源头,向他们揭示这种神秘的美,这就是审美教育和情感教育的最细致的、最崇高的任务之一。当在阳光明媚的白天我和孩子们坐在荞麦地里,聆听着蜜蜂发出的竖琴般的嗡嗡声时,当我对孩子们说我看到了什么时,在这样的时刻,语言的美首先就是我的精神需求。语言活在我的心灵中,在我的心灵中涌动,大概正因为如此语言才进入了我的学生们的精神世界。

我们的旅行给少年带来了巨大的满足。在夏天漆黑的夜晚,在黎明前很久我们就来到了田野,来到了麦田(某个女孩第一次用了这个词,开始表达出祖国语言美的复杂的情感色彩),我们的目的很简单,就是为了欣赏朝霞的美。祖国语言的源泉似乎是在不经意中揭开的,但少年们对它的研究却是全心全意的。四次旅行的情况永远留在我的记忆中,也留在我的学生们的记忆中。田野的不可重现的美、一望无际的蔚蓝色的天空,深深地迷住了我们。"如果今天不到田野来,我们就不会知道世界上竟有这样的美。"柳达在我们第一次旅行时这样说。少年们被周围世界的美迷住了,他们心旷神怡,多么想看到这种美的细节、各种色彩和变化。在这样的时刻一个人就很想表达自己的情感,想找到语言去和其他人交流,而交流的目的就是为了传达自己的惊异和赞美。当我看到这种愿望在少年的心灵中已经成熟时,我就向他们揭示了语言的美。

少年聆听着拨动心弦的、富有诗意的叙述,想象着我们看到的、听到的、感觉到的、体验到的那些情感饱满的形象。

难道还有比太阳升起时晴朗的天空中色彩的变化更美的景象

吗？而蒙着露珠的麦田也在变幻着色彩，亿万颗露珠映出苍穹色彩的变幻。麦穗轻轻地垂向大地，飘来阵阵麦香。这种香味是独一无二的，任何东西都散发不出正在成熟的麦粒的芳香。这是太阳把自己的能量注入了生命的仓库、热量的仓库、欢乐的仓库。正在成熟的麦粒的芳香让我们想起了炎热的夏日和树林中的凉爽，还想起了联合收割机的喧闹、傍晚时分姑娘们的嘹亮的歌声，还想起了刚出炉的香喷喷的大圆面包……这就是我们的麦田……

我们侧耳细听草原的寂静。最初它像田野一样无边无际。或像所有的一切都在沉睡。但草原已经苏醒，正在期盼着太阳。听到了蚂蚱的歌声吗？蚂蚱很高兴，因为很快阳光就要在露珠上闪耀。他坐在什么地方的麦穗下面，拉起了他的小小的小提琴。他觉得这片土地是如此的广袤无垠，如同我们置身在宇宙空间中的感觉。也许他正在歌唱自己的宇宙的辽阔吧。听到了轻轻的扑扇声吗？这时云雀醒来了。他抬起了翅膀，振奋了一下身子。他在听着我们的声音。他警惕地默不作声。听到了沙沙声吗？这是云雀在麦秆间穿梭。他不从自己的窝边飞向天空。看，他已经在空中了。看到了吗？一团灰色的东西正在升起。看，正在变成淡红色。这是他在迎接太阳。金色的阳光已经在那里，在高空闪耀。他也看到了太阳，并为太阳歌唱。

我们欢快地欣赏着大自然的美。我的语言帮助孩子们去理解、感觉、体验他们想去理解、感觉、体验的东西。于是就出现了教育中的一种最精细的现象，这就是理解语言的情感色彩。我知道，这些话现在将留在孩子们的心中。科利亚听到或者读到"草原的清晨""朝霞""日出"这样的词时，他就会想起这个早晨。语言将唤醒在他的心灵的最敏感、最隐秘的角落里的情感，即人的欢乐的生机勃发、语言带来的快乐。

我们永远也忘不了"树林的黄昏"的旅行。在一个炎热的 7 月的一天，我们来到树林里，寻找一个似乎没有人迹的角落。不知什么时候被暴风雨折断了的树干，上面长满了青苔；神秘的峡谷，被树冠遮盖着；在谷底的什么地方流淌着的小溪，传来轻轻的、隐隐约约能听到的潺潺声；在树林的深处，野鸽子在歌唱，布谷鸟在"咕咕"地叫；树叶发出簌簌声，白天正躲在阴暗处的夜间活动的鸟，被我们惊吓得展翅高飞，沙沙作响地扑扇着翅膀。少年们屏息凝神地听着所有这些声音。他们想看到、感觉到、体验到所有这一切。我对他们讲了树林中的泉源、泉水、神秘的树林生活，语言作为人民最宝贵的精神财富就这样进入了少年的心灵，进入了他们的情感记忆中。语言不仅帮助他们更好地观察、思考、认识周围的世界，还能鼓舞人，激发人们的欢乐感和自豪感，这种欢乐感和自豪感来自这个人认识到了我是一个大写的人，是一个正在感觉、体验和思考的人。

理解语言的情感色彩，这不仅是艺术的入门，还是少年丰富的、真正的智力生活的开始。"语言鼓舞人"这个概念的内涵就在于此。当一个人感觉到、体验到语言的最精细的色彩、味道和情感内涵时，他似乎就在把理智的力量从昏睡中唤醒。我多次发现，一个词的某个他以前不知道的含义会使彼得里克惊异和激动，他的慢腾腾的、惰性十足的，似乎是懒洋洋的思维就变样了：这个男孩变得细心好学，他看到了以前发现不了的东西，思考起了以前根本不去想的事情。对语言的理解能给思维提供能量。对语言的理解是在为阅读文艺作品做准备。只有当语言铭刻在逻辑记忆和情感记忆之中时，阅读才有可能成为一种精神需求。在把一本书，譬如说，涅楚依－列维斯基的《米科拉·杰里亚》、果戈理的《塔拉斯·布尔巴》或科罗连科的《盲乐师》，交给少年并对他说"读吧"之前，必须把他引进艺术的大门。除去祖国语言的源头旅行之外，我认为叙述文艺作品也具有很重要的意义。如果不是这样把少年引进艺术的大门，阅读和聆听语言的音乐就不可能成为少年的精神需求。叙述文艺作品要求教师具有很高的情感修养和审美修养。在叙述文艺作品时常常会遇到的一种危险，就是陷入矫揉造作的情感和滥用华丽的辞藻。

我们常常集合在"美丽角""故事室"或其他美丽的地方，我在那里讲述文艺作品。我讲述的都是一些中、短篇小说：果戈理的《圣诞节前夕》、米尔内的《牛槽满时难道牛还会叫吗？》、屠格涅夫的《阿霞》、契诃夫的《草原》、科秋宾斯基的《昂贵的代价》、列夫·托尔斯泰的《哥萨克》、伏尼契的《牛虻》、赫克特·马洛的《无家的人》、马克·吐温的《汤姆·索亚历险记》、儒勒·凡尔纳的《神秘岛》、维克多·雨果的《被遗弃的人》、波列伏依的《真正的人》、高尔基的《伊席吉尔婆婆》、冈察洛夫的《大地轰鸣》。少年们从这些作品中了解了一些人的生活和斗争，他们是布鲁诺、托马斯·闵采尔、谢尔盖·拉佐、伊凡·瓦佐夫、伊凡·博贡、亚努什·科尔恰克、费利克斯·捷尔任斯基、亚历山大·马特洛索夫、卓娅·科斯莫捷米扬斯卡娅、尤利乌斯·伏契克、霍斯罗夫·鲁兹贝赫。

孩子们都是怀着急切的心情期盼着讲述文艺作品的课时。

如果我必须把一些思想灌输到少年心灵中最隐秘的角落，如果我必须揭示功勋、英雄主义、自我牺牲、真正的人性的伟大和崇高，我就对孩子们讲述文艺作品。我认为，在这样的时刻，教育者的力量和语言的力量发挥的作用比任何时候都大。

讲述文艺作品时所处的环境，使我们互相接近，带来一种精神上的亲近感，使我们的会谈打上了诗情画意的印迹。我们不愿意在讲述文艺作品时在我们中间出现某个"外人"，即来自另一个集体的人。我们喜欢在冬天的黄昏时刻听人讲述文艺作品。我们也喜欢幽静的夏天和秋天的夜晚。用来叙述的文艺作品全都渗透着这样一些思想：善与恶的斗争、人道和正义的胜利、道德的纯洁和高尚、人的情感的崇高。我努力通过文艺作品去灌输这样一种思想：一个人要忠实于劳动人民的崇高目标和理想。我努力使道德美成为完全是自己个人的、珍贵的、不可动摇的理想。对道德美的体验使少年的心灵得到升华。在这样的时刻每个少年比任何时候都深刻地感觉到自己是一个真正的人。

我永远忘不了12月初的那些黄昏，孩子们第一次听我讲高尔基的《伊席吉尔婆婆》的故事。丹科的形象使少年们惊讶不已。我在他们的眼睛中看到了一些最细腻的神情，表现出他们正在思索、担忧、激动。为人而自豪的情感使托利亚的脸神采奕奕。我知道这些天以来他在家里很痛苦，因为母亲正在受到自己被遗弃了的念头的折磨……这个男孩看到的和听到的，对他这个年龄的孩子来说实在是太多了,给他的母亲带来痛苦的那个人的无能激怒了他。邪恶得胜了的念头对少年的心灵是不无危险的……丹科的心点燃的熊熊的火炬驱散了这个男孩心中的沉重的思想和感受。丹科对人民的无限忠诚深深地打动了托利亚的心,激动的男孩体验到了为他人而高兴的情感。说真的,人道精神向他解释了一个真理,那就是邪恶不可能得胜。而要让善取得胜利,就必须与邪恶针锋相对地斗争,并且要无限地忠诚于崇高的理想。

我看到了尼娜的眼睛被内心的火焰照亮,在闪闪发光。母亲所遭受的苦难一直使她郁郁不乐。不久前我和这个女孩交谈了一次,我感到震惊的是,她觉得似乎所有的人都在期待她的母亲的死,这种念头使年轻的心灵六神无主。当时我找不到话去安慰尼娜,驱散她心头的惊慌。我始终摆不脱一个念头:万一女孩肯定了自己的想法,甚至更糟,万一她的想法是有什么根据的话,她就可能对善失去信心,变得凶狠起来。一想到这个我的心就忐忑不安。凶狠如果与不公正和孤独、软弱和绝望结合在一起,这对于年轻的心灵来说,尤其对于像尼娜这样的热爱自己的亲人的女孩来说,是很危险的。但是在崇高的道德的影响下这个女孩用新的眼光去看世界了。在她的眼神中有对发现的愉快的体验,这个发现就是:善是存在的,善一定能取胜。

文艺作品的讲述能磨炼少年的心灵,使之对邪恶、谎言、生活中的阴暗面变得更敏感,激发起对一切有悖于理想的现象的强烈抗议和针锋相对的斗争。我深信,被道德美所感染的崇高的情感在人的内心所取得的胜利,能使人用心灵去敏锐地响应周围世界的现象的能力变得更强。正是在孩子们对高尔基的故事中的形象产生深刻印象的那些日子里，一些人的冷漠和自私使他们愤愤不平。他们激动地、蔑视地谈论一个 40 岁的男人，当一个男孩掉进水里时这个男人还在钓鱼，甚至连身子也不抬一抬，丝毫没有要救人的表示。一个路过池塘旁的拖拉机手跳进了水里，救起了孩子。我的学生早就知道了这件事，但那个时候那个男人的冷酷没有使他们的心灵激动。现在他们以新的眼光审视这种行为并气愤地说："一个没有良心的人，怎么可以心安理得地在这块土地上行走，怎么可以心安理得地睡觉，心安理得地呼吸诚实的人们所呼吸的空气？"

通过对文艺作品的讲述，可以向孩子们揭示作品的潜台词和哲理性，这些东西几乎从来不用语言来表达，但却应激动人心。作品的整个思想深度、它的情感影响的力量，往往就蕴含在潜台词中。当孩子们听完了对屠格涅夫的作品《白净草原》的艺术叙述后，他们是多么想身临大自然中，亲临伟大的艺术家所描绘的那个奇妙的地方。他们的心情激动而又欢乐：这部卓越的作品中一个词也没提到的那些东西，更是打动了他们。这就是愉快地被平常的、似乎没有任何特色的美所吸引，这种美随时随地都能看到，但人们对它已习以为常，因而就熟视无睹了。

我对 14 岁的少年讲述了契诃夫的《第六病房》。剥削制度下的残酷的精神奴役、人们的无力自卫，所有这一切都震撼着我的学生们的心。当我讲完故事时孩子们想到田野上走一走。

我认为，杰出人物的生活和斗争，在文艺作品的叙述中占有特殊的地位。关于道德美和献身精神的这些故事，直接诉诸每个男孩和女孩的精神世界。关于沃洛佳的意志薄弱我只字未提,但我首先就是为了他而讲费利克斯·捷尔任斯基的故事。这个男孩体验到了对思想上的坚定性和勇敢精神的赞美之情,我认为这也是在解决教育的难点方面取得的某些成绩。这是认识自己的必要条件。虽然我并不指望借助于某一种方法就能轻易地取得成功,但我认为通过文艺作品去揭示道德的美具有特殊的意义。如果心灵没有感受到道德的伟大和崇高,那就谈不上什么敏感的良知和自我教育。

经验使我确信,抒情诗和散文诗,在某种意义上说,并不是培养情感的唯一手段。在情感教育和审美教育的手段范围内,抒情诗(狭义的)处于叙事诗和音乐之间。抒情作品情感饱满、细腻、语言色彩丰富、形象蕴含着的深刻的潜台词,所有这一切使抒情诗与音乐相近似。不能理解也不能感受抒情作品和散文诗的人,对音乐也是听而不闻、无动于衷的。

我很重视让学生学会感觉到诗的语言中的音乐的旋律。人类心灵的最细微的运动是人类的精神财富和成就,少年如果不能对人类心灵的最细微的运动产生共鸣,那么少年情感的丰富和高尚则是不可想象的。这里说的是在世界杰出的诗歌作品中所体现出的情感和体验。应该培养少年对诗歌的情感财富产生共鸣。在大自然中,在"美丽角"、在"故事室"中,我为孩子们朗诵托尔斯泰、果戈理、屠格涅夫、契诃夫、帕那斯·米尔内、涅楚依-列维茨基、高尔基、肖洛霍夫的作品的片段。我挑选来朗诵的是一些富有诗意的片段,这些片段在我童年时就已进入了我的意识之中,而且我认为,与荷马和但丁、普希金和舍甫琴科、莱蒙托夫和涅克拉索夫、列夏·乌克拉因卡和弗兰科的不朽的诗篇一样,这些片段同样也是不朽的诗篇。

诗的语言连同它的细腻的色彩,在少年的心中激起去了解最光明的、最美的东西,了解人类的无价之宝的愉快的情感。在他们的心中产生了阅读和浏览艺术散文中的这些片段的愿望,在这些片段中没有明确勾画出来的情节,但包含着作家的思想和情感,反映出作家对周围世界的细致的观察。书本世界中的生活就是从这里开始的。

只有当在教师的心灵中语言是有生命的时候,才可能培养学生对诗歌的热爱,培养对朗诵的精神需求和对诗的语言的体验。对抒情诗我总是背诵。这是直接诉诸儿童的精神世界的方法之一。对某些学生必须说:"要关心自己的母亲,减轻她们的劳动,爱护她们的生命。"只有运用情感的语言,才可能去教会感觉,而情感的语言就是从诗的语言开始的。我朗读舍甫琴科的长诗《女工》、涅克拉索夫的诗《听到战争惨祸的时候……》,诗人用自己的灵感的巨大力量,在这些诗中表达了对生命的创造者——母亲的热爱。我还朗诵了高尔基的歌颂母爱的伟大和美的精彩的诗句。

在树林中,在河岸和池塘边,在花园中,在草原上,我朗读歌颂祖国大自然的美和爱祖国的崇高情感的抒情作品。这些诗句引起了孩子们对我们祖国的遥远角落、对祖国大地的广袤空间的向往。于是出现了一种最细致入微的现象,这种现象是进行爱国主义教育所必需的,这就是富有诗意地、艺术地认识祖国。家乡的某个小小的、平淡无奇的角落——池塘旁的垂柳、山脚下的樱桃园、披着鲜亮的秋装的粗壮的橡树、灌木丛生的沟壑，都作为祖国的一部分被感知。

我很重视朗读歌颂人的精神世界的抒情诗。对情感世界的认识，这是一种细腻的、富有灵感的认识，这种认识使人得到升华，变得高尚。普希金、莱蒙托夫、涅克拉索夫、舍甫琴科、列夏·乌克拉因卡、叶赛宁、布留索夫的诗，反映出朝气蓬勃的世界观，为少年打开了任何说明都无法解释的那些心灵的角落和难以琢磨的心灵状态。

我永远忘不了第聂伯河畔橡树林中的庄严肃穆的宁静，我们坐在沐浴着秋天阳光的林中空地上，我们头顶着深邃的、被雨水冲洗得干干净净的（柳芭的话）蔚蓝色的天空，在傍晚时分的温暖的空气中传来蟋蟀的歌声和仙鹤的鸣叫声。在这样的时刻我朗诵了普希金的诗《我在喧嚣的大街上徘徊》。这首诗使我的学生深受震撼。他们感觉并体验到了人的情感的伟大和美、人的欢乐和悲哀、人认识世界以及自身的愿望。这首诗马上就被记住了。伟大诗人的富有思想和情感的一部作品，就像情感语言中的一个词那样进入了孩子们的精神世界中，没有情感语言的人是不可能有情感和审美修养的。我高兴地发现，随着我把这样的词一个接一个地注入学生们的心灵中，我成功地使他们变得温柔、优雅、富有同情心。

歌颂爱情、忠实、忠诚的诗歌的语言，是一种强大的力量，它能使少年的心灵变得高尚。当我的学生正在进行着成长为男人和女人的神秘的过程时，我给他们朗诵普希金的《我记住这美妙的时刻》、涅克拉索夫的《晚上我奔驰在黑暗的大街上》、舍甫琴科的叙事诗《着了魔的女人》以及其他作家的诗和散文作品的片段。任何说教和解释，无论多么头头是道，多么细致入微，都不能像诗歌的语言那样把爱人类美的全部情感的美传递给年轻的心灵。如果一个人崇拜马克思所描述的那个世界中的最纯洁、最隐秘的东西——妇女、母亲、生儿育女，他才有可能认识爱情的美。没有这种认识，这个人就不可能懂得并具有人的修养。如果我们当教师的希望从学校里培养出来的人，没有一个是没有知识的，没有教养的，那么我们就应该在他们的少年时代，就是在他们即将成长为男人和女人的时候，使他们具有这样的认识。

我高兴地证实了这样一个事实，即由于对情感有了认识，每个少年都有了自己所喜爱的抒情诗、书籍和作家。孩子们都喜欢阅读和浏览的首先是诗人们的作品，这对我来说是莫大的幸福。对诗歌语言的热爱反映出我的学生们的个性特点。瓦利娅心灵细腻、敏感、富有同情心，于是列夏·乌克拉因卡、叶赛宁就成了她喜爱的诗人。尼娜阅读和浏览舍甫琴科和密茨凯维支的作品。万尼亚喜欢弗兰科。屠格涅夫的《猎人笔记》和奥列西·贡恰尔的短篇小说成了萨什科心爱的书。塔尼娅爱上了保斯托夫斯基的手笔细腻的、富有诗意的中篇小说。孩子们家里的藏书成了他们的精神财富，他们喜欢阅读和浏览这些书，就像喜欢听优美的音乐一样。

音　乐

音乐与抒情诗有着紧密的联系，似乎是人的精神发展中的下一个阶段。音乐把人的道德的、情感的和审美的修养连接在一起。

音乐是情感的语言。旋律能够表达语言所表达不了的人的感受的最最细腻的色彩。音乐始于语言的终结处。如果教师仅仅局限于用语言去深入到年轻的心灵的最隐秘的角落,如果在使用语言之后不使用音乐(这是渗透到心灵中去的最细致入微的、最深刻的手段),那么教育就不可能是完美的。

音乐和歌咏在学校中不仅仅是一门教学科目,还是一种有力的教育手段,应该从情感上和审美上美化人的全部精神生活。对音乐不理解,不能感受音乐,对于听音乐并因此而获得享受没有强烈的精神需求,就不可能认识情感的世界。没有音乐,就很难使一个正在步入世界的人相信人是美好的,这种信念就其本质而言,是情感修养、审美修养和道德修养的基础。

我认为一项重要的教育任务,就是要使年轻的心灵能够接受情感的语言,教会他们掌握这种语言,把它作为自我表现的手段去听和使用这种语言。如果说,音乐是用情感的语言去阅读的课本,那么这门学科的初级课本是从聆听大自然的音乐开始的,从认识我们周围产生的各种声音的美开始的。我的学生们在童年时代喜欢听百花怒放的花园和荞麦花盛开的田野演奏的音乐,听春天的草地和秋天的细雨的音乐。他们感觉到了、体验到了周围世界的美,这使他们的心灵变得高尚。但是,大自然的音乐不管有多么美,严格地说,这还不是音乐,这是字母,人学会了这些字母就可以去阅读用情感的语言写成的书。芦笛吹出的最简单的旋律,与夜莺或云雀的最美的歌声相比,更要千百倍地接近音乐修养。我们已经从童年时代聆听大自然的音乐逐步地过渡到音乐创作：吹芦笛。在少年时代只有某些少年喜欢这样的创作。有的人已经对自己的这种爱好感到不好意思了。对此我并不感到奇怪。音乐教育的主要目的不是培养音乐家，而是培养人。

在学年开始前我们翻阅了一遍大纲并标出，哪些音乐作品少年在课上听，哪些在课外听。这不是什么"加班加点"的教育手段。音乐教育的价值和必要性不仅在于对情感语言的理解，还在于听音乐成了一种精神上的需求。

与在童年时代一样，孩子们在"故事室"和"幻想角"听音乐作品。现在环境具有了重要意义：在秋天的夜晚或室外是刺骨的严寒时能更好地认识情感的语言。在这样的日子和时刻对情感语言特别敏感，其原因可能是这时候自然界安静下来了，小鸟的多声部大合唱和树叶的喧闹停止了，色彩的变化贫乏了，人对内心的精神世界的敏感性提高了。每一次音乐晚会通常都要听一部或几部作品。

在认识情感的语言方面最困难的是讨论音乐。语言永远也不可能透彻地解释清楚音乐的全部深度，但是不使用语言就不可能接近情感认识的这个最细腻的领域。我尽力使语言，使对音乐的解释，成为一种独特的刺激情感的因素，这种刺激因素能激发对作为心灵的直接语言的音乐[①]的敏感性。为了认识情感的语言，应用语言去调整敏感的心弦。我找到了一种语言，这种语言能表达反映在我们的

[①] 这句话引自 A.M. 谢洛夫的《"里奥诺拉"前奏曲的主旋律，贝多芬短评》一文。

情感记忆中的周围世界的某个鲜明的特点。要知道,对音乐的诠释应具有某种诗情画意的特点,要使语言接近于音乐。我努力在我的学生的情感记忆中找到它:我借助语言建立起一种情境,这种情境能激发对往事的回忆,还能激发出感受和来自情感记忆深处的语言,这种语言能调整心弦去感知音乐。

用情感语言阅读的最初的篇章,也是最鲜亮的篇章,这就是民歌。在漫长的秋天和冬天的夜晚,我们聆听乌克兰民歌。果戈理是这样描写我们乌克兰人的:"请告诉我歌声最多的那个民族。"在优美的乌克兰民歌《巍巍屹立的高山》中蕴含着巨大的精神财富,孩子们对这首歌百听不厌。这首歌的含义和精神给少年们留下深刻的印象,把他们的兴趣引向从哲学的高度去认识世界。这首歌的全部财富就在于它的含义深刻的潜台词中,只有音乐才能把潜台词的细腻情感传送到人的心灵和意识中。世界是美好的,永恒的大自然是美好的,但是除欢乐之外还有悲哀……矗立在池塘边的垂柳也有哀伤:它的叶片会凋零,流水会把它带走……春天会重新回到柳树身边,而人的青春是一去不复返的。但人生是美好的,人生的美像盛开的鲜花,像绚丽夺目的流星。怎样从情感上推动少年去认识用情感语言——音乐表达的歌曲的细腻的潜台词?我对少年们说:"还记得初秋的那个阳光明媚的日子吗?那天我们沿着河岸走,发现了一块风景秀丽的地方:静静的河湾水面平静如镜,河边有两棵柳树,一棵已经衰老,满身窟窿,奄奄一息,而另一棵,挺拔,年轻,像柳达那时候所说的那样正在欢唱。我们体验到了复杂的情感——哀伤和快乐。树木、花朵不能永生,而生命是永恒的。永生的花冠是人。我们当时体验到的正是歌曲《巍巍屹立的高山》表达的那种情感，但歌曲阐述得更细腻、更深刻。"

情感记忆的泉源被打开了，情感奔涌而出。少年的眼睛发亮、心跳加快。这首歌在年轻的心灵中激发起更深刻地认识情感世界的愿望。平稳的、宽阔的（这是某个女孩说的）、短音阶的旋律似乎托起了强壮的翅膀；人在大地的上空翱翔，看到迷人的美景；对美的体验产生了关于永恒和短暂的哲学思考。认识和理解音乐的有着哲学的和细腻的情感—审美含义的潜台词的神秘的过程，正在我的眼前进行着。歌曲用自己的特殊的，只有心灵才能懂得的语言对每个少年说："人是美好的，珍爱大写的人这个崇高的称号吧。一个美的世界在你的周围，这种美是永恒的，这种永恒和美的基础就是你，大写的人。"

在宁静的冬天的夜晚，我们聆听利亚多夫根据俄罗斯民歌摇篮曲的旋律创作的《摇篮曲》，还欣赏由作曲家科米塔斯记录并加工的亚美尼亚民歌《山鹑》。在利亚多夫的《摇篮曲》中少年们不仅听到了摇篮的有节奏的摇动，还听到了婴儿的轻轻的、安稳的呼吸声，也听到了母亲的手在温柔地、小心地、慈爱地抚摸着婴儿的身体。没有任何语言能像这首歌的优美的旋律那样传达母亲的情感。情感激昂，深深地打动了少年的心。借助于音乐，孩子们认识了人与人关系的深度、细腻性和热忱。当《摇篮曲》的尾声响起时，我在我的学生的眼睛中看到了最纯洁的人的情感——柔情。

柔情、温存、热忱、诚恳，我努力用音乐去激发的正是这样的情感，用高尔基的话说，音乐"神奇地触动心灵的深处"，展现人身上最宝贵的东西——对他人的爱,决心去创造美和确立美。音乐能细腻地揭示大自然的美、爱情的美、赞叹的美、惊奇的美、对妇女的景仰的美,因此音乐能在年轻的心灵中唤起热忱的柔情和极其细腻的温存。每当在音乐的旋律中表现出无法用语言表达的这种有魔力的、迷人的美时,我感觉到我的孩子们信任地敞开了自己的心扉,他们的心灵对语言、目光、号召和请求变得十分敏感,即对人与人之间的细微的接触变得很敏感,在人与人的相互接触中反映出相互关心和体贴的关系。

赞美大自然的壮丽的音乐,具有一种魔力。我的学生们在聆听科米塔斯的《山鹑》或柴可夫斯基的《第四交响曲》的最后一个乐章的片段时,对大自然的壮丽的赞美感染了他们,孩子们对世界的感知变得充满朝气。而这正是人性的柔情、温存、诚恳之类的情感的最重要的源泉。

我努力使少年的心灵能够理解人类情感中最最细腻的一些色彩——爱情。在少年的精神生活的这一个领域中,音乐的教育影响作用是巨大的。一颗爱心在赞叹和神往女性的美,音乐能体现这颗爱心的呼唤,在未来的妻子和丈夫、母亲和父亲的心中培养浪漫主义的、纯洁的、高尚的柔情。那些歌颂爱情的音乐作品是心灵的直接语言,我把理解这样的作品称作培养未来的丈夫和妻子的情感—审美训练。在推荐学生欣赏关于爱情的音乐作品之前,我久久地思考语言问题,我使用的语言应能有助于学生理解人类相互关系的这个神秘的领域中的情感语言。我关注的是使关于爱情的音乐对年轻的心灵所诉说的东西,是语言所不可能表达的。我要对少年的老师们提出一个建议：少举行一些关于爱情的座谈、讲座、辩论和问答晚会，让少年静静地、默不作声地聆听关于爱情的音乐。

绘 画

造型艺术作品能在年轻的心灵中确立对人的伟大和美的认识，提高人在自己心目中的地位。

与孩子们一起观画与听音乐一样，也是施加情感—审美影响的一种复杂的方法。由于童年时期思维的具体性、形象性，向学生揭示造型艺术的概括的内容就有一定的困难。在观赏希什金的画《黑麦》时，孩子只看到了黑麦，而为了让他看到某种更有意义的东西，即看到人的情感世界，需要做大量的准备工作。

理解绘画作品的最初的训练是直接观察大自然。为了让一个人能看懂，并能体验和爱上绘画作品，就必须让他在自然界经历长期的情感教育。在童年时代每个人就应该学习去发现大自然的美，使得儿童的精神生活与大自然之间似乎被一条条智力的、情感的、审美的、创造的纽带联系在一起。重要的是使认识自然现象及其美，成为儿童思想和情感的源泉。我不得不等待好几个月才出现这样的现象：孩子惊奇地在一小块初看起来平平常常的孤零零的草地前或林中空地前站住，在被琥珀色的浆果装饰一新的一丛野蔷薇或草原上的一座被一层薄雾环绕的墓地前站住，他们停住了脚步是因为受到了美的鼓舞。对美的这种发现告诉我很多东西，首先告诉我置身于大自然中在孩子身上出现了某种自己的、个人的东西。越早地把儿童提高到审美发展和情感发展的这一个阶段，他对观赏绘画作品的修养就越强。

观赏绘画，这就是加深对事物的认识，尤其重要的是，这是对情感世界的认识。有些画儿童看不懂，这样的画应该在少年和青年时期看，但是在童年时期"看过一眼"，然后终生再也不会看到的画，是不存在的。在真正的艺术中是没有任何初级品的。每一部艺术作品都是取之不尽、用之不竭的情感世界。像希什金的《黑麦》、萨夫拉索夫的《白嘴鸦飞来了》、列维坦的《金色的秋天》和《小白桦林》、尤翁的《俄罗斯的冬天》、普拉斯托夫的《初雪》这样的"初级品"，既可以在童年期，也可以在少年期和青年早期观赏。每一次观赏人都能从中看到某种新的东西。对绘画作品的反复观赏，能丰富和发展情感记忆，培养对美的感知的敏锐性。正是由于反复地感知，造型艺术才进入了少年的精神生活中。所以，随着智力发展、情感发展、审美发展的每一个新阶段的到来，在教育中既要采用许多新的绘画作品，同时还要反复观赏已经观赏过的画。

我的每一个学生在少年期就已经在大自然中发现并爱上了一个属于自己的独特的、唯一的角落。普普通通的、没有任何特色的一个池塘、一棵树、一丛灌木、一片土地，在孩子们的意识中获得了情感色彩。正是在与大自然交往的过程中获得的情感财富的基础上，他们反复观赏从童年起就很熟悉的画。奥斯特罗乌霍夫的《金色的秋天》和列维坦的《金色的秋天》，是在初冬的黄昏的不同时刻观赏的，当时雪花正静悄悄地在大地上空飞舞。把在画中所看到的景色，与此时此刻大自然中的景色进行对比，这是打开情感记忆源泉的补充动因。少年的心中萌生了一种愿望，想再看一看金色的秋天，但不是在画中，而是在生动的大自然中。正因为现在这已是不可能的了，于是对艺术作品的兴趣就提高了。

我努力使我们去大自然的每次旅行，使每次与周围世界的美的会面，都能在儿童和少年的心灵中留下点滴欢快。这是使对艺术作品的重复观赏成为情感发展的一个新阶段的重要条件。艺术的巨大的吸引力就在于对欢乐的体验中。在三年级时，尤其在四年级时，孩子们就建立起了自己的小小的画廊：保存了一些绘画的复制品。令我高兴的是他们很喜欢赏画。艺术世界中的个人生活是无比宝贵的，较之建立所谓的"学校的特列基亚科夫绘画馆"等要宝贵得多。如果画在墙上已挂了几个月，学生已不再注意它们了，那么艺术作品的审美影响和情感影响就失去了一大部分。孩子们在少年时期就已按历史顺序熟悉了一些造型艺术作品。但是不可以严格地按时间的先后顺序去安排系统的讲座和作品观赏。我们在同一个时期观赏了这样一些作品：约翰逊的《审讯共产党人》、普拉斯托夫的《割草》、列宾的《伏尔加河上的纤夫》、罗丹的群雕《加来义民》、拉斐尔的《西斯廷圣母》、达·芬奇的《蒙娜丽莎》。

年龄特点要求教师更多地注意反映人极其复杂的、多侧面的精神世界的艺术作品。

我把反映人——崇高理想的斗士的道德美、道德功勋的绘画作品，放在第一位。艺术应该是认识情感世界的源泉。这条审美教育的法则，对于认识绘画和一般的造型艺术是尤其重要的。与少年谈论绘画，自然要比与儿童谈得多得多，深得多。我们多次观赏了谢罗夫的《列宁会见农民代表》，我用语言解释了这部作品在表达性格和相互关系方面的细腻性。少年懂得了并感觉到了农民在讲述自己的生活时所表现出的信任、思索和亲切。接下来谈论了劳动人民的理想、画中所表现的历史事件的伟大意义、我们祖国的命运。这个哲学背景不仅对于深入认识艺术是必要的，而且对于认识公民情感也是必要的，公民情感是人的情感生活的最高阶段。

在评述了约翰逊的《审讯共产党人》的内容之后，我对这幅画进行了心理分析并对其思想性作了概括：艺术家通过那些蔑视死亡的英雄们的形象表现了人民的勇敢精神，以及共产主义理想的伟大和胜利。

我讲述了武切季奇的雕塑作品《解放战士》（竖立在柏林特雷普托夫公园），我的讲述在孩子们的心中激发起深深的自豪感，他们为从法西斯主义手中拯救了和平的我国人民的伟大功勋而自豪。

讨论苏联人民的英雄主义和大无畏精神，似乎是少年认识关于人（英雄、爱国者、为自己祖国的自由和独立而斗争的战士）的其他一系列艺术作品的出发点。瓦斯涅佐夫的《勇士》、格列科夫的《去参加布琼尼的部队》、谢罗夫的《西伯利亚的游击队员》、普罗罗科夫的《在悬崖峭壁旁》等绘画作品，能激发少年对祖国的命运进行激动人心的思索。库克雷尼克塞的画《末日》、德国反法西斯艺术家克列缅尔的群雕作品《布亨瓦尔德的蒙难者》、普罗罗科夫的画《母亲》，能激起少年对法西斯主义和黑暗势力的深仇大恨。我阐明了对祖国的忠诚和对敌斗争中的坚定性所蕴含的公民思想。这种伟大的精神和对敌人的毫不妥协的气概，深深地打动了孩子们。克列缅尔的群雕作品我们是在五年级时观赏的，以后每年都要反复观赏。孩子们在每一次观赏时，都能在饱受饥饿和严刑拷打摧残但毫不屈服的人们的精神面貌中发现一些新的东西。对这组雕塑的观赏，是在情感和审美方面做准备，以便去感知并从情感和审美方面评价其他优秀作品，如菲韦伊斯基的雕塑《不可征服的人们》和约库博尼斯的雕塑《母亲》。我认为，揭示人的精神的全部美和伟大是很重要的教育任务。受到为人民、为祖国、为人类的崇高理想服务的思想鼓舞的人，是不可战胜的。这一思想像一根红线一样贯穿着对体现出爱国主义思想的艺术作品的讨论。

　　罗丹的不朽作品《加来义民》，在我的学生的心灵中留下了深深的痕迹。在对沙尔·德·科斯丹尔的长篇小说《季利·乌连什皮格利》进行了艺术叙述之后的几个星期，我们观赏了这幅画。少年们屏息凝神地听我艺术地转述加来城事件的经过。这一早已过去了的英、法之间的长达百年的战争事件，在少年的想象中复苏了。英国国王的军队包围了加来城，国王向加来市民发出了措辞严厉的最后通牒：要想使加来城不从地球上消失，只要满足一个条件，即让六名最有声望的、最受人尊敬的市民，脱下衣衫只剩一件衬衣，脖子上套着绳索，向胜利者献上城门的钥匙。国王早就决定要处死这六位市民。为了拯救城市，这六位爱国者决定牺牲自己。瞧，他们向前走着，满怀着英雄主义的坚定决心，他们的心中也充满了临死前的忧伤和恐惧；他们步履蹒跚，怀着痛苦和悲伤向生活告别。

　　这部作品体现了充满了热爱祖国的崇高精神的人的伟大，我把它所表现出来的悲剧成分和英雄气概，看作是从情感和审美方面所做的准备，以便去感知反映我国人民在伟大的卫国战争中的功勋的苏联造型艺术作品。思考和深刻地体验人民的爱国主义功勋的思想，是对个性的自我肯定的顶峰。艺术是一种强大的力量，它能在年轻公民的心中激发起人的自豪感。这种自豪感的激发和巩固，必须密切联系爱国主义思想，而爱国主义思想的本质是在艺术形象中得到揭示的。我的学生观赏反映我国人民为了祖国的自由和独立而展开英勇斗争的绘画作品，其中既有不久前的反法西斯的战争，也有遥远的过去的战斗。观赏布勃诺夫的《库利科沃战场的早晨》、阿维洛夫的《佩列斯维特与切鲁别的决斗》、苏里科夫的《苏沃洛夫越过阿尔卑斯山》等绘画作品，能激发少年为我们的先辈们的功勋而自豪。

造型艺术是深入到人民的精神生活中去的有力的手段。如果年轻的公民不用心去认识、感觉、体验我们的人民在过去所遭受的可怕的灾难和痛苦，那么对他们的心灵的培养就是片面的。我们特意举办了晚会去观赏一些绘画作品，它们是：列宾的《伏尔加河上的纤夫》、佩罗夫的《葬礼》和《三驾马车》、米亚索耶多夫的《地方自治局在用餐》、伊凡诺夫的《移民的死亡》、阿尔希波夫的《洗衣女工》、萨维茨基的《送别上前线》和《铁路上的修理工作》、韦列夏金的《受了致命创伤的人》和《战争赞礼》。只有理解了并体验到劳动人民过去所遭受的种种苦难，年轻的一代才会珍惜社会主义社会的物质财富和精神财富。

肖像画是对少年进行智力教育、情感教育和审美教育的一种特别有力的手段。在我们的教育集体的教育工作体系中，占有重要地位的一项工作，是培养学生去感觉人的能力，这种能力就是用自己的心去感觉他人心灵的最细微的运动,善于从他人的眼睛中看到他的痛苦、委屈、忧患、不安、孤独。而最主要的是,必须善于从自己的亲人的眼睛中看到和感觉到他需要别人的同情和帮助。教育工作中的最细微的,也是最困难的问题之一,我认为就是培养学生在情感上对他人的思想和情感非常敏感并富有同情心。眼睛是思想和情感的镜子。不管我们观看什么样的绘画作品,我总是让少年注意艺术家在自己的作品中所表现的这个人物形象的眼睛。从这个观点来看,绘画和雕塑作品构成了一个完整的情感—审美教育体系。

眼睛,这是思想、情感和体验的最复杂的世界。与绘画赏析有关的一系列讨论的主题都涉及这个方面的问题。我努力使各个不同时期和民族的艺术家所描绘的人类的崇高精神,能迁移到我的学生的身上,而首先在人物的眼睛中鲜明地反映出来的精神缺陷,能引起少年的鄙视感。

我们的学校有幸得到了达·芬奇的名画《最后的晚餐》的复制品。关于这幅画我们进行了好几次讨论。在谈了这部作品的宗教基础后我把孩子们引进了人的复杂的情感世界,我向他们证明,宗教神话只不过是一个外壳而已,它是用来揭示具有深刻的个人印迹的人类欲望的一种托词。孩子们陶醉于情感认识的领域中,自然就忘掉了他们面前的这幅画是以《圣经》故事为主题的。他们看到了人类欲望的复杂世界,看到了善和恶、高尚和道德堕落(叛变)之间的冲突。

我们举办了几次专题晚会,赏析达·芬奇的《蒙娜丽莎》、拉斐尔的《西斯廷圣母》等名画,这些晚会让少年们心醉,充满了独特的诗意。我希望我的学生能体验到受人类情感美的感染而得到升华的情感，希望这种美能在世界观形成时期在人的心灵中孕育体验的内在美，在世界观形成时期人的思想特别活跃，对人，对人的道德面貌、精神财富、智力特别敏感。数十年的学校工作使我确信，对人的认识应该受到热烈的、活跃的情感的鼓舞而变得高尚。如果只对少年说"崇高的情感使人变得美好"，这是不够的。如果体验不到、感觉不到情感的美，那么这句话对于心灵可能是毫无意义的。

在赏析达·芬奇和拉斐尔的画时我特别敏锐地感觉到必须把感知的审美修养与语言联系起来。教师的每一句话应成为一种情感—审美的刺激因素，能激发出富有诗意的思维。只有有了富有诗意的思维，才能对人的美产生深刻的审美感。在讲解这些世界艺术杰作的创作历史时，我不仅仅说了这些作品反映了什么。语言作为情感—审美的刺激因素，它是潜台词，是艺术家在周围世界中所感受到、所看到的东西。我讲述了艺术家在蒙娜丽莎的嘴角和眼睛里留下的永远的微笑可能是由什么引起的。人的眼睛以其特别深刻的和富有诗意的表情在说话。天才的画家在这位年轻妇女的眼睛中所反映的这一瞬间，就是整个情感的世界。很难找到语言来表达在孩子们的想象中对模糊的、不确定的、昙花一现的体验形成的那种富有诗意的概念，如果没有这种体验，他们的心灵就会对诗意的情感麻木不仁。

赏析拉斐尔的绘画作品的晚会对我来说是很困难的，同时又是很愉快的、富有魅力的。在拉斐尔的艺术作品中把基督教与古希腊罗马的古风融合在一起，也把一种使人神魂颠倒的天真的信仰（认为为了拯救人类就不可避免地要做出牺牲）与人类的、母亲的情感的崇高的美融合在一起。我在思考怎样通过这样的艺术作品去揭示真正的人类的美，这种美能使与文艺复兴时期相距几个世纪而且世界观也完全不同的人的情感得到升华。我解释了一个普通的、永恒的真理，那就是人要高于上帝，我使用的语言越恰到好处，艺术的美和人的美就越强烈地打动和感动少年。人的一些情感反映着人对自己的最亲爱的人（儿子、女儿）、对人的幸福的态度，我努力去找到一些词句，这些词句能使孩子们对这种情感形成生动的、鲜明的概念。为了拯救人类，圣母把自身的一部分，即自己的儿子作为祭品奉献给了世界，我的学生在圣母的形象中看到了世界上最崇高的美——母爱的力量。在母亲的眼睛中流露出的不仅仅是担忧和对苦难的预见；在她颤抖的唇角上表现出的不仅是对不可避免的命运的顺从，还表现出坚定的决心。世界上没有其他任何艺术作品能在人的眼睛中传达出如此强大的母亲的力量。克拉姆斯科伊把《西斯廷圣母》称作"各族人民心目中的肖像"。他说："即使到了人类再也不相信神灵时……这幅画也不会失去其价值。"克拉姆斯科伊的这番话反映了全人类对拉斐尔的创作的共同的理解。

在男孩们和女孩们正在成长为男人和女人的时期，我们反复地观赏了拉斐尔的《西斯廷圣母》、波提切利的《维纳斯的诞生》、弗梅尔·德弗德斯基的《读信的姑娘》、德拉克洛瓦的《自由引导人民》、让·安格尔的《泉》、鲁本斯的《苏珊娜·弗尔曼》和《侍女》、谢罗夫的《拿桃子的女孩》、博罗维科夫斯基的《洛普欣娜的肖像》和《高等女校学生》。我坚定地相信，当不可思议的愿望和激情的最初的冲动轻轻地叩击青年的心扉时,向他们揭示人类美的最高体现——女人的美的全部深刻的含义是十分重要的。我努力使孩子们都能崇拜女性的美,把它看作某种理想化了的、不可侵犯的东西,而在女孩子的心中要确立起隐秘感和贞节感。任何道德说教,如果只有语言而没有艺术,不管它们如何智慧地得到生活经验和对人类美的虔敬感的证实,都不可能在年轻的心灵中确立这种崇高的、高尚的情感。

我很久没能找到让我的学生理解肖像画的深度和美的"钥匙"。当他们还在五年级时,读到列夫·托尔斯泰的《三次死亡》时,我给他们看了由克拉姆斯科伊创作的这位伟大作家的肖像画。少年们在聆听和体验托尔斯泰作品的优美时,越来越注意地观察他的脸部,尤其是眼睛的特征。在他们的面前逐渐地展现了"对人类生活中深藏在内心中的运动的深刻的认识"(这是车尔尼雪夫斯基评论年轻的托尔斯泰时说的话)。刚毅的、在思想的鼓舞下而神采奕奕的脸庞,能洞察并非每个人都能发现的炯炯的目光,专注的、求知的神情,永不枯竭的对寻找真理的渴望——肖像画上的所有这一切,在阅读的影响下都被感知为活生生的现实,同时又被看作是心灵的充满诗意的、复杂的、难以理解的财富,对这颗心灵的认识需要花费终生的时间,但仍然不可能彻底地认识清楚。我永远也不会忘记我对八年级学生朗读《安娜·卡列尼娜》时的情景,我在朗读的时候在他们面前展出了一幅很大的复制品。我知道列夫·托尔斯泰的这幅肖像画是他在写作《安娜·卡列尼娜》这部长篇小说时画下来的,但我没把我所知道的告诉少年们。在听小说中的主人公议论和对话时，拉里莎激动地说："这就是托尔斯泰的思想。他本人就是这么想的。"

我不记得还有其他的事实，能像在这个小插曲中那样意味深长地表现出艺术的强大力量。

一年以后我们读《战争与和平》，在我们面前放着列夫·托尔斯泰的大幅肖像，这幅肖像画是列宾在克拉姆斯科伊的那幅肖像画之后的15年创作的。在同一位思想家的眼睛里现在我的学生看到了不同的东西：用他们的话来说，列夫·托尔斯泰的脸"焕发出智慧和安详的光彩"。

在聆听穆索尔斯基的作品片段时，男女孩子们仔细地观看了列宾创作的这位作曲家的肖像画。正是音乐帮助孩子们理解并感觉到了画家的灵感和他的创作的高峰，画家正是站在这样的高峰上看到了作曲家的内心并画下了他的肖像，根据斯塔索夫的热情洋溢的评论，画家以火一样的热情在作画。

创造性——精神生活的强大动力

创造性问题，这是教育学中一个尚未开发的领域，而要着手去开发它就需要写一部书，从教育学角度去论述创造性。我在这里涉及的创造性仅仅与少年精神生活的情感—审美领域相联系。

少年的冷漠态度，对学习常常漠不关心，或者干脆讨厌学习，为什么海涅把少年的这种态度称作"心灵的牙痛"？出现这种现象的主要原因之一，是他们的精神生活中没有或者缺乏创造性因素。

有些刺激因素，如按照亲人的意志和愿望去做事，对他们进行表扬和鼓励，对低年级学生来说已是足够了的，但对于少年来说就显得很不够了。少年向往着表现自己，不仅要在自己的学习成果中表现自己，还要在内心世界中表现自己。他已不愿意仅仅作为一名精神财富和价值的消极的消费者。他渴望成为创造者。创造某种精神价值的劳动所激发的创造灵感，是使他的精神生活得到充实的最重要的条件。

　　创造的灵感，这是人的一种需求，个人在这种需求中找到幸福。人在体验创造带来的精神上的满足时，他真正地感觉到他是在生活。不能想象在少年的生活中会没有创造。创造是"生命之水"，把新鲜的力量注入我的孩子们的身上，帮助他们克服困难。没有创造因素简直就不能胜任他们要做的任何事情。

　　当过去获得的、掌握的智力财富和审美财富，正在变成认识、掌握、改造世界的手段，同时人的个性似乎与自己的精神财富融合在一起时，创造也就开始了。

　　作为个性的自我表现和自我肯定的创造，其最重要的源泉是语言。在童年时代就已体验到的创造灵感，起始于作为个性精神财富的语言成为儿童创造某种东西时用的建筑材料。作文、编小故事，是创造的最初的领域，在进行这样的创造时儿童肯定了自己的能力，认识了自己，体验到了由于自己正在创造着什么而带来的最初的自豪感。我深信，在大自然的环境中构思而成的儿童故事，是一个完整的精神世界，这个世界决定着思想、情感和体验的内容和方向。我的每个学生在童年时代都写了20—50篇童话。到了少年时期孩子们还不愿意与自己心爱的童话世界告别。但少年看世界的视野已不同于儿童，他们写的故事也不同于童年时代写的故事。希望深刻地认识事物和现象并进行概括，这种追求在他们的创作上留下了烙印。我的学生在少年时代仍然编写了许多童话，但在这些童话中鲜明地反映了他们在努力地进行思索和概括。下面是卡佳写的一篇童话。

美和丑

在阳光灿烂的林中空地上住着一个美女，她叫克拉萨。她种了许许多多的花。只要世界上有的花朵，在她的花坛上都有。当静悄悄的黄昏降临大地、所有的生物都进入梦乡时，克拉萨来到了人们中间。她走进一所房子，走近正在熟睡中的人，把花放在他的头旁……如果这个人睡得很轻，他会听到克拉萨的来临并醒过来，拿起花朵来欣赏。这就是一个幸福的人。但是如果一个人睡得那么死，既听不到风的呼啸，也听不到雷的轰鸣，那么他就永远也不会看到克拉萨的礼物。因为丑八怪正紧跟着美女克拉萨从一家走到另一家，从一个人身边走到另一个人身边。丑八怪是个令人作呕的东西。他的凶恶的眼睛里充满着对人的仇恨和蔑视。他住在什么地方的一个臭气熏天的沼泽里。谁没感觉到克拉萨，没有醒过来，没有拿起花，没有欣赏花，丑八怪就去拜访这个人。他拿起了花朵，一口吞了下去，就像老鹰吃掉从巢中掉下来的雏鸟一样。丑八怪来到谁的身边，这个人的睡梦就变得沉重而惊恐。他会梦见光秃秃的树枝和干枯的田野。

这篇童话出色地反映了求知欲强烈的概括的思想，反映出为把思想体现在鲜明的艺术形象中而付出的努力。

戏剧创作在儿童和少年的精神生活中占有重要地位。我的学生在童年时代就成立了童话剧团和木偶剧团。孩子们把童话故事改编成戏剧。到了少年时期对木偶剧的兴趣依然没有消失。瓦利娅成了"十月儿童"木偶剧团的领导人。科斯佳出人意料地突然对这种类型的戏剧创作产生了兴趣:他组织了一个木偶剧团,这个剧团中的人物全部是花朵和植物。科斯佳为自己的剧团编写短小的剧本,柳芭给了他帮助。现在孩子们最感兴趣的,是反映人们之间的道德关系的童话故事。

少年的一种独特的创造,是艺术地讲故事。卡佳、拉里莎、柳芭、米沙,成为各个艺术语言小组的领导人。

劳动在少年精神生活中的作用

劳动对人的全面发展的作用

人们把劳动称作强壮有力的教师。但是当少年的双手在做着什么的时候，还不能显出劳动的教育力量。脱离了思想教育、智力教育、道德教育、审美教育、情感教育和体育的劳动，脱离了创造、兴趣和需求的劳动，脱离了学生之间的多方面的关系的劳动，就会成为一种劳役。孩子们只想尽快地"服完役"，以便有更多的时间去从事更有趣的工作。在许多学校中劳动没能成为一种精神上的需求，这是一个很严重的问题。当人正处于观点和信念的形成时期时，这种状况会使人的精神生活贫乏。像懒惰这种灾难和恶习的发展，不是因为人什么也不做，而是因为工作不能使人受到鼓舞，不能使他的精神变得高尚，在他的情感记忆中没能留下积极的痕迹。

深入地认识世界和自己以及进行自我教育，是少年期精神生活中一个有决定性意义的特点，没有在劳动中的自我肯定，就不可能有这一特点。人对自己创造的东西体验不到、感觉不到自豪，那么人的和谐、全面的发展是根本不可能的。生活的幸福和充实的源泉就在于此。少年期的人的意识中应产生这样一种思想："我是什么人？我在生活中的位置在哪里？我的生活道路在哪里？我能干些什么？"一个人对某件事显出关心，在某件事中表现出自己，对某件事很迷恋，在某件事上取得了对他这样的年龄来说是很大的成绩，这时他才会产生上述思想。我记得每一个学生，首先是把他们当作个性，这个个性对某件事很入迷，关于创造性劳动的目标的理想鼓舞着他，探索劳动技巧的奥秘的愿望控制着他。劳动是全面和谐发展的基础，这一思想意味着什么？在实际从事儿童、少年工作时，这一思想意味着，劳动与智力发展、道德发展、审美发展、情感发展、身体发展之间，与个性的思想和公民基础的形成之间，有着牢固的联系纽带。不可以把教学和劳动简单化为在实践中巩固和检查在课堂上获得的知识。这是一个更深刻、更细致的问题，涉及智力发展与劳动、智力与劳动之间的关系等问题。机智地解决这一问题，对少年的教育具有特别重要的意义。找到能发展智力和能力的劳动，能把人引入创造的境界中去的劳动，这是智育和劳动教育的主要任务之一，只有统一地进行智育和劳动教育，才有可能取得成功。

劳动能够成为人的和谐发展的基础，还因为人在劳动活动中确认了自己是个公民，体验到公民的尊严感。他感觉到自己不仅可以得到必不可少的面包，还可以使自己的才智、自己的创造能力物质化。公民的尊严感不应该体现在响亮的话语中，而应牢记在心中，这是劳动教育的一条最重要的准则。劳动确立的公民感，连同认识、掌握世界所带来的愉悦，是非常强有力的情感刺激因素，能鼓舞人去从事不轻松的劳动，而只有当劳动不是轻松的时候，劳动才能够起教育作用。教育的最微妙的秘密之一，就是善于看到、找到、发现劳动的公民因素、思想因素。

人在通过劳动认识世界的同时创造美，从而确立起对劳动、创造和认识的美感，这时才能达到劳动与情感—审美教育的统一。创造劳动的美，这是一个完整的教育领域，遗憾的是，这同样是教育学上的一块未开垦的处女地。

劳动习惯

劳动是一种重要的精神需求，在少年期劳动习惯是与对这种劳动的作用的认识结合在一起的。少年在思考自己在生活中的地位，有意识地竭力表现自己的个性。在少年期一个人干了多少，工作得怎样是重要的，但这还不够，更重要的是关于劳动他想了些什么。在少年的想象中描绘共产主义社会的蓝图时，不可以向他灌输这样一种思想，以为到了共产主义社会生活将很轻松，工作日将缩减到最少，而人的最大的幸福就在于此。人要享受共产主义生活的最大福利——自由支配的时间，就必须在精神上做好准备。精神生活的充实，取决于人是如何充实自己的闲暇时间的。只有当劳动的目的是认识世界和掌握世界、在创造中实现个性的自我表现和自我肯定时，只有用使精神生活不断丰富的劳动去充实闲暇时间时，各种各样的劳动才能给人带来幸福。人不劳动必然会遭受苦难，在物质财富丰富的环境中他依然是个乞丐，就像塔拉斯·舍甫琴科所说的，是个"精神赤贫"。

劳动纪律在少年期具有特殊的意义。每个少年在执行作息制度、克服困难的时候，都应该找到自我培养意志的手段。我坚信，为了进行智育和劳动教育，首先必须要有自由支配的时间。只有有了自由支配的时间，少年才能在能最大限度地显示其才能和天赋的那项劳动中表现自己。少年按自己的愿望工作得越多，他喜爱的工作就能越深入地进入他的精神生活，他就越能珍惜自由支配的时间，就越善于利用它作为幸福与快乐的源泉。

劳动与智力的发展

学校生活的智力财富绝大部分取决于智力生活与体力劳动密切结合的程度。我的学生在童年时代就已看到了，在一个不大的劳动集体中，如在技术小组和农业小组中，智力生活是多么的丰富。这样的小组是对少年进行教育的重要的形式。小组工作的价值就在于，每个人都可以在很长的一段时间内考验自己的天赋和能力，在具体的工作中表现自己的爱好，找到自己喜欢的工作。

根据教学计划，少年每周要到校办工厂劳动一次。他们学习加工木材和金属，制造机器和机械模型。实际上，大纲规定的劳动仅限于此。这样的劳动能否满足少年的各种各样的兴趣和需求呢？当然是不能的。各种各样的兴趣小组恰恰能把劳动与智力生活统一起来，能用具有巨大精神意义的活动充实闲暇时间。这样的兴趣小组有：少年植物栽培小组、育种小组、园艺小组、养蜂小组、机械师小组、电工技师小组、无线电技师小组、钳工—设计师小组、车工小组、畜牧小组、花卉栽培小组。在这些小组中洋溢着思想活跃、求知欲旺盛的气氛，没有这样的小组，无论是智力教育还是情感—审美教育都是不可想象的。如果不把少年的双手变成理智的良师，少年就不会对知识产生兴趣，一个最强的情感刺激因素就会从教学过程中失落。

在三、四年级时孩子们就已开始参加小组的工作。在最初当然没有，也不可能有自觉的选择，必须经历很长的一段时间才能找到最适合自己的工作。学生换了一样又一样的工作，从一种爱好变为另一种爱好。这对于自觉地选择自己喜爱的工作是必要的。终于有一天少年找到了最适合自己天赋的工作。在这件事情上教师绝不可以心急。不可以把少年"固定"在某一个小组中。但是劳动中的自我肯定的复杂的过程，也是不允许任其自流的。必须在每一颗心灵中点燃热爱劳动的火花。这就是说，当少年用双手去工作时，要帮助少年使他们的双手成为理智的良师。

尤尔科喜欢学校养蜂场、养兔场和少年育种小组的工作。他学会了怎样把果树与野生树嫁接，学会了怎样育种和播种、耕地和饲养小牛。但真正吸引他的只有在少年机械师小组中的工作。他目不转睛地看着他的同龄人，其他五年级学生学习驾驶小型汽车。但为了获得学习开车的资格，就必须先学习内燃机。尤尔科就去一个由十年级学生领导的少年机械师小组听课。这个男孩很有兴趣地研究起了发动机,学习如何发动它,拆卸和装配各个部件。研究了发动机后尤尔科就学习驾驶小型汽车。

而在这时小组中又出现了一件新的有趣的事情:在劳动教师和高年级学生的指导下,少年们在装配一辆新汽车。尤尔科也迷上了这项新工作。在这项工作中有许多单调的、没有任何趣味的工序:必须磨光金属薄板,清除掉车架的铁锈。但一个有趣的设想支配了这一切,这个设想使这项工作体现出高尚的思想。有趣的创造与手的工作联系在一起。思想与手的联系越紧密,劳动就越深入地进入精神生活中,成为喜爱的劳动。劳动中的创造是发展少年智力的最有力的一种刺激因素。制造一辆漂亮的、舒适的、好驾驶的汽车的设想,越强烈地打动尤尔科,他对书本和阅读的兴趣就越大。六年级时尤尔科就有了一批技术书籍,他的藏书还在不断地增加。在这个男孩的精神生活中阅读占据了重要地位,但他的阅读不是死记硬背式的。这是一种被对创造性劳动的兴趣所激发的阅读,希望在手的工作中取得成绩的愿望推动了他的阅读。阅读对培养理智、开阔视野(这一点尤其重要),对在教学过程中形成智力劳动的风格和特点,发挥了巨大的作用。这样的阅读能培养对读过的东西的本质进行深入理解和思考的能力。也应该以这样的态度阅读教科书。热爱创造性劳动的人永远也不会去死记硬背。当劳动中没有精神生活时就会出现死记硬背,死记硬背会耗尽智力,使心灵空虚。

每一个兴趣小组都是创造性劳动和生气勃勃的智力生活的中心。我们努力使每个少年都成为劳动者、思想家和探索者,使对世界和对自己的认识在有趣的、令人振奋的创造中进行。少年期的自我肯定和自我教育就在于对真理的认识和发现，是与个人的创造力融合在一起的：人感觉到由于有了思想和求知欲，大自然就袒露了自己的秘密。

兴趣小组中的工作具有研究的性质。当我的学生进入少年期时，学校里已经有了几个少年育种小组和土壤学家小组。孩子们选好了播种用的种子，收集和保存农家肥，在农田上施肥，耕地。孩子们感到自己正在从事研究工作，如果他们没有受到这种思想的鼓舞，那么，在这样的兴趣小组中的工作会变成单调乏味的、令人厌倦的劳务。要点燃求知欲的火花，就必须让年轻的心灵产生从事研究工作的思想。班主任、生物教师和集体农庄的农艺师一起向年轻的研究者们讲解，怎样培育出比普通的麦穗大一倍的麦穗。希望种出颗粒饱满的、沉甸甸的麦穗的想法鼓舞了孩子们。在麦收之前我与小组成员一起到麦田里去，寻找颗粒最饱满的麦穗去种在教学实验区中的小畦上进行试验；在地里施了肥，精心地耕耘这几块小畦。每一块小畦都成了小小的研究实验室。孩子们用锨在地里工作，然后跑到土壤学材料陈列角去阅读文献资料，研究能提高土壤肥力的微生物的生活。观察小麦的生长和成熟，收割小麦，仔细地过秤，确定单颗麦粒的重量，所有这一切都是非常细致的和有趣的工作。柳达、萨什科、万尼亚、莉达、彼得里克、尼娜对他们开出来的20块小畦的土壤进行了几年的研究。这是真正的研究：这些小畦里的土壤是用各种能促进微生物蓬勃生长的物质混合而成的，这些微生物能提高土壤中氮和磷的含量。第二年少年研究者就培育出了颗粒饱满的麦穗，其颗粒比丰收年的麦粒的平均重量重70%。第三年有几块小畦里的麦粒就比平均重量提高了一倍。于是孩子们又有了一个新的目标：培育出蛋白质含量丰富得多的麦粒。对这个课题的研究成了一项创造性工作，不仅在少年时期，而且在青年早期，这都是一项起着鼓舞作用的工作。

在我的学生升入五年级之前，学校里出现了少年农业技术设计师小组。我和劳动课教师沃罗希洛一起，吸引少年去设计和制造耕地、播种、收割和脱粒用的机械和机器。电越来越多地用于生产和日常生活，我们向自己提出了一个目标：把电用到各种农业劳动过程中。

在这个小组中，少年们常常被一些设计思想所振奋：如何利用电的力量来代替手的工作？如何使电动机适用于能耕地、收割、脱粒用的机械？少年设计师们制作了一台小型收割机，在教学实验园地的小畦里收割谷物。以后又产生了制造小脱粒机的愿望。尤尔科、托利亚、尼娜、舒尔科、谢廖扎、济娜、费佳、沃洛佳为这台机械整整忙碌了一年。他们根据劳动课教师绘制的图纸去切、锯、车、磨。工作越接近完成，少年们的情绪越高，对自己所制作的东西就越珍爱，对评价他们的工作质量的意见越放在心上。

这样的智力生活才是真正丰富的，这是体力劳动与思想的结合。体力劳动、紧张，任何时候都不是最终目的，而仅仅是实现思想的手段。思想才是基本的。但手不是消极的执行者。手能增长才智。与少年设计师们（他们的双手似乎在对假设和猜测进行检验）的劳动合作，帮助我们，教师，理解对手的训练的细致性和巨大的教育作用。在双手对假设和猜测所进行的检验的影响下，思想变得更活跃，而新发现被体验成个人的价值。

我认为学习与劳动的结合，就是使少年工作的时候在思考，思考的时候在工作。每个少年都要经历几年的这种创造性劳动的训练。有一个问题一直萦绕在我的脑际：这种训练如何反映在智力发展上？生活给了我们有益的回答：通过思想与体力劳动的结合，手的细微的动作能使思想变得同样的细腻，少年就能成长为智慧的思想者、研究者和真理的发现者，而不是现成知识的享用者。我观察了少年设计师、育种师、电工技师和无线电技师是怎样对待理论知识的。他们首先竭力去理解的是每一个真理中的各种事实、事物、对象、现象、相互关系的现实本质。他们似乎在仔细研究判断，深入地思考它的各个部分之间的逻辑联系。

兴趣小组中的创造性工作教会了各个少年去思考。随着时间的流逝在彼得里克的思维中越来越鲜明地显现出一个宝贵的特点：这个男孩努力地在自己的知识中寻找能与新知识联系起来的东西，用已经理解了的并成为过去的思想和记忆的成果的东西去证明新知识的真理性。

经历过长期的创造性劳动训练的人，能自觉地不去死记尚不理解的东西。在代数、几何、物理课上，尼娜和彼得里克在抄下了一个新公式后，感到有必要想一想这个公式，深入地思考一下这个公式概括了些什么东西。对他们来说，这种必要性就像是要用自己的手和手指去摸一摸机械的零部件一样。

孩子们在培育饱满的麦粒时研究了植物的生命活动与许多条件的依存关系。这样的条件有：土壤的微生物区系、土壤深层水分保持、播种前对土地的耕耘、种子的发芽能力,等等。劳动就是对这些因素之间的依存关系进行多方面的综合研究和概括,研究和思考它们在时间和空间上的相互关系。生活让我们相信,如果劳动能与思考重要的相互依存关系和因果关系结合起来(例如,在小麦的整个成长期内研究微量元素对禾本科植物的生长和成熟的影响),如果同一个思想深深地印在孩子们的头脑中,使他们激动,那么在这个少年的身上正在培养起一种很宝贵的体验思想的能力。智力情感的第一个源泉就是劳动与理智的结合。

我的学生有些思维比较迟缓,对理解数学、物理、化学、历史的概括性的真理和规律性很吃力,在他们的身上常常会出现这样一个时期,似乎他们内在的精神力量和刺激因素马上就要枯竭了,对知识茫然无知,头脑不再思考。这种情况也不可避免地出现在彼得里克、尼娜和斯拉瓦身上。如果不通过劳动去使精神变得崇高,如果体验不到手的工作与思想的结合所产生的思想,那么这种内在的智力疲劳也会攫住有才能的学生。每当我发现这种内在空虚的威胁时,我就竭力把孩子们拉去从事能使他们感到是在进行研究和发现真理的工作。

当我的学生上五年级时,学校成立了无线电技术、电子学、生物化学、土壤学小组。在这些小组中,操作显微镜、复杂的仪器的细致的工作,与日常的、单调的体力工作交替进行,这些体力工作的主要工具是凿子、锤子、钳子、铁锨、耙子、水桶、大叉。手和脑的和谐结合的"秘密"之一就在于这种交替之中:紧张的体力劳动不被体验成最终的目的,而体验为达到目的的手段。这是对工作的一种刺激因素。

　　在学校中为无线电技术、电子学、生物化学、土壤学、杂种交配小组安排了进行创造性劳动的场所。孩子们全神贯注地研究复杂的电路图或仪器，除自己感兴趣的工作之外忘掉了世界上的一切。如果他们没有过这样的经历，那么就不可能设想少年时期的教育是完善的。在这些兴趣小组中，少年成了思想家和研究者，出自内心地赞叹和崇拜伟大的科学思想和学者们的丰功伟绩。在那里迸发出对未来的理想的火花。创造性思想具有了特殊的性质和风格：在许多场合下不可能直接看到和观察到的现象成了思考的对象。思索并控制这些现象，这是学校中劳动与理智统一的最高阶段。在我的班级里没有一个学生没有被一项有趣的工作所吸引。他们的兴趣爱好五花八门，似乎彼此之间相差十万八千里。有的孩子喜爱文学，在语言世界中有着丰富的精神生活，突然迷上了抗生素。少年机械师爱上了无线电技术和电子学。在许多男孩和女孩的精神生活中很长时间以来都有两种甚至三种爱好。当我的学生升到六、七年级时，学校里开辟了一个"复杂工作工作室"。男孩子们在门上写上了马克思的话："但是在科学的入口处，正像在地狱的入口处一样，必须提出这样的要求：'这里必须根绝一切犹豫；这里任何怯懦都无济于事。'"在这间工作室中陈列出所有最难的课题，少年只有通过紧张的智力劳动才可能解决它们。这些课题包括：要求根据无线电技术和电子学的电路图制造仪器和模型；物理、化学、数学方面的难题；生物化学和土壤学方面的研究课题。孩子们跨过这间工作室的门槛，就好像进入了科学殿堂的前厅。在这里性格得到了考验，意志得到了锻炼；在这里少年通过自己的经验认识了什么是自我教育。

劳动的公民因素

"照亮别人，燃烧自己"，这是自古以来医生的誓言。我努力使孩子们受到这个真理的鼓舞，努力用这个真理去使他们的心灵变得高尚，激发起他们的自尊感。真正的幸福是为人们服务。我努力在我的学生所想和所做的一切中贯穿这一思想。

关于为了人们的利益和幸福所建立的丰功伟绩的故事，常常打动少年们的心。但这仅仅是公民教育的第一阶段。照亮别人的直接动因，是对一个人正在做的事情的体验。初看起来这似乎是件容易的事情：少年公民用自己的双手做了些什么，这就是说他们已经体验到了爱别人的情感，体验到了对别人的义务感。但在生活中并非这么简单。如果孩子们在工作时毫无热情，或者把工作看成是令人讨厌的义务，那么不管他们做了多少工作，都不会在他们的心灵中留下好的印迹。少年公民应该怀着纯洁的心灵，怀着光明磊落的、乐观愉快的思想为人们工作。这样的工作应给他们带来快乐，并用崇高的思想去鼓舞他们。而这种工作带来的疲惫，被渲染得富有生活的充实感和幸福的体验。（没有汗水、疲劳和老茧，就不可能有真正的工作。）

怎样向学生揭示劳动的这个光辉的公民因素呢？这里有一系列教育技术的规则。去为人们工作，不仅需要有充沛的体力，还必须有朝气蓬勃的精神力量。必须从精神上使学生做好准备去按教师的意图从事具有鲜明的公民意义的劳动。必须在少年的心灵中清除掉一切偶然的、暂时的因素。如果在集体中出现了某种不顺遂的现象使集体的情绪不好，这种不好的情绪可能会破坏公民情感的源泉。在去为人们工作之前，我努力做到使儿童，尤其是少年的意识中充满光明的思想。这样的思想首先就是一种明快的、朝气蓬勃的认识，认识到我们用自己的双手为人们创造了什么，我们的劳动给他们带来了什么样的幸福。只有在这样的情况下，少年劳动者才会把自己的一部分心灵投入到他们所做的事情中去。

在一块空地上有一棵橡树，一年后集体农庄将在这块空地上建一座大楼。这棵树已长了十年了，为了造大楼而要毁掉它，我们的心情很不轻松。能否拯救这棵橡树呢？能否把它移栽到其他地方，让它给后代带来欢乐呢？这件事做起来是很不容易的。必须连根掘起一立方米的土。工作确实不容易，但它能给人们带来多大的欢乐啊。橡树能长200年，甚至300年。许许多多人将在它的枝叶下体验生活的快乐。关于劳动的明快的认识——创造快乐，激发孩子们产生了光明的思想，如没有这种思想，就不会有干劲和灵感。我们就去工作了。我们工作了几天，工作越临近完成，我们的快乐感就越深切。

让孩子们在少年期看到他们在童年时亲手创造的物质财富，这是很重要的。我的学生们每年都要在他们一、二年级时开始的工作上增加点儿什么。因此，为人们工作成为集体的精神生活。

劳动的公民因素是与自尊感有机地融合在一起的。为了共同的利益而劳动，这并不意味着要放弃个人利益和把个人分隔出来。为他人劳动的快乐，其根基具有深刻的个人的自豪感和自尊感。共产主义教育的重要任务就在于使社会上没有一个庸庸碌碌的人。根据卢那察尔斯基的定义，强烈表现的个性，这是社会的根。少年对劳动产生自豪感，在自己喜爱的工作中体验到自己是最好的能手，要使这种情感和体验成为公民感的基础，这是很重要的。在人的身上寻找、发现和肯定他的劳动使命，使每个人在自己的工作中成为真正的能工巧匠，使劳动创造永远进入精神生活并成为对活动的最有力的情感刺激因素——思想教育与劳动教育的统一就在于此。

必须帮助每个人找到自己的位置，在喜爱的工作中表现自己，掌握必要的知识和技能，成为能手。这就是个别对待，就是培养个性与集体。集体中的一个劳动成员，这不是某个按照命令行事的没有个性的芸芸众生。没有鲜明表现的个性，就没有集体。我认为对集体的培养首先就是要使每个少年情绪活跃，才华横溢。少年应该在少年期在某一件事情上取得突出的成绩，应该有某件事吸引他，鼓舞他，某一项工作应该成为真正的创造。

我激动地、焦虑地期待着有一天少年会如此潜心地投入到某一项工作中去，以至于忘记了其他任何东西。这里谈的是智力创造，谈的是情感深入到工作的细节，深入到技巧的奥秘中。这一时刻是少年在一定时期内从事的创造性劳动的合乎规律的结果。为了深入到一项工作中，必须有一项具体的活动，在这项活动中能非常清楚地看到和感觉到体力对创造性思想的服从。

想到我是我的这项工作的能手，我有一双巧手，人们因为我是劳动的主宰者而尊重我，体验到由这些思想产生的自豪感，创造性劳动激发起的高尚精神——这一切意味着一个真正的公民的诞生。

科利亚有许多劳动爱好：在教学实验园地上，在少年模型设计师小组中，他都饶有兴趣地工作着。他还爱好写生：科利亚喜欢绘画，收集珍藏了许多造型艺术的复制品。但在六年级时他开始在少年机械师小组中工作。他离不开小小的发动机，把它拆了又装配上，清洗它，给它上油。那时在校办工厂中安装了一台锯木板装置。锯木板装置上接上了电动机。但在维修电网时必须把锯木板装置与内燃机相连接。这项工作推动科利亚去深入研究机器设备。根据他的请求在学校的教学电站（供高年级学生用）划出了一个角落，科利亚在那里装配了小型的内燃机，把它接在一台交流发电机上，又在电网上接上了一些电灯。所有这些都是小型的，发电站就像个玩具似的，但它成了低年级学生兴趣小组的中心。在科利亚的领导下在这里点燃了新的兴趣爱好的火花。这位少年技师把一些小机械——电锯、通风机、电冶炼炉接到电动机上。科利亚到了七、八年级时就成了电器安装方面真正的能手了，对内燃机非常了解。一个满怀自尊感的公民就这样在我的眼前诞生了。自豪地并自觉地尊重自己和他人，这就是教育的结果，教育使一个人找到了自己的位置，严肃地思考自己的未来。荣誉感、自尊感以及由此而产生的生活的充实感，这一切是形成公民的自我意识的基础，而这种基础深深地植根于劳动技巧之中。

可能没有一个男孩像托利亚那样对工作产生如此多的兴趣爱好。他喜欢种花和在畜牧场的工作，也爱好种植谷物。很长时间以来没有一项工作不在这个男孩的心灵中激发出真正的灵感。但是现在他最喜欢的是在车床上加工金属和设计、制作模型。六年级结束时这个男孩如此迷恋于金属加工，以至于放弃了其他种类的劳动。用手工工具和在车床上加工机械、仪器和模型的零件，成了他最喜欢的工作。在劳动教师的指导下这个少年着手制造起了电锯。他自己画了图纸，制造零件，装配机械。托利亚把自己制造的锯子与一台小电动机连接起来的那一天，成了他的节日。他的眼睛里闪耀着快乐的光芒。托利亚在毕业几年后说："在那一天我感觉到自己是一个真正的人。而在这一天之前我有时觉得我和大家不一样，我比别人差……而从那一天起世界好像变了样。人们好像更善良了……"

在少年时代找到了自己喜爱的工作，每个少年就在道德成熟的道路上前进了一大步。

劳动和美

我力争使我的学生在少年时期通过劳动培养高尚的情操，劳动为他们揭示周围世界和人的美。劳动中的审美情感的第一个源泉，这就是美的创造。在"美丽角"中，在劳动的节日里，在校办工厂里，在实验园地上，到处都在创造人的美。

当一个少年走出学校的教学实验园地、果园、温室，走出校办工厂、工作室，来到了集体农庄的田野上，在每个少年的生活中这是一个意义重大的、庄严的时刻。他们感觉到跨出的这一步表明他们进入了成年人的劳动大家庭中，表明他们参加到全民的事业中来了。这个事件（开出第一道犁沟）被作为劳动的节日来纪念。当我的学生升入六年级时，第一次以隆重的仪式纪念这一事件。孩子们开始耕耘自己的少先队员的土地。他们来到了田野上，运来了肥料，给耕地施了肥。从那时候起开始了在农田里的长期的、细心而有耐心的工作。孩子们每年都在那里种小麦。他们努力地、尽可能地给土地施足肥，灌够水，认真地准备种子。

土地肥力恢复节是一个难忘的日子。少年在整个少年时代庆祝一次这个节日。这一天体验到的劳动的欢乐感，是用特别昂贵的代价获得的，并在他们的心灵中留下了不可磨灭的印象。孩子们在一块不大的、贫瘠的土地上劳作了几年。他们工作的目的是让土壤恢复肥力。那块几年前还在沉睡的不毛之地，现在成了肥沃的黑土地，当他们把种子播到这块土地上的那一天，是一个庄严的日子，村子里最受尊敬的劳动者都来到了这块土地上。他们来庆贺孩子们取得了胜利。

收割第一捆麦穗、采摘第一串葡萄、第一次刈草的日子都是节日，这些节日同样能巩固地确立劳动的美感。

孩子们在暑假期间都要去刈草场劳动两三周。这是一些幸福的日子。开始这项激动人心的工作的那一天，作为传统的刈草节来庆祝。在风和日丽的清晨孩子们坐车来到田野，每个人都先要用镰刀刈下几十平方米的草。然后开始日常的劳动：用镰刀和马拉刈草机割草，把草晒干，堆成垛。大家住在田野上，在那里做饭，晚上在一起阅读，听有经验的人讲故事。

劳动和意志的培养

劳动的快乐非同寻常。可以把它与攀登高山顶峰的人所体验到的情感相比拟。在崎岖的山路上跨出的每一步都必须付出极大的努力,但在人的面前有一个崇高的目标,那就是要攀登顶峰。当一个人登上了顶峰,他自己也得到了升华,确立了自尊心。他感到自己是强壮的、勇敢的,已做好了克服新的困难的准备。

我认为,使每个少年都能在少年期登上这个顶峰,是一项很重要的教育任务。劳动应该是对意志的一种独特的锻炼;在劳动教育的法则中反映出身体和精神的统一。每个人都完成了需要消耗大量的体力和精力的工作。

在严冬季节,寒风刺骨,让人透不过气来,少年们来到了田野上,他们必须为畜牧场搬运干草。他们懂得不管什么样的困难都不能成为解除人劳动的理由:不劳动者不得食。生活随时随地向他们证明:必须永远工作。他们迎着暴风雪和1月的严寒向前走去。把干草装上车,运到了畜牧场。完成工作后回来时他们精疲力竭,但非常愉快、兴奋,体验到巨大的人的自豪感。这种自豪感只有通过劳动才能体验到,而且在学校生活的任何其他情况下都不可能有此体验。谁体验到这种情感,谁就懂得了生活的基本道理:要付出劳动才能获得生活的快乐,必须用劳动去获得快乐。这种思想成了每个少年的个人的信念。

临近青年期

6月的一天我们来到了树林里。我们在自己心爱的林中空地上安顿好。明天我的所有的学生都将拿到八年制学校的毕业证书。

我很高兴，因为他们获得了牢固的知识，他们热爱科学和书本，学会了思考并理解周围世界和自己。他们中的每个人都找到了自我——爱劳动，体验到了在自己喜爱的工作中取得成就的喜悦，成了能工巧匠，成了创造者，成了真正的人。每个少年的心灵都能敏锐地察觉其他人的快乐和不幸。他把周围世界发生的一切当作个人的事情，这些事情深深地打动他，使他激动不安。我的学生的心灵绝不容忍邪恶。善良、真理和人道主义，带给他们欢乐，用高尚的情操鼓舞他们；而邪恶、谎言、虚伪使他们愤怒，激发起他们的斗志。

我的学生们对美，尤其是对人身上的美，是很敏感的。我深信，他们中没有一个人会去欺负人，也没有一个人会去损害自己的尊严。但是，爱人类比真正地爱某一个具体的人要容易一些。帮助身边的人，要比在口头上说"我爱人们"要困难一些。

对我的劳动，对我度过的那些战战兢兢的白昼和辗转反侧的夜晚的最高的奖赏，那就是我的学生都成了我们祖国的真正的儿女：他们懂得，他们这一代要付出多么昂贵的代价去获得劳动的幸福和社会主义的物质的和精神的财富。他们爱惜在祖国土地上的每一棵草，他们准备着为社会主义祖国贡献自己的一生。